高等职业学校公共课系列教材

DA XUESHENG CHUANGXIN CHUANGYE JICHU JIAOCHENG

大学生创新创业
基础教程

「主 编」 闫俊霞 吴秋平 陈 锐

「副主编」 向 姝 刘一蓓 周晓慧 罗云霄

重庆大学出版社

图书在版编目（CIP）数据

大学生创新创业基础教程 / 闫俊霞，吴秋平，陈锐
主编. --重庆：重庆大学出版社，2021.7（2022.7重印）
高等职业学校公共课系列教材
ISBN 978-7-5689-2653-9

Ⅰ. ①大… Ⅱ. ①闫… ②吴… ③陈… Ⅲ. ①大学生
—创业—高等职业教育—教材 Ⅳ. ①G647.38

中国版本图书馆CIP数据核字（2021）第075093号

高等职业学校公共课系列教材
大学生创新创业基础教程

主 编 闫俊霞 吴秋平 陈 锐
副主编 向 姝 刘一蓓 周晓慧 罗云霄
策划编辑：顾丽萍
特约编辑：刘书婧
责任编辑：李桂英　　　版式设计：顾丽萍
责任校对：邹 忌　　　责任印制：张 策

*

重庆大学出版社出版发行
出版人：饶帮华
社址：重庆市沙坪坝区大学城西路 21 号
邮编：401331
电话：（023）88617190　88617185（中小学）
传真：（023）88617186　88617166
网址：http://www.cqup.com.cn
邮箱：fxk@cqup.com.cn（营销中心）
全国新华书店经销
重庆市国丰印务有限责任公司印刷

*

开本：787mm×1092mm　1/16　印张：15.5　字数：356千
2021年7月第1版　2022年7月第2次印刷
印数：3 001—5 000
ISBN 978-7-5689-2653-9　定价：45.00元

P 前 言
REFACE

　　随着大学生创新创业教育在高校人才培养体系中扮演越来越重要的角色，各高校对大学生创新创业教育都做出相应部署，在人才培养方案中都有相关的课程设置，而且也开展了大量卓有成效的探索与实践。

　　为更好地服务于"大学生创新创业类"课程讲授，同时解答大学生在接受创新创业教育以及投身创新创业的过程中所产生的种种疑问，我们编写了本书。

　　本书以大学生创新创业过程为主线，我们在多年开展"大学生创新创业训练"项目式教学实践的基础上，通过九个项目系统地介绍相关理论知识，高校可按照38~54学时安排教学，教师可根据教学对象和授课学时不同，灵活选择相关内容进行重点学习。

　　本书结合大学生群体的实际特点，帮助大学生了解和掌握创新创业相关知识和规律，培养大学生的创新创业意识，提升创业素质和创业技能。本书秉承"翻转课堂"的教育理念，按照课程教学的过程，从导学案例入手，引发学生的思考与讨论，鼓励学生以团队、小组的形式结成"学习共同体"，进行课堂交流、分享。本书注重理论与实践相结合，配有创业案例、知识拓展、小贴士、课后阅读，可读性、参考性强，利于开阔学生视野；注重课上与课下相结合，配有课堂活动，形式丰富、内容有趣，以增进学生互动；注重知识结构系统化，将要点提炼成思维导图，系统性、条理性强，助力知识记忆；注重学习寓教于乐，配有生动的插图，形象直观、富于启迪，增加阅读趣味性。

　　本书由闫俊霞、吴秋平、陈锐担任主编；向姝、刘一蓓、周晓慧、罗云霄担任副主编。全书共分为九个项目，由闫俊霞设计策划编写大纲，并负责修改、统稿、定稿，由陈锐、王堂丁负责设计绘制书中插图。具体编写分工如下：闫俊霞编写项目一、项目三；周晓慧编写项目二；吴秋平编写项目四；向姝编写项目五；刘一蓓编写项目六；陈锐编写项目七、项目九；罗云霄编写项目八。

本书可用作高等院校本、专科创新创业教育的通用教材，也可用作企业继续教育的培训教材，还可用作读者开阔视野、增长知识的自学用书。

在编写本书过程中，我们参考了同类教材、论著、期刊、网络等相关材料，因条件所限，未能与相关作者取得联系，引用与理解不当之处，还请谅解，在此，谨向这些材料的作者致以诚挚的谢意。创业是一项极为复杂的活动，由于时间、资料、编者水平所限，书中难免存在不足之处，敬请专家、同行、读者批评指正。

编　者

2021年2月

目 录
CONTENTS

项目一
认识创新创业

01

【学习目标】

★ 理解大学生创新创业教育的必要性。

★ 了解国家对大学生创业的扶持政策有哪些。

★ 学会自我评估和自我分析,看看自己是否有足够的能力创业。

★ 了解创业对大学生职业生涯发展的影响。

【导学案例】

杨明平：创业是我选择的一种生存方式

杨明平：无届网络科技有限公司CEO，超级课堂的创始人，被评为2012年"中国30位30岁以下创业者之一"。他参与组建并投资了移动医疗小盒科技、智慧—交通"锣卜平衡车"、移动广告平台"酷客美地"、美术社交平台"画友"、移动藏家交易平台"藏趣"。他擅长现代企业管理和融资，专注产品研发，致力于打造真正优质的科技产品。

"一腔折腾的热情，一身能经得起折腾的体能和技巧。创业就是我选择的一种生存方式。"杨明平是一位"80后""浙大系"创业者，2012年《福布斯》刊登了"中国30位30岁以下创业者"名单，他位列其中。用他的话讲，就是喜欢"折腾"，他开过火锅店，从事过金融业，在中小学教育行业开启颠覆模式，又在手机互联网领域开挖艺术品市场，他成立无届网络科技有限公司，希望科技能够无远弗届，到达所有的地方……

因为"无知"——闯进创业圈

"才9万元就可以盘下学校边上的餐饮店面，我当时觉得很便宜，并且餐饮容易赚钱，就接手了。"杨明平自嘲说"因为无知"，当时上大学三年级的他"完全被忽悠了"，6个月就陷进去30万元。即便如此，他也没走回头路。"我一个浙大理工男，另两个合伙人也和我差不多，没学过经济学、管理学，自己就乱学一通。"就是经过这么乱学一通，一年后，杨明平一伙人将原先主打东阳菜、川菜的饭店做成了年收入200万元的火锅店。

"不踏实感"——让他选择继续学习

毕业之后，杨明平到银行工作，在银行时接触到很多关于经济的专业知识，发现自己对专业的理论、商业模式都不明白。虽然当时火锅店收入比较稳定，名气也大，但他觉得，自己还没有形成商业思维的逻辑。工作的困难，加上创业的不踏实感，让他决定继续学习。2007年，杨明平决定开始申请学校，并同时拿到了MIT—斯隆学院以及中欧国际商学院全奖的录取通知。2008年，他开始了自己在中欧国际商学院的MBA学习生涯，成为该院最年轻的学员。后来的事实证明，他的这个决定是值得的。在中欧国际商学院学习的这段经历，给杨明平带来踏实的感觉，让他变得更加自信。

"折腾到精"——做细分市场第一

如果说开火锅店是误打误撞，那么创办超级课堂则是杨明平团队深思熟虑的结果。这也是他从传统的线下走向线上，进入科技领域的一大转折。杨明平利用火锅店得到的第一桶金以及同伴从美国寄来的打工赚的钱作为启动资金。

"我们一直以来的想法，就是用超级课堂的大片式教育去代替老师的PPT。"杨明平满满的自豪感，"不论是导演、文案、后期制作、视觉、动画、合成、音效，还是教研团队，我们的阵容强大，当时也雄心勃勃，为的就是要保护学生的好奇心与求知欲。"超级课堂的目标是将在线教育规模化，通过两个途径来实现，一个是互联网，一个是内容。一年的时间，超级课堂有了一万多个付费用户，销售收入达两三千万元。

如今，他专注于移动教育应用的产品开发和运营。公司旗下有两大产品线，产品之一"物理大师"专注于k12中小学教学资料片的开发和运营，目前已经开发了近180个教学资料片，涵盖初中所有物理的教学知识点。产品以生动、有趣、形象的方式辅助中小学课堂教学的前五分钟。"我们团队由最好的艺术家、教育专家、心理学专家，以及移动技术专家构成，旨在帮助教师提升课堂效率，让他们有更多时间参与师生互动。在做好物理科目之后，产品进行水平扩张，提供化学、数学、政治、地理、历史等其他科目的垂直应用。"产品之二"老师无忧"，是提升教师批改作业和试卷的效率的工具，把纸质作业电子化，并构建大数据的题库系统，成为帮教师提升效率的、黏度极高的产品。在此基础上，构建教师社交、家校沟通的平台。"无届科技提供激动人心的、最高效的教学资料片，以及作业批改和社交的工具，帮助老师在课前、课中、课后提升效率，让他们更多专注于学生互动，从而打造未来的课堂。"杨明平自豪地说。他的梦想是带领团队打造一个真正的百亿美元的公司，给现行的教育带来质的变革。无论是投资还是创业，他都希望能在该领域做到创新，做到细分市场的第一名。

自己的价值在哪里，就在哪里好好干

"自己的价值在哪里，就在哪里好好干。无须想太多，兵来将挡，水来土掩，在一个看似注定会失败的道路上好好地生存，达到自己的目标，与公司共同成长。"一路走来，杨明平已经历了同龄人所不及的各种困境与成功，在他看来困难已随风而去，用他的话说："责任、信任、走心，是一个能干出一番事业的创业者应有的素质。"

杨明平还同时活跃于创业投资领域，共同做过移动美术社交、智能出行的投资。在他看来，投资看项目能提升自己创业的技能，创业的经历又能提升投资项目的判断能力。他一直在教育领域探索、突围，这个领域也是他的热情和专业所在，他表示将来会一直"折腾"下去。

（案例摘自：冯晓宇，杨明平：创业是我选择的一种生存方式［J］.今日科技，2015（8）：8-9.有删改）

> **思考与讨论**
>
> 很多创业成功者都是典型的"大学生创业者"，他们用自己的实例证明：中国的大学生创业者也可以如扎克伯格、比尔·盖茨那样，做一个成功的大学生创业者。那么，以上的创业案例，给我们哪些启发呢？杨明平为什么能够创业成功？大学生的自主创业路又在何处呢？

任务一　打开心中千千结：大学生为什么要接受创新创业教育

随着社会经济转型期的到来，新时代呼唤既有广博的理论知识和技能，又具备创新创业能力的"双创型"高素质人才，于是，创新创业教育在高校广泛开展，各级各类创新创业大赛接连举办。在高校，一部分大学生有创业热情，也能够精准识别创业机会，其中，有力把握国家对大学生的创新创业政策，选择自主创业成功赚到人生第一桶金的不在少数。另一部分大学生由于经验不足、缺乏资源、管理能力弱、风险意识不强等，创业失败者也比比皆是。还有少部分大学生觉得自己毫无创业意向，看到学校开设了创新创业相关课程，心中不免充满诸多疑问：自己并不想创业，有必要学习创新创业课程，接受创新创业教育吗？

大学生创新创业教育包含了"创新"与"创业"两个关键点。大学生创新教育就是以培养大学生创新精神和创新能力为基本价值取向的教育，它是有别于传统教育的新型教育模式，而大学生创业教育则是一个动态的过程，它的核心就是针对培养大学生开创性思想而形成的教育。事实上，大学生创新创业教育就是基于创新教育所进行的创业教育。有同学说，我并不打算创业，为什么还要接受创新创业教育，学习创新创业课程？对此，我们不妨一起了解一下，创新、创业教育在我们的生活中分别意味着什么？

一、创新的重要性

俗话说，创新是一个民族进步的灵魂，是一个国家兴旺发达的不竭动力。当环境变化越来越快的时候，人们已经能够感受到新事物、新内容、新技术带来的冲击。创新成为我们每个人都会面临的挑战。

从无到有是创新，例如，飞机、灯泡的发明都是划时代的巨大的创新。从有到优也是创新，例如，从移动电话到功能手机，体积变小，重量变轻；从功能手机到智能手机，按键变为触屏，综合性能提升了。

重新定义是创新，生活方式的进步也是创新。例如，2020年年初新冠疫情的到来，深刻改变着人们的生活、学习、工作方式，表现为"云购物""云旅游""云医疗""云学习""云办公"等。疫情期间，大家宅在家中，更多地使用App购买生活物资，从以前送货到店，到现在送货到家，"云购物"基本实现；再后来，大家无法出行，旅行计划被取消了，以前实地游览，变成了现在在线观光，于是有了基于直播、VR技术的"云旅游"；大家担心传染，害怕去医院，以前排队挂诊，现在在线问诊，于是有了"云医疗"；大量的大、中、小学生因无法返校，居家上网课，以前线下集中上课，现在在线视频听课，大量学校开启了"云授课"，学生开始了"云学习"。大量企业无法正常在办公场所工作，以前在办公室集中办公，现在在家中在线办公，于是大量企业开启了"云办公"……"衣食住行用"经过重新定义，达到不同以往的效果，有了新的模式和新的市场。随之而来的，是一个由设备生产、终端制造、信息服务构成的庞大产业链，并且正在蓬勃兴起、不断壮大。

创新无处不在，创新也不断变化。随着时代的发展，环境的更迭，人人都需要创新，人人皆可创新。科技中的创新、商业中的创新、以人为本的创新会改变生活，让这个世界更美好。人们一旦拥有了创新意识，特别是拥有了创新精神，就会有勇气面对困难，会更有力量让自己的生活乃至这个世界变得更美好。

例如：一个职员，因为道路拥挤而上班迟到，他灵机一动，萌生了"为行人设立一条快行道"的创意。该创意最终得到政府的支持，让有急事和不着急的人各行其道，深受大家欢迎。

一名麻省理工学院的学生，发现工程绘制用的铅笔用到最后都会剩下一截，日积月累产生一大堆铅笔头，很浪费。于是他发挥创造力，并通过多次试验，终于研制出一种可以使废弃的铅笔头上长出各种各样植物的生物降解小胶囊，由此变废为宝，给生活带来意外惊喜。

"杂交水稻之父"袁隆平，与助手先后用了6年时间做了3000多个杂交组合，都不曾得到过满意的杂交品种。为了找到远源的雄性不育水稻，他与助手征程万里，像神农尝百草一样，日复一日地在一簇簇野草堆里搜寻，凭借着这份执着与追求，在一块沼泽地里找到了希望，继而开创了震惊世界的第一次"绿色革命"。

创新有小有大，创新存在于生活的细微角落。当人们坚信创新可以让生活变得更美好的时候，会积极勇敢地拥抱这种信心，努力地克服各种困难，让梦想最终得以实现。

二、创业的重要意义

当下，年轻人遇到了"双创"的好时代，于是，老一代柳传志、张瑞敏、任正非，中年一代马化腾、史玉柱、俞敏洪、陈天桥，年轻一代王兴、蒋磊、戴志康，这老中青三代的创业故事风靡全国，他们的成功带给无数大学生创业者遐想与激励。对于大学生来说，创业是一件非常有意义的事情，有益于其人生发展。因此，越来越多的大学生对创业趋之若鹜。那么大学生创业的意义是什么呢？

（一）有利于缓解就业压力

大学生创业有利于解决大学生就业难的问题。创业能力是一个人在创业实践活动中的自我生存、自我发展的能力。一个创业能力很强的大学毕业生不但不会成为社会的就业压力来源，相反还能通过自主创业活动来增加就业岗位，缓解社会的就业压力。

（二）有利于实现自我价值

大学生通过自主创业，可以把自己的兴趣与事业结合起来，做自己喜欢的、愿意做的事情，最大限度地实现自我价值。许多上班族感到厌倦，积极性不高，重要原因之一是个人无法充分发挥才能，在工作中缺乏成就感，而创业可以让个人充分施展才华，发挥最大潜能，开创一份属于自己的事业。创业是实现人生价值、获得自身全面发展的有效途径。

【知识拓展】

创业宣言

[德]阿尔贝特·施威茨尔

我怎会甘于庸碌，打破常规的束缚是我神圣的权利。

只要我能做到，赐予我机会和挑战吧，安稳与舒适并不使我心驰神往。

不愿做个循规蹈矩的人，不愿唯唯诺诺麻木不仁。

我渴望遭遇惊涛骇浪，去实现我的梦想，

历经千难万险，哪怕折戟沉沙，也要为争取成功的欢乐而冲浪。

一点小钱，怎能买动我高贵的意志？

面对生活的挑战，我将大步向前，

安逸的生活怎值得留恋，乌托邦似的宁静只能使我昏昏欲睡。

我更向往成功，向往振奋和激动。

舒适的生活，怎能让我出卖自由，

怜悯的施舍更买不走我的尊严。

我已学会独立思考，自由地行动，

面对这个世界，我要大声宣布，

这，是我的杰作。

（三）有利于培养艰苦奋斗精神

在创业过程中，各种困难、挫折在所难免，这就要求大学生创业者具备顽强的意志和良好的品格，勇于承担风险，能够脚踏实地、不屈不挠。创业能够使大学生树立自立自强意识、风险意识，培养开拓创新精神和艰苦奋斗精神。

（四）有利于促进社会经济发展

创业活动与社会经济是相辅相成的，一般而言，经济发达的地区也是创业活动活跃的地区，推动创业活动，也就推动了经济的发展。虽然目前我国大学生的创业项目大多数都源于一些中小企业，但这是一支不可估量的新兴力量。例如，硅谷先后出现了"集成电路之父"罗伯特·诺伊斯、苹果公司创始人乔布斯、微软创始人比尔·盖茨等优秀人物，还有谷歌、亚马逊、eBay、PayPal、Facebook等企业。据统计，信息产业和软件业为美国创造了上百万个就业机会，在硅谷聚集着众多世界级高科技公司，它们之间的联手及竞争加快了研发升级，进一步促进了各领域的快速发展。美国硅谷的发展证明，鼓励和支持高等专业技术人才投身于自主创业的大潮中，有利于实现科技成果转化、促进社会生产力发展、建设创新型国家，因此，鼓励支持创业活动能有效地推动社会经济的发展。

三、大学生创业需具备的条件和能力

大学生创业者，要有对自我的认识和剖析。我们除了要对创业过程中可能涉及的各领域有所了解，还应该正确认识自己的优势和劣势、所面临的机会和威胁，知道自己当下所处的环境。那么，作为大学生创业者，我们需要具备的条件和能力主要包括以下几个方面：

（一）大学生创业需具备的条件

很多大学生创业者有创业的热情，但是出于经验缺乏、能力不足、意识偏差等原因，他们的创业成功率明显偏低。因此，大学生创业时若想少走弯路，至少应该具备以下6个条件。

1.知识的储备

大学生长时间生活在校园里，缺乏对社会的了解，很容易变得眼高手低、不切实际。因此，大学生在创业前需要做好充分的准备，比如，利用在企业实习、社会实践等机会来积累相关的管理经验，或者通过参加GYB等创业培训积累创业知识，从而提高创业成功率。

2.技术和兴趣

通过智力成果换取创业资本，是大学生创业的显著特色。一些投资者正是看中了大学生所掌握的先进技术，才愿意出资赞助。因此，打算在高科技领域创业的大学生，一定要重视技术创新，努力开发出拥有自主知识产权的产品，这样才能吸引更多的投资者。与此同时，要兼顾自己的专业和兴趣，因为兴趣是最好的老师，在遇到瓶颈、困难的时候，兴趣能够帮助我们坚持到底、绝地逢生。

3.大局意识

不论是国际形势还是国内政策都在不断变化，这种变化带来了机会，也带来了风险。因此，创业者要培养宏观的全球化意识，学会从宏观的角度分析问题，只有这样才更能抓住机会、规避风险。

4.资金准备

在选择好创业项目之后，我们就需要考虑资金的问题了。如果缺少创业资金，再好的创意也难以转化为现实的生产力。因此，解决资金问题是大学生创业的关键。当然，创业者在尝试创业前，首先要明确自己需要的资金数额以及获取资金的途径等。

5.人脉资源

能力是创业者成功的条件之一，创业最为重要的是获取人脉资源的能力，即构建人际网络或社会网络的能力。一般来说，大学生中能够在读书期间扩展自己人脉圈的确实比较少，因为个人条件和时机都受限。因此，大学生在走向社会后，如果能在最短时间内建立属于自己的人脉，储备一定的人脉资源，或者依托家族背景、亲朋好友等为自己创业获取一定的支持，那么将非常有利于创业的开展。

6.个人素质

创业者的个人素质不仅可以凝聚人心、鼓舞士气，让团队成员乐意和自己一起拼搏，而且对创业成功与否起着重要作用。大学生创业者的个人素质主要包括：是否意志坚定且富有创新精神、是否充满激情善于学习、是否具有远见卓识且善于经营、是否追求自我实现且能够承担风险等。如果一个优秀的、合格的创业者具备以上特质，那么创业成功的概率就比较高了。

（二）大学生创业需具备的能力

对于创业者而言，知识是基础，能力是关键。作为一个打算创业的大学生，必须培养和提高自身的综合能力。优秀的经营管理能力、创新能力、领导决策能力、交往协调能力是大学生创业必须具备的能力。

1.经营管理能力

经营管理能力是指大学生对人员、资金及企业的内部运营进行管理的能力。它涉及人员的选择、任用、组合和优化，还涉及资金的筹集、核算、分配和使用。大学生创业者只有学会效益管理、知人善用，最大化且合理地进行资源整合，才能占据市场竞争优势。作为创业团队中的灵魂人物和核心人物，要有指引方向、凝聚人心和协调团队成员的能力和魄力，能够引领大家矢志不渝地共同前行。

【知识拓展】

从三国中看刘备的经营管理智慧

《三国演义》作为我国古典四大名著之一，可谓家喻户晓、世人皆知。从企业管理的角度来看三国，会使我们受益匪浅。三国的角逐精彩纷呈，透过战争的硝烟，我们发现，那些管理思想的光辉，千百年过去了依然熠熠生辉。曹操的条件稍好，但也不足以一开始就能够名震天下。孙权继位的时候虽然条件好一些，但是他的爸爸和他的哥哥孙策创业的时候条件仍然很艰苦。

其中刘备是最典型的例子，他28岁时出山创业，白手起家，创业之初一无所有，创业的道路也历经波折：刘备最初投袁绍，失败了又去投了曹操，寄人篱下，无依无靠，心灵上非常孤寂，那种悲凉只有他自己才能读懂。但是刘备还是满腔热血，他再度出山创业，再度失败，又去投刘表。经历了众多的坎坷之后，刘备仍能矢志不渝，越挫越勇，这得益于他的目标管理技能。他的最高目标是"伸大义于天下"，这个最高目标对自己和团队都产生强大的激励作用，虽然创业历经成败起伏，但他始终坚信自己能够实现目标，最终千古留名。同时，在正式创业之前，刘备的职业是编草席、草鞋，但是他凭借自己的英雄之志、英雄之气、英雄之魂、英雄之义，使诸葛亮、庞统、关羽、张飞、马超、黄忠、赵云等文臣武将紧密地团结在自己周围，最终成就大业。从刘备的经营管理之道，我们不难看出，创业者唯有学会综合地经营管理、知人善用，且最大化合理地进行资源整合，才能占据市场竞争优势。

（案例摘自：三国管理智慧［EB/OL］.（2019-07-25）［2021-01-25］.百度文库.有删改）

2.创新能力

创新是创业者发掘机会、将机会转化成市场概念的过程，创新能力是大学生创业者必备的素质能力。大学生创业者需要不断训练自己的创新思维，越早开始越好。日本管理大师大前研一还在麦肯锡咨询公司工作的时候，就用每天上班坐电车的时间来思考电车上的十几条广告，思考有什么更好的广告语，要是自己来做这个广告会怎么做等，日复一日，逐步训练出他卓越的创新思维能力和思考习惯。

3.交往协调能力

交往协调能力是指能够妥善地处理与公众（例如政府部门、新闻媒体、消费者等）之间的关系及协调员工之间关系的能力。有一种流行的说法：一个人能否成功，不在于你知道什么，而在于你认识谁。人际交往能力强的人，可以在关系网络中穿梭自如，既能解决别人难以解决的问题，大大提高工作效率，又能与周围的伙伴愉快地合作，从而产生强大的凝聚力。创业者需要深刻理解，商业社会人际关系的核心原则是互利双赢，人际关系稳固的根基则是信誉，这是人际关系可持续发展的基本保障。大学生创业者需要从进入大学开始就有意识地锻炼提升自己的人际协调能力，例如多参加社团活动、担任学生干部、广泛地参与社会实践，有意识地不断提高人际沟通、交往协调能力，逐步拓展人脉。

4.领导决策能力

领导决策能力是指领导者或经营管理者拿主意、做决断、定方向的综合性能力。大学生创业必须要使自己成长为一个领导决策者，不仅要有感召力和决策力，还要有统揽全局和明察秋毫的能力。大学生创业者，需要在学校和工作中有意识地训练自己的领导能力，逐渐建立自己的影响力，也就是建立别人对你的依赖，让别人愿意追随你，为构建创业团队奠定基础。美国社会心理学家罗伯特·西奥迪尼的著作《影响力》提出了建立影响力的六大核心原理：互惠、承诺、社会认同、喜好、权威和短缺。大学生创业者要有不断提高自身素质的自觉性和实际行动，提高素质的途径主要有两种：一是靠学习，二是靠锻炼。要想成为一个成功的创业者，就要做一个终身学习者和自我提升者。

🖉 小贴士

哈佛大学拉克教授讲过这样一段话："创业对大多数人而言是一件极具诱惑的事情，同时也是一件极具挑战的事。不是人人都能成功，成功也并非想象中那么困难。但任何一个梦想成功的人，倘若他知道创业需要策划、技术及创意的观念，那么成功已离他不远了。"

（三）为什么要接受大学生创新创业教育

不是人人都适合创业，创业者需要具备很多特质，创业是一项高难度、高风险、高不确定性的工作。那么很多同学会问，我们既然并不打算创业，还有必要学习创新创业课程，接受创新创业教育吗？

答案是肯定的！

首先，我们现在不创业并不代表以后不会创业。要知道，很多商界大佬，首次创业的年龄并不年轻。例如：

柳传志在40岁创立联想；

宗庆后在42岁创立娃哈哈；

任正非在43岁创立华为；

陶华碧在50岁创立老干妈；

尹明善在54岁创立重庆力帆；

褚时健在75岁创立云南冰糖橙品牌"褚橙"。

……

正如导学案例中提到的"80后"创业典型杨明平，他说"创业是我选择的一种生存方式"。大学生创业是青年就业的有效方式，也是实现自我价值的有效途径。大学生通过自主创业，可以把兴趣与职业紧密结合，实现人生价值。因为创业者在创业中往往会面临许多困难与挫折，历经千辛万苦才能取得成功。所以，创业是一个锤炼意志的过程，也是学习提高、锻炼和提升自我的发展过程。创业成功，不仅个人可以获得利益的回报，实现自我价值，而且还可以回报社会，为更多的人创造就业机会，为国家的经济繁荣做出贡献。

其次，我们即使选择就业，也会有很大概率加入新创的公司工作，或者为白手起家、初创企业的老板打工，我们如果能进一步理解创业者的思维，了解创新创业的相关知识，就会容易理解领导为什么这样考虑问题、总裁和员工的思维差距在哪里，这也有助于我们开阔眼界，从更广阔的视角了解企业的运营和自己的工作内容。

最后，接受大学生创新创业教育，学习创新创业课程，能够使我们了解创业的一般过程，培养自己系统思考问题的能力，建立自己对商业运营的全局思维。我们也能够通过课程学习，激发自身的创新意识，训练自己的创新思维，提升创新创业能力，为未来的创业奠定基础。

（四）怎样学习大学生创新创业这门课程

在大学生创业活动过程中，创业者可能都会经历一些创业活动，如寻找创业方向、组建创业团队、编制创业计划、规划创业模式、准备创业路演、运营新创企业、把控创业风险，本书直接围绕创业者在创业过程中的管理活动展开，针对在这些活动中经常遇到的问题，进行知识体系的构建，重点帮助大学生了解在这些关键的创业活动中应该注意的事项、典型的案例，学习常见的技能方法，逐步培养创业者的思维模式。

常言道，创业活动没有标准答案，但是需要创新型的思维、开放式的思考，因此，我们非常鼓励同学们结合自己的创业经历、搜集自己感兴趣的经典商业案例，在课堂上讨论互动，并针对具体的创业活动，分享自己的看法和观点。在本门课的教学中，我们鼓励以小组为单位成立创业团队、撰写创业计划、规划创业模式、准备创业路演，按照创新创业大赛的参赛指南和要求，赛课结合，以赛促学，从而提升课程的实效性。

任务二　创业扶持点对点：大学生创业扶持政策有哪些

随着"双创"时代的到来，创业对于大学生来说不再是少数人的专利，而成为越来越多人的选择。对于那些置身于象牙塔或者初出校门怀揣创业梦想的年轻人来说，创业该怎样开始？国家又为我们准备了哪些大学生创业优惠政策以及扶持政策呢？概括起来，大学生创业扶持政策主要有以下12条：

一、大学生创业税收优惠

对持人社部门核发的"就业创业证"（注明"毕业年度内自主创业税收政策"）的高校毕业生在毕业年度内（指毕业所在自然年，即1月1日至12月31日）创办个体工商户、个人独资企业的，3年内按每户每年12000元为限额依次扣减其当年实际应缴纳的营业税、城市维护建设税、教育费附加和个人所得税。

二、创业担保贷款和贴息

符合条件的大学生自主创业的，可在创业地按规定申请创业担保贷款，贷款额度为10万元。鼓励金融机构参照贷款基础利率，结合风险分担情况，合理确定贷款利率水平，金融机构对个人发放的创业担保贷款，在贷款基础利率基础上上浮3个百分点以内的，由财政给予贴息。

三、免收有关行政事业性费用

毕业两年以内的普通高校学生从事个体经营（除国家限制的行业外）的，自其在工商部门首次注册登记之日起3年内，免收管理类、登记类和证照类等有关行政事业性费用。

四、享受培训补贴

对大学生创办的小微企业新招用毕业年度高校毕业生，签订1年以上劳动合同并缴纳社会保险费的，给予1年社会保险补贴。对大学生在毕业学年（即从毕业前1年7月1日起的12个月）内参加创业培训的，根据其获得创业培训合格证书或就业、创业情况，按规定给予培训补贴。

五、免费创业服务

有创业意愿的大学生，可免费获得公共就业和人才服务机构提供的创业指导服务，例如政策咨询、信息服务、项目开发、风险评估、开业指导、融资服务、跟踪扶持等"一条龙"创业服务。

六、取消高校毕业生落户限制

高校毕业生可在创业地办理落户手续（直辖市按有关规定执行）。

七、创新人才培养

创业大学生可参与各地各高校实施的系列"卓越计划"、科教结合协同育人行动计划等，同时可参加跨学科专业开设的交叉课程、创新创业教育实验班等，以及探索建立的跨院系、跨学科、跨专业交叉培养创新创业人才的新机制。

八、开设创新创业教育课程

自主创业大学生可享受各高校挖掘和充实的各类专业课程和创新创业教育资源，以及面向全体学生开发开设的研究方法、学科前沿、创业基础、就业创业指导等方面的必修课和选修课，享受各地区、各高校资源共享的慕课、视频公开课等在线开放课程，以及在线开放课程学习认证和学分认定制度。

九、强化创新创业实践

自主创业大学生可共享学校面向全体学生开放的大学科技园、创业园、创业孵化基地、教育部工程研究中心、各类实验室、教学仪器设备等科技创新资源和实验教学平台，参加全国大学生创新创业大赛、全国高职院校技能大赛，各类科技创新、创意设计、创业计划等方面的专题竞赛，还有高校学生成立的创新创业协会、创业俱乐部等社团，以提升创新创业实践能力。

十、改革教学制度

自主创业大学生可享受各高校建立的自主创业大学生创新创业学分累计与转换制度，学生开展创新实验、发表论文、获得专利和自主创业等可根据情况折算为学分，学生参与课题研究、项目实验等活动可被认定为课堂学习的新探索。自主创业大学生同时享受为有意愿有潜质的学生制订的创新创业能力培养计划、客观记录创新创业档案和成绩单等，并量化评价学生开展创新创业活动情况的教学实践活动，参与创业的学生优先转入相关专业学习。

十一、完善学籍管理规定

对有自主创业意愿的大学生，实施弹性学制，放宽学生修业年限，允许调整学业进程、保留学籍休学创新创业。对休学创业的学生，可以单独规定最长学习年限，并简化休学批准程序。对休学创业后复学的学生，因自身情况需要转专业的，学校应当优先考虑。

十二、大学生创业指导服务

自主创业大学生可享受各地各高校对自主创业学生实行的持续帮扶、全程指导、一站式服务，地方、高校两级信息服务平台为学生实时提供的国家政策、市场动向等信息，以及创业项目对接、知识产权交易等服务。自主创业大学生还可享受各地在充分发挥各类创业孵化基地作用的基础上，因地制宜建设的大学生创业孵化基地，以及相关培训、指导服务等。

【知识拓展】

各地大学生创业优惠政策一览表

黑龙江：毕业生创业最高可获300万元贴息贷款

黑龙江将高校毕业生和在校大学生全部纳入创业担保贷款政策扶持范围，高校毕业生创办小微企业的，最高可申请300万元的创业担保贷款，财政部门按规定给予贴息；黑龙江将个人创业担保贷款最高额度由15万元提高至20万元；强化创业平台与补贴支持，在各级政府投资开发的孵化基地等创业载体中，安排一定比例的向高校毕业生提供的免费场地。高校毕业生自主创业并正常经营一年以上的，省内各市地给予3000~10000元的一次性创业补贴。

山西：高校毕业生自主创业有"礼包"

高校毕业生自主创业，从事个体经营的，最高可申请30万元的创业担保贷款。在校大学生可参加高校组织的创业意识培训或创办企业培训。创业意识培训补贴标准是每人150元，创办企业培训标准是每人500元。毕业年度高校毕业生可参加定点创业培训机构组织的创业培训，补贴标准不超过每人每天180元。自主创业且正常经营6个月以上的，可获得毕业生每年最高2000元、最长3年的场租补贴。进行个体经营的毕业生，可申请最高30万元的创业担保贷款。创办小微企业的，可申请最高300万元的创业担保贷款，按规定享受财政贴息。

海口：高校毕业生首次创业补贴提至1万元

为鼓励自主创业，海口市高校毕业生一次性创业补贴自本月起由6000元提升至1万元。创业补贴适用对象为离校3年内的高校毕业生（含技师学院高级技工班、预备技师班和特殊教育院校职业教育类的毕业生）。

雄安：毕业生合伙创业可获130万元担保贷款

雄安新区出台就业创业扶持政策，对符合条件的高校毕业生个人创业的，可申请不超过20万元的创业担保贷款；符合条件的高校毕业生合伙创业的，可申请不超过130万元的创业担保贷款；符合条件的小微企业最高可申请不超过300万元的创业担保贷款。对首次创业且正常经营6个月以上的返乡入乡创业人员，可按规定给予5000元一次性创业补贴。

安徽："青创资金"让青年创业"容易贷"

"青创资金"全称为青年创业引导资金，由安徽省与合肥市的人社、财政等部门联合合肥高新区管委会发起设立，面向在安徽创业的45周岁以下青年，主打"创意贷"和"助跑贷"两款产品，"创意贷"提供30万~100万元的信用贷款，"助跑贷"提供100万~300万元的抵押贷款，适应企业的不同贷款需求。

江苏：更大力度支持灵活创新创业

政府投资开发的孵化基地等创业载体应安排一定比例场地，免费向高校毕业生提供。江苏开辟"绿色通道"，落实税费减免、富民创业担保贷款、财政补贴等各项政策；继续遴选500个省级大学生优秀创业项目，每个项目给予10万元的无偿资助；选树高校毕业生创业典型，全年引领大学生创业不少于2.5万人。

（材料摘自：各地大学生创业优惠政策［EB/OL］.（2020-03-20）［2021-01-25］.全国大学生就业服务网.有删改）

小贴士

时下有一种流行的说法，创业不同于炒菜，不可能等所有的配料都准备齐全之后才开火。所谓创业就是要勇敢开创自己的事业，大胆创新，勇于尝试，机不可失，大学生创业要善用政策，学会借力。

任务三　自我剖析面对面：如何评估自己能否创业

虽然国家对大学生创业有很多优惠政策，但这并不意味着人人都可以创业。创业有风险，创业需谨慎。大学生在进行创业之前应该对自己有一个全面的分析和客观的评估，一方面避免盲目创业而导致失败；另一方面也能为大学生创业者顺利开启以后的创业历程指明方向。

"知己知彼，百战不殆。"所谓的知己，就是指自我认识与自我剖析。"知己"要求大学生创业者不仅对创业过程中可能涉及的各个领域有所了解，更重要的是对自己有充分的了解，明确自己的优点、缺点，知道自己处于什么样的环境中，是否适合创业。古往今来，成功的创业者，我们不难发现他们身上都有一些共同的精神特征，这些精神特征就是创业精神。创业精神是创业的重要支柱，贯穿于创业过程的始终。让我们了解一下什么是创业精神，它包含的要素主要有哪些。

一、什么是创业精神

哈佛大学商学院对创业精神的定义是："创业精神就是一个人不以当前有限的资源为基础而追求商机的精神。"从这个角度上来讲，创业精神是一种突破资源限制，通过创新来把握机会、创造价值的行为，而不是简单地体现在创造新企业上。因此，创业精神可以简单地概括为："没有资源创造资源，没有条件创造条件，用有限的资源去创造更大的资源。"

二、创业精神的要素

创业精神类似于一种能够持续创新成长的生命力，主要包括冒险精神、创新精神、实干精神、自主精神、社会责任感等。

1.冒险精神

创业者是风险承担者。米顿曾把创业者看成喜欢冒险的人，他认为他们在任何时候都准备寻找并管理杂乱无章的情境，正因为他们常常为接受风险做好准备，他们才能够避免风险。任何一项创业活动都不可能一帆风顺，特别是在知识经济时代的今天，创业者必须具有较强的风险意识，对于具备一定的专业基础知识，但缺乏经营经验的大学生们来说，面对机会能否冒险并果断做出决策是他们走上创业之路的关键一步。

2.创新精神

创业精神的本质就是创新，创新是企业持续发展的根本。创新概念最早是由著名经济学家约瑟夫·熊彼特提出来的，他认为创新是"创业者对生产要素的重新组合"，也就是"建立一种新的生产函数"。具体来说，创新精神主要指创造新的生产经营手段和方法、新的资源配置方式，以及新的符合消费者需求的产品和劳务。在这种创新概念下，创新能使企业开辟一个更广阔的生存发展空间，不断地领先，不断地发展，使企业在发展中对旧的不断扬弃，以非常规的方式配置企业的有效资源，推动企业的运行，从而获得巨大的成功。例如，苹果公司的发起人乔布斯是创业者，因为他推出了新产品；亨利·福特是创业者，因为他最早采用汽车生产线；亚马逊网上书店的老板是创业者，因为他开辟了网上销售渠道；比尔·盖茨也是创业者，因为他建立了微软公司。因此，只有具有锐意进取的创新精神、推出新产品或改进生产方式等的人，才是真正意义上的创业者。

【知识拓展】

硅谷精神

上帝说"要有风"，于是就有了风；上帝说"要有光"，于是就有了光——像神一般地创造从来都是人类最伟大的梦想。而硅谷无疑是距离这个梦想最近的地方。鼓励冒险、刺激创新、容忍失败、缺少束缚的氛围形成了硅谷独特的文化，这就是创新。企业在创新中实现梦想，人在创新中实现价值。

创新像基因，植根于每一个硅谷人的身体；创新像空气，滋养着每一个硅谷人的生命。如果说好莱坞的餐厅侍者的菜单下面可能就放着他的剧本，那么硅谷的一个管道工修完下水道，跟他的客户谈的就是微软和网景两种浏览器的优劣。如果说好莱坞追梦人的抽屉里是各种手稿，那么硅谷人的脑海里就是创业计划。如果说代理人是在好莱坞大行其道，为演艺明星量身定做角色，那么风险投资家就是在硅谷叱咤风云，为新创公司提供整体服务。硅谷是无数创新思维和灵感的聚集与扩大的地方——当你天天呼吸着别人的更新、更快、更大胆的想法时，你的眼光自然在变宽，你的灵性自然被点燃，你的想象力和创造力自然在增殖。

著名经济记者约翰·米克尔思韦特（John Micklethwait）和阿德里安·伍尔德里奇（Adrian Wooldridge）在一篇论文里归纳出硅谷最成功的10条"文化簇集"：

第一，能者在上的公司信仰。年龄和经验没有用，肤色和背景无所谓。

第二，对失败的极度宽容。在欧洲，破产被看作羞耻；在一些国家，破产者不能再开公司。而在硅谷，"It is OK to fail"（败又何妨）。

第三，对"背叛"的宽容，员工的流动不受谴责，是一种完全正常的行为。

第四，合作。即使昨天是你死我活的对头，明天也有合作的机会。

第五，嗜好冒险。不仅在创业上如此，生活中也寻求蹦极、高空跳伞等刺激，以激活自己。

第六，赚钱之后，不做"守财奴"，再投资到创业中去。

第七，热衷改变。敢于自己吃自己，自我淘汰掉昔日的辉煌和模式。

第八，对产品而不是金钱的痴迷。硅谷人以宗教般的虔诚心态追求技术，希望能够以技术推动世界进步。

第九，机会的慷慨分布。谁都不用嫉妒谁，每个人都有自己的机会。

第十，分享财富的强烈倾向。从认股权到给员工健康检查，提供免费午餐、晚餐，为家属办幼儿园，提供优厚的退休金，至少在公司内部，财富被分享而不是独食。

如果再加一条的话，那应该是勤奋工作。在硅谷，几乎每个人都没有固定的上下班时间，一天工作十二三个小时是家常便饭，十五六个小时也不鲜见。在和时间赛跑的过程中，睡眠是所有创业者的奢侈品。杨致远与斐罗创办雅虎之初，晚上经常睡在办公桌下，只有一只睡袋加一条毯子。

在这样的硅谷时代中，作为个体，他们中的每一个未必是为使命而来，但作为群体，他们却似乎承担着人类的某种使命，闪耀着人类精神的光芒。这就是硅谷的精神，它已成为我们这个时代的特征，并引导着社会发展的未来走向。

（案例摘自：李伟.创新创业教程[M].2版.北京：清华大学出版社，2019.有删改）

3.实干精神

创业者需要决断力、信心、说服力以及坚定不移的品质。既然创业行为是冒险性的，充满不确定性，它的最终结果必然是无法准确估算的，所以时时需要主观判断。而一旦做出某种判断，创业者就必须相信自己的判断，并且有坚持到底的信心，否则一遇挫折就打退堂鼓，最终将一事无成。光创业者自己有信心还不够，他还必须有能力说服别人相信他的判断，这样才能引来投资方或他人的支持。

4.自主精神

自主精神是创业精神的基础。如果对创业实践做具体的分析，就会发现它除了具有实践活动的普遍特征外，还具有高于一般实践活动的特征。在人的自觉能动性方面，它特别突出了人的自主精神，即自由创造、自主创业、自立自强的精神。大学生创业精神的强弱，取决于他们自主创业的意愿，这种意愿也就是大学生的创业需要、创业动机，以及由此升华而成的创业理想，它构成了大学生的创业意识。创业意识从本质上说就是一种自强自立的精神，它是大学生创业的内在动力，是创业精神的基础内容。需要越强烈，动机越纯正，理想越切合实际，信念越坚定，创业精神就越持久、越稳定，有了这种持续稳定的精神支持，大学生在创业过程中才会持之以恒，越挫越勇。

5.社会责任感

一般认为，企业的社会责任就是创造利润，企业在对股东利益负责的同时，还要承担对员工、消费者、社区和环境的社会责任，包括遵守商业道德、保障生产安全、保护劳动者的合法权益、保护环境、支持慈善事业、保护弱势群体等。

三、如何评估是否适合创业

不是每个人都适合创业，大学生在创业之前，需要进行自我评估，那么我们不妨潜心思考表1.1的问题，对自己的创业素质进行自我审视。

表1.1　创业素质自检12条

序　号	评估自己是否具有以下特质
1	你为什么要创业？你是否有足够的决心？你愿意承担风险吗？
2	你是否具备创业者应有的能力与素质，是否能够承受挫折与压力？
3	你是否愿意放下安稳的生活，重新投入一个全新且充满变数的环境之中？
4	一旦遇到困难或问题时，你是否能不怕艰辛，沉着应对，并且做出正确的决策？
5	你觉得自己创业最大的风险是什么？最坏的结果是什么？你是否能承受？
6	你是否愿意每天辛勤工作，甚至一天工作20小时以上，牺牲个人的娱乐时间？
7	你是否不怕失败，能正确看待机遇和威胁？
8	你是否喜欢接触新鲜事物，并且具备刨根究底的精神？
9	你是否意志坚定，同时也能兼听则明，广纳他人的意见和建议？
10	你是否是个实践家，做事绝不拖拖拉拉？
11	你是否愿意将企业所获得的利润与合伙人、员工分享？
12	你是否愿意尽到自己的社会责任，尽可能地回馈社会？

成功的创业者都拥有一些异于常人的特质。因此，大学生在创业之前，不妨试着问问自己以上问题，通过综合考虑评估自己是否适合创业。

小贴士

2009年4月5日，上海第一财经频道主持人崔艳在采访德丰杰全球创业投资基金创始人汤姆·威尔斯时，问道："您认为创业者可以培养吗？"汤姆·威尔斯立刻给予肯定的答复："当然。毋庸置疑，创业是可以学习的。"

四、怎样培养创业精神

创业精神是可以通过后天培养而形成的，大学生创业者可通过模仿、历练、实践和培训这四种途径来培养自己的创业精神。

（一）模仿

模仿是培养创业精神较便捷的方法，选择一个学习榜样，揣摩他的行为，分析他的言论，向他靠拢。很多成功创业者都有这样一个感受：他们在创业过程中会有一个"偶像"，自己会不自觉地按这个偶像的言行来要求自己、鞭策自己。苹果创始人乔布斯就非常崇拜英特尔的创始人安迪·格鲁夫，甚至打电话向其寻求建议。大学生应该从创业成功者身上汲取经验，学习模仿他们的创业精神，从而让自己更快成熟起来。

（二）历练

创业是艰辛的，创业环境中处处充满竞争和困难，培养创业精神的高效方法之一就是让创业者在真正的创业环境中磨炼意志，培养创业精神。优秀的创业者是绝不会被压力压垮的，反而会在压力之下创造惊人的事业。例如褚时健在75岁时决定创业，而且要大干实业，他承包了大片荒山种橙子，当时所有人都觉得他疯了，但是，他依然能够顶住层层压力，坚持自己的事业，最终克服重重困难，成就"中国橙王"的传奇创业故事。

（三）实践

实践是培养创业精神的直接方法，积极的实践能带来及时的反馈，实践经验的积累能够让创业者对创业形成逐渐深入、清醒的认识。实践产生的作用是其他途径不可替代的。绝大部分高校都有创业实践基地、创客空间、创业园等，这些都为大学生提供了创业实践的便利。大学生创业者要把握实践机会，通过丰富多彩的创业实践，为后来能更加清晰地确立创业目标、制订创业计划做准备，更加坚定自己的创业信念。

（四）培训

创业精神培训活动往往请成功的企业家或者经验丰富的职业经理人来担任讲师，大学生参加此类培训可以得到专业化和科学化的指导，这是通过其他方式所难以达到的。通常，地方人民政府、高校、各级各类创业协会、赛事主办方都会举办有关大学生创业精神的相关培训活动，大学生可以积极参加此类培训，明晰自己的创业目标，增强创业信念，培养创业精神。

【知识拓展】

创业者具有哪种创业精神才能取得成功

创业是什么？王胜江将创业比喻成一场狼性的修行，他是前SOHO中国营销副总裁，洪泰创新空间的创始人。王胜江说："我喜欢那些有大脑，有四肢，执行力强的，以一当十的创业者，这个就是'狼性'。狼性的修行就是一个创业者自身的修行。你必须要面对一些坑，苦难，挑战。如果想修行，首先必须有一个狼性的状态，修行是创业的本质。必须要用商业化和市场化去赚钱，才能修行。为什么说狼性加修行你才敢创业？因为创业是通过赚钱，通过盈利，通过商业模式的修行的方式。"

具备"狼性"的人更适合创业。

第一，创业者应具备狼性执行力。一个创业者需要具备什么样的素质呢？王胜江认为，首先，在创业早期，创始人需要有一个创新的想法，你要选择好一个方向，这点很重要。其次，选择创业光有大脑还不行，光有想法也不行，核心是要有执行力。在一般情况下，好的模式都是在一两年、两三年的执行过程中逐渐形成自己独特的模式，所以，有大脑的四肢才有执行。最后，人要靠谱，要让别人信赖，靠得住，诚实守信，这点在整个创业过程中尤其重要。

第二，创业者要像狼一样能抵御寒冬。现在有很多人都在搞资本寒冬，王胜江认为，创业者其实在创业第一天就面临着一个冬天。"为什么我喜欢狼，狼其实就是在冬天捕猎，这是狼的特性。创业首先就是寒冬，你自己就是个寒冬，如履薄冰，你才能创好业。一旦进入夏天，你就很难创业。这里最重要的两个要素，一个是活着，一个是赚钱。资本寒冬的时候，对创业者来说最重要的是耐寒，不是穿得厚，而是长得壮。让自己变得有力量，有好的模式，有创业市场，有品牌。另外，资本寒冬正是培养创业者狼性的好时机，因为这时候有些人无法抵御寒冬，死掉了，就剩你了，所以你更容易成功。"

（案例摘自：张雅微.王胜江：创业是一场狼性的修行[J].销售与管理，2016（7）：46-47.有删改）

任务四　成长修炼无极限：创业对大学生职业生涯规划发展的意义

创业对我们每个人来说都是一种挑战，创业是一个创造的过程，对于一个创业者来说要付出很多的努力和代价。"双创"时代的到来，为很多大学生创业提供了难得的机遇，而大学生在创业过程中所具备的能力对其职业生涯规划发展具有重大的意义。创业能够使大学生的职业生涯更具备主动性和创造性，大学生能够更加积极地计划未来的职业，并且拥有积极乐观的心态，不断地进行调整、改变与自我完善，而不是盲目跟风。概括来讲，大学生创业对其个人职业生涯规划发展具有重要的意义和作用。创业不仅有利于督促大学生不断学习新的知识，为职业发展积累经验和资源，还能使大学生的各项能力得到锻炼，个人素质得到提升，也有助于大学生创造新的就业机会，实现自我价值。

一、学习创业知识

大学生一般都有强烈的实现自我价值的愿望，所以一般情况下，大学生思维活跃，创新意识强，热衷于学习新事物，而正是这些特质，驱使大学生自主创业，在创业的过程中不断学习，不断进步。有了创业的机会，才可能得到创业的锻炼。

二、增强创业意识

随着就业形势越来越严峻，大学生就业竞争愈演愈烈，因此，一些大学生在求职时发现找不到自己理想的职业，或者薪资达不到预期，他们便打算自己创业。这种意识不是与生俱来的，而是因职业生涯发展规划得不到满足而产生的。这种不满足感会充分地调动人的积极性，使大学生极力想改变自己的现状，从而增强了自身的创业意识。

三、提升机会识别能力

机会识别对于创业者来说是比较难的一件事。并没有人天生就具备机会识别的能力，它是在磨砺中获得的。在经历过创业之后，大学生创业者才能更清醒地认识到什么是机遇，什么是陷阱。

四、训练创造性思维

人会缺乏创造性思维，很大一部分原因是懒惰，因为环境安逸，所以无须改变。而创业则不一样，创业者需要时刻面对生死存亡，稍不留心，就会血本无归。因而创业者为了竞争，为了生存，就会积极地调动创造性思维，让自己在创业中能变得更强。这也正是大学生职业生涯规划中要求大学生获得的一种能力。

五、培养团队精神

团队精神对于职场来说是不可或缺的，在当今社会里，企业的分工越来越细，任何人都不可能独立完成所有的工作，每个人所能实现的仅仅是企业整体目标的一个小部分。大学毕业生刚出校门，比较缺乏的就是团队精神。因为在长期的学习生涯中，大家都习惯了单打独斗，合作的经验较少。而创业则需要大学生创业者积极配合，发挥"1+1>2"的价值。所以创业活动能够有效培养大学生的团队精神，而这种精神在职业生涯的任何阶段都具有重要意义。

六、锻炼领导能力

领导能力是一种综合实力。大学生通过创业，会接触到一个活动的方方面面，从而也就具有了全局观，经过这种训练，大学生的领导能力也会得到锻炼。

七、创造就业机会

大学生自主创业，有利于缓解国家的就业压力，为更多的毕业生提供新的就业岗位，能从根本上解决毕业生就业难的问题。因为一人创业成功，可以带动至少10人就业，同时，自主创业还增加了中小企业的数量，开创了新的产业领域，为经济发展注入了动力。据统计，目前我国中小企业占全国企业总数的99%，大约有4000万家，提供了大约80%的城镇就业机会，是解决就业问题的主力军。大学毕业生创业就是利用自己的知识、才能和技术，以自筹资金、技术入股、寻求合作等方式创立新的就业岗位，为自己、为社会、为更多的人创造就业机会。

八、实现自我价值

创业是青年就业的有效方式，也是实现自我价值的有效途径。大学生通过自主创业，可以把兴趣与职业紧密结合，实现人生价值。创业者在创业中往往会面临许多困难与挫折，历经千辛万苦才能取得成功。因此，创业是一个意志锤炼的过程，是学习提高、锻炼和自身发展的过程。一旦创业成功，个人不仅可以获得利益的回报，实现自我价值，而且还可以回报社会，为国家的繁荣做出贡献。

【知识拓展】

王锐旭：这名90后CEO又火了！从10万元创业做到了超10亿市值

2020年7月18日，第十二届"挑战杯"广东大学生创业大赛终审决赛开幕，此次仪式通过线上云端的方式举办。

作为大学生中最具有影响力的创业比赛，本次开幕直播还邀请了各领域创业代表进行主题演讲的分享，其中，兼职猫App创始人王锐旭作为此次分享嘉宾为广大青年创业者分享了他的奋斗历程。作为青年创业者，王锐旭的创业履历堪称传奇。

创立兼职猫，7年用户突破3000万

刚上大学的王锐旭只是一个普普通通的大学生，在大一的大部分时间里他都在四处做兼职，那时他当过保安、兼职模特经纪人，甚至还摆过地摊。也正是这些兼职经历使他渐渐萌生了创业的想法，并为他之后创立的平台做了铺垫。

2012年，刚刚大二的王锐旭发现不少企业都有高校推广的需求，但都苦于没有渠道，心思敏锐的他发现了其中的商机。他带领只有6人的团队做起了校园地推业务。这一次的创业首次验证了他的战略眼光，不到半年，王锐旭就把魔灯传媒业务做到了广州校园前三名，并赚到了创业第一桶金10万元。

魔灯传媒的成功给了王锐旭很大的激励，也帮助他积累了一定的创业经验。2013年，移动互联网大火，成为一片新的创业蓝海。基于当时兼职的经历，王锐旭决定自己推出一个兼职招聘平台，帮助大学生群体可靠安全地找到兼职工作。

2013年6月，"九尾科技有限公司"就此成立。同年10月，公司首个主推产品兼职猫App就诞生了。兼职猫保障了信息的真实性，击中兼职行业信息安全的痛点，受到了很多大学生用户的喜爱，推出短短半年时间，用户量就达到了百万级。

2014年，大四的王锐旭带领团队在各个创业赛场上奔波。4月，兼职猫获得了"挑战杯·创青春"大学生创业大赛的金奖；9月，王锐旭又带领兼职猫参加了"第三届中国移动互联网博览会暨创业大赛"，与当时来自中国内地、中国香港、美国硅谷的200支移动互联网创业团队一起竞赛，兼职猫一举拿下第一名。兼职猫受到越来越多的主流声音的肯定。同年，平台获得了第一笔百万元天使投资，这时候距离王锐旭创立兼职猫才刚刚半年。

2015年年初，王锐旭刚毕业半年，他的公司就已经拿下第二轮天使投资和千万级的A轮融资，公司估值过亿元。此后，王锐旭带领着他的兼职猫一路开疆辟土，业务板块不断扩大。2018年，兼职猫获得1.6亿元的C轮融资，成为国内最大的兼职招聘平台。

如今，在王锐旭的带领下，兼职猫已经拥有3300万的C端用户，公司从最开始的6人团队，发展到如今的500多人，开始投入的10万元创业基金成就了如今16亿元市值的企业。

从穷小子到创业领袖的逆袭

角色的转变和从事的行业领域，让如今的王锐旭身上更肩负着一份"带动就业"的责任感和使命感。在创立兼职猫之后，王锐旭又相继推出鹿用招聘和云校招Live两个平台，为城市蓝领和疫情影响下的大学生提供了一个便捷高效的求职招聘平台。目前鹿用招聘有2000万求职用户，云校招Live也帮助近5000名应届大学生就业。作为广东省"青年创业导师"，如今王锐旭运用自身创业所得的成功经验，帮助并鼓舞更多的青年创业者实现他们的梦想。

在创业的过程中，王锐旭也完成了从穷小子到创业代表、优秀青年企业家的逆袭。凭借着在企业创新创业和人力资源领域的突出贡献，王锐旭也先后获得了"KAB创业英雄十强""胡润百富创业领袖""粤港澳大湾区创业英雄""广东省卓越企业家"等40多个奖项称号。

"一株小草可以改变世界。"在演讲最后，王锐旭这样讲道，他经常鼓励青年创业者，应当保持优秀的习惯，多接受挑战，勇于坚持。"即使你是小草，你也可以有改变世界的巨大潜力。"

（案例摘自：王锐旭：这名90后CEO又火了!从10万元创业做到了超10亿市值［EB/OL］.（2020-07-21）［2021-01-25］.知知谷创业网.有删改）

🖋 小贴士

力诺集团总裁高元坤曾经说过："年轻创业者不要只想不做，一定要实践。还要有不怕失败、承受压力的胸怀。"一个人只要有信心、勇气和不屈不挠的精神，以积极的态度去迎接挑战，就能渡过创业的难关最终取得成功。

🖋 课堂活动

调研双创政策与创业倾向

活动方法：搜集当地以及所在学校实施的双创扶持政策，分析其能够为大学生创新创业带来哪些影响。同时，对当地的大学生创新创业倾向进行调研。

活动形式：分组活动，5~8人为宜。

活动规则：学生通过网络、资料查阅等各种途径收集当地及学校的双创扶持政策，并且以小组为单位在课堂上总结分享对大学生创业最有帮助的政策并说明原因。同时，各小组自行设计调查问卷，统计当地大学生的创新创业倾向，并撰写调查报告，以小组为单位进行报告分享，由教师做出点评。

注意事项：

1.在分享对大学生创业最有帮助的政策时，一定要明确政策的出处、适用范围和有效期等，避免对政策的错误解读。

2.调查问卷设计时，注意调查对象应限定为大学生，样本以100份以上为宜。可以通过问卷星等电子问卷软件进行问卷调查。

🖋 本章小结

1.大学生创新创业教育就是于创新教育基础上所进行的创业教育。要想成为一个大学生创业者，应具备丰富的知识储备、拥有技术和兴趣、有大局意识、有资金准备、有人脉资源、有个人素质6个条件，还需具备优秀的经营管理能力、创新能力、领导决策能力、交往协调能力。

2.大学生创业政策扶持概括起来共有12条：大学生创业税收优惠、创业担保贷款和贴息、免收有关行政事业性收费、享受培训补贴、免费创业服务、取消高校毕业生落户限制、创新人才培养、开设创新创业教育课程、强化创新创业实践、改革教学制度、完善学籍管理规定、大学生创业指导服务。

3.创业精神类似于一种能够持续创新成长的生命力，要素主要包括冒险精神、创新精神、实干精神、自主精神、社会责任感等。大学生创业者可通过模仿、历练、实践和培训这4种途径来培养自己的创业精神。

4.大学生创业对其个人职业生涯规划发展具有重要的意义和作用。创业有利于督促大学生不断学习创业知识、增强创业意识、提升机会识别能力、训练创造性思维、培养团队精神、锻炼领导能力、创造就业机会、实现自我价值。

【课后阅读】

黄峥与他的拼多多

拼多多作为新电商开创者，致力于将娱乐社交的元素融入电商运营中，通过"社交+电商"的模式，让更多的用户带着乐趣分享实惠，享受全新的共享式购物体验。

从"学霸"到"爆发"的拼多多

22岁本科从浙大毕业的黄峥，顺利申请到美国威斯康星大学麦迪逊分校就读，这是一所在美国位列"常春藤大学"系列，并以计算机专业出名的全球顶级大学。2004年，当谷歌公司还在争取获得雅虎收购的早期发展阶段时，已经在美求学两年的黄峥很快决定毕业后前往谷歌公司就职。当年就在纳斯达克上市的谷歌公司，给黄峥早期的财富积累奠定了坚实的个人基础。这也为他后来回国创业不为自己赚钱的底层价值观打下了坚实的基础。

作为一名专业的计算机技术专家，黄峥和当时同在谷歌的李开复，2006年一起受命前往中国开展业务。就在当年，黄峥通过另一个浙江同乡丁磊，认识了在美定居的段永平——步步高系列（OPPO、VIVO）的幕后老板，并参与了段永平竞拍下的"股神"巴菲特的午餐会。

段永平受巴菲特的启发和鼓励，从此转身投资，成为中国为数不多的顶级投资人，并在个人身价上，一直享有中国隐形首富美誉。段永平也被黄峥视为人生的贵人之一，拼多多发展至今，段永平提供资金解决了黄峥早期创业的第一笔融资。对于黄峥来说，每到关键时刻，为其指点迷津、出谋划策的人生伯乐，一定就是段永平。

"好公司，动作越少越好"；"快就是慢，慢就是快"；"用平常心做事情会更好"。这些话既是段永平说给黄峥听的，也是能让中国众多创业者受益匪浅的金玉良言。对比黄峥自己常说的商业思考："要怀有平常心，选择做正确的事，并想办法把事情做正确"；"创业就像打高尔夫，我们始终在重复同样的动作，但我们希望把动作做得更标准"。不得不说，黄峥不仅深受段永平的影响，也颇得段永平的真传。

26岁时的黄峥，已经达到留学顶级名校、加入顶级互联网公司、完成个人财富积累、融入顶级商业圈子（最新名单还有从百度离职的陆奇，以及新加坡外交部前部长杨荣文）、找到事业伯乐的人生高度。绝非"池中物"的黄峥，在27岁那年，选择自主创业。同一时期的王兴，已经将校内网（人人网前身）做得风生水起。而27岁的雷军，已经被提拔为金山软件的总经理。这三人的公司在2018年被外界统称为中国互联网的MMP（小米、美团、拼多多），以飞速的增长向传统的BAT（百度、阿里、腾讯）的地位发起挑战。

细数黄峥创业的7年经历，他在游戏、电商代运营、社交电商领域的扎根前行，一点没有浪费。拼多多带给外界的游戏版体验的社交裂变，不正是他创业早期步步经历打下的基础吗？这是黄峥人格里非常有特点的一面。他在做事情的过程中，将他经历的事物底层逻辑，思考透彻，并在彼此关联的内在势能上，协同打通。这是一个懂技术、懂商业的理工男才有的商业建构思维。

都说从成立到上市的拼多多创造了中国互联网企业最快的成长纪录，黄峥本人的身价也超过了刘强东，成为人人津津乐道的80后新"首富"。很多人不知的是，快速上市的拼多多背后，是仅次于阿里的3亿多用户数，以及阿里、京东之外，第三家打破"电商难以突破千亿大关"魔咒的另一种快速。

快，分两种。一种是赶上雷军常说的"风口论"的快，这个风口，黄峥赶上了智能手机的普及和微信的爆发。就像黄峥在上市当天对外强调的那样："拼多多一大半靠运气，这源于深层次的底层力量推动，很像三四十年前深圳改革开放的推动力，我们在上面开花的人，做什么都会有爆炸式的增长。"另一种快，是理解了商业的底层逻辑，打通了不同资源的内在联系，打下了前期良好基础的快。黄峰的技术背景、大公司经历和早期创业的领域，以及他独有的思考方式，带来了拼多多的第二种快。联系上文所述的"快就是慢，慢就是快"，对于黄峥和拼多多的快，理解起来就豁然开朗了。

很快，现行出炉的拼好货和拼多多合并。一年之后，也就是2016年9月，订单量已经超过唯品会的拼多多，在当时，这是一个打着灯笼在全球都找不到对标物的全新模式，随后启发了众多效仿拼多多，开始在社交、拼团、游戏体验中掘到金子的创业者。在拼多多开始正式宣布转型为社交平台型电商的前两个月，黄峥敲定了腾讯、高榕资本的入股。前者带给拼多多在微信端的"入伙"身份，后者则让拼多多开始在上市前，弹药充足地放手快干。

错位竞争开辟属于自己的新大陆

微信，现在已经是腾讯集团用户量最庞大的产品。它的发起人张小龙曾有句对微信和产品的精准定义深得马化腾的认同："抓住用户的人性基本需求（贪、嗔、痴），培养用户对产品的黏性。"

一路攀升人生和事业高峰的黄峥，做的拼多多也是从人的基本需求出发，再回到人的基本需求。他做游戏是这样，做社交电商是这样，做有着游戏版体验的社交电商拼多多，同样是这样。

2015年9月，新零售诞生的前一年，黄峥的面前有着阿里、京东、苏宁、唯品会等众多电商巨头。他能选择的每一步动作，都必须建立在人的基本需求之上，做开辟一个新市场的新公司。如果贸然、急于求成地切进巨头垄断的成熟B2C市场，他和他的拼多多，最多成为昙花一现的过客。好在黄峥是一个擅长在人性基本需求、底层逻辑上建构商业势能的人，这个底层逻辑，还包括整个社会在前后20年的总体走势。

新零售至今对外打出的价值定义，也不过是大数据驱动"人、货、场"的重构。就在新零售诞生前一个月的拼多多，之所以要转型为社交平台型电商，一个很重要的原因，就是解决拼多多的"人、货、场"。

翻译成零售语言，就是流量在哪里？供应链怎么做？交易链路怎么搭建？善于从社会总体走势和商业底层逻辑想问题的黄峥，看到的一个新增量市场，是中国还有下层的"5亿人口"，以及长期伴随他们的商品供应。直到拼多多注意到之前，没有任何公司曾想过把他们电商化。

按照黄峥自己的话来说，就是拼多多要为"五环外"的更多人口提供服务。这是拼多多的商业基石，也是让全体中国消费者全面拥抱社会发展成果的好办法。

思考拼多多的下一步

拼多多对外宣称它的业务成功主要依赖于扎根微信端的社交拉新——游戏体验式的裂变和拼团模式。不过黄峥在上市当天的媒体沟通会上，明确表明拼多多大部分交易其实还是在自己App上完成的。

同样是在7月26日晚上上市发布会上的致辞中，黄峥对未来的拼多多有这样一句定义："未来拼多多将成为一个网络虚拟空间和现实世界融合的新空间。用户可以用最划算的价钱买到理想的商品，更可以在过程中收获快乐。在这个空间里，供给两端的链条被压缩，批量定制化大规模实现，社会资源的无谓损耗持续降低。如果以传统企业类比，这个空间应该是'Costco+迪士尼'的结合体，它不光提供超高的性价比，更将娱乐性融入每个环节。"

而在拼多多上市前的招股书上还有一句关键信息："平台下一步会升级供应链，会利用大数据和AI人工智能，为用户做更精准的个性化推荐。"

听懂拼多多说话，需要一定的分析理解能力。利用大数据和AI人工智能，为用户做更精准的个性化推荐，等于是在告诉所有人，关于未来消费者在拼多多的购买驱动力，低价不再是唯一的理由。人的下单决定，主要出自对自我需求的精准满足。

人的需求是多变而多面的。低价的永远有人要，品质人人都不拒绝。什么东西是有品质的低价？或许，最理想的对标答案，可能还真是Costco（好市多），一家打败了沃尔玛，令全球零售业都佩服、效仿的美国社区超市。

拼团，不出预料的话，将永远是拼多多带给大众的主要体验特色。这并不稀奇，美国Costco在任何国家和地区的卖场里，处处都是拼团的欢乐景象。几个主妇组团去Costco购物，通过联合组团的方式，享受到更折扣的价格，完成批量采购后，几个主妇之间再分配各自出资比例的所需。这是不是拼团？是不是线下零售常见的购物景象？为什么要迪士尼一样的娱乐性？很显然，这是拼多多赖以爆发的主要条件之一。拼多多毕竟是线上平台，缺乏线下面对面具备的交互丰富性。没有游戏版的体验，人拉人拼团的转化触发条件，在线上会非常难以实现。

这就是拼多多所说的升级供应链，大数据精准推荐，以及一个Costco和迪士尼结合体的内在意思。有时候自言不擅长和媒体沟通的黄峥，其实在他所说的每一句中，都清楚明白地表达了拼多多的过去、今天和未来。黄峥的话有时候不仅是站在拼多多的角度说给外界听的，也是站在社会的角度说给自己听的，"没有一个伟大的变革和创造会来得那么容易，那么显而易见，一边倒的正面不是我们追求的，一边倒的负面也从来不属于真实的拼多多。""我要勇于承担起责任，持续承受质疑甚至冤枉。"

黄峥的理念：

（1）深挖消费者的诉求，为用户创造价值；

（2）要怀有平常心，选择做正确的事，并想办法把事情做正确；

（3）创业就像打高尔夫，始终在重复同样的动作，但希望把动作做得更标准；

（4）社交由达人经济向平等的多对多社交网络转变，由集中式超级大脑向分布式多个个体平权式独立思考转变，从集中搜索向品牌分众化转变；

（5）中国品牌要"走出去"，首先应该做渠道变革。

2018年10月，黄峥以950亿元人民币财富位居2018年胡润百富榜第13位。

启示：黄峥的创业史发人深思，也留给我们诸多启发。首先，要通过个人的快速成长，用能力获得他人的信任。黄峥的快速成功，得益于遇到的贵人，归根究底，还是得益于对黄峥和拼多多未来赢利能力的信任。其次，要想持久生存，那就用平常心下"笨"功夫。黄峥坚持平常心，并坚持在拼多多的经营上用平常心，下"笨"功夫，最终赢得了客户的信任。最后，要想竞争突围，那么就要做正确的事并正确地做事。黄峥成功的关键，是确定了合适的目标，避开淘宝和京东，进行错位竞争，最终，他开辟了属于自己的新大陆。

（案例摘自：起底80后新"首富"黄峥：他和拼多多的过去、今天和未来［EB/OL］.（2018-08-04）［2021-01-25］.搜狐网.有删改）

02

项目二
培养创新思维

【学习目标】

★ 掌握什么是创新思维，创新思维的特点有哪些，产生条件是什么。

★ 了解创新思维受限的因素，学会如何突破创新思维障碍。

★ 能够在日常生活中激发和训练自己的创新思维。

【导学案例】

需要一把剪刀

篮球运动刚诞生的时候，篮板上钉的是真正的篮子。每当球投进的时候，就有一个专门的人踩在梯子上把球拿出来。为此，比赛不得不断断续续地进行，缺少激烈紧张的气氛。为了让比赛更顺畅地进行，人们想了很多的取球方法，都不太理想。有位发明家甚至制造了一种机器，在下面一拉就能把球弹出来，不过这种方法仍没能让篮球比赛紧张激烈起来。

终于有一天，一位父亲带着他的儿子来看球赛。小男孩看到大人们一次次不辞劳苦地取球，不由得大惑不解，为什么不把篮筐的底去掉呢？一语惊醒梦中人，大人们如梦初醒，于是才有了今天我们看到的篮网样式。

去掉篮筐的底，就这么简单，但那么多有识之士都没有想到。听起来让人费解，然而这个简单的"难题"困扰了人们多年。可见，无形的思维定式就像那个结实的篮子禁锢了我们的头脑，使得我们的思维就像篮球被"囚禁"在了篮筐里。于是，我们盲目地去搬梯子、去制造机器……

生活中许多时候，我们就需要这样一把剪刀，去剪掉那些束缚我们的"篮筐"。其实，生活原本并没有那么复杂。

（案例摘自：陈璟.需要一把剪刀［J］.文苑，2008（21）：38.有删改）

> **思考与讨论**
>
> 案例中，如果没有小男孩的创新思维，我们现在看到的篮球赛就是断断续续地进行，缺少激烈紧张的气氛。那么什么是创新思维？创新思维有什么特点？创新思维产生的条件又有哪些？受限因素有哪些呢？我们应该如何突破创新思维的障碍？在日常生活中应该如何激发和训练自己的创新思维呢？让我们带着以上问题对创新思维进行全面的学习。

任务一　走进去了解：认识什么是创新思维

我们常常都会按照常规思维进行思考或处理问题，而以超常规，或者反常规的视角去思考和处理问题，就很难做到了。创新思维是新时代每个人都应该培养和具备的思维能力，它很大程度上决定了人的发展和进步，大学生创新创业更应该注重创新思维的培养。

一、创新思维的定义

为了更好地理解创新思维，我们还是先来看看什么是创新，什么是思维，什么是创新思维。

什么叫创新呢？创新是指以突破现有的思维模式提出有别于常规或常人思路的见解为导向，利用现有的知识和物质，在特定的环境中，本着理想化需要或为满足社会需求，而改进或创造新的事物、方法、元素、路径、环境，并能获得一定有益效果的行为。创新是在当今世界，在我们国家出现频率非常高的一个词，比如"创新型社会""企业科技创新"……同时，创新又是一个非常古老的词。在英文中，创新的单词是"innovation"，这个词起源于拉丁语。它原有三层含义：一为更新，二为创造新的东西，三为改变。准确地说，创新作为一种理论，被深刻应用于和反映在当今社会的方方面面。

什么叫思维呢？思维是人类所具有的高级认识活动。按照信息论的观点，思维是对新输入信息与脑内储存知识经验进行一系列复杂的心智操作过程。思维是一种能力，是先天与后天结合、学习与实践结合的综合能力。通常意义上的思维，涉及所有的认知或智力活动。它探索与发现事物的内部本质联系和规律性。我们从思维三要素中看出其关系：首先，要具备学习的基础，也就是有一定的智力水平；其次，还要拥有一定量的知识与经验；最后，还要懂得如何运用这些知识和经验。这三要素的结合构成我们的思维能力。

那么，什么是创新思维呢？严格地讲，创新思维是指以新颖独创的方法解决问题的思维过程，通过这种思维过程能突破常规思维的界限，以超常规甚至反常规的方法、视角去思考问题，提出与众不同的解决方案，从而产生新颖的、独特的、有社会意义的思维成果。创新思维的本质在于将创新意识的感性愿望提升到理性的探索上，实现创新活动由感性认识到理性创造的飞跃。

换句话说，创新思维就是指发明或发现一种新方式，用以处理某件事情或表达某种事物的思维过程，亦称为创造性思维。它是一个相对概念，是相对于常规思维而言的。但它和常规思维不具对立关系，而是一种连带关系，或者说是一种递进关系。

怎么来深入理解这层含义呢？实际上，创新思维是在常规思维的基础上发展起来的，但它是思维活动中最积极、最有价值的形式，是思维的高级形式，它是人类探索事物本质，获得新知识、新能力的有效手段。大学生创新创业应该着重培养和发展自己的创新思维。

【知识拓展】

旱冰鞋的产生

英国有个叫吉姆的小职员，成天坐在办公室里抄写东西，常常累得腰酸背痛。他消除疲劳的最好办法，就是在工作之余去滑冰。冬季很容易就能在室外找到滑冰的地方，而在其他季节，吉姆就没有机会滑冰了。怎样才能在其他季节也能像在冬季那样滑冰呢？对滑冰情有独钟的吉姆一直在思考这个问题。想来想去，他想到了脚上的鞋和能滑行的轮子。吉姆在脑海里把这两样东西的形象组合在一起，想象出了一种"能滑行的鞋"。经过反复设计和试验，他终于制成了四季都能用的"旱冰鞋"。组合想象思考法就是指从头脑中某些客观存在的事物形象中，分别抽出它们的一些组成部分或因素，根据需要作一定改变后，再将这些抽取出的部分或因素，构成具有自己的结构、性质、功能与特征的能独立存在的特定事物形象。

（案例摘自：创新思维的事例——旱冰鞋的产生［EB/OL］.（2020-05-11）［2021-01-26］.百度文库.有删改）

二、创新思维的特点

创新思维作为一种思维活动，既有与常规思维的共同特点，又有不同于常规思维的独特之处。为了方便大学生创业者更好地理解创新思维的特点，我们采用对比的方法帮助大学生创业者们进行理解，通过总结常规思维的特点，去对比引出创新思维的特点。

（一）常规思维的特点

常规思维的基础是"常规"，常规思维的特征是经常按某一规律从事相关活动而产生的主观能动性，影响甚至决定之后如何从事其他相关活动。通常来说，常规思维有以下三个特点：程序性、单向性和逻辑性。

1.程序性

程序性是一种思维定式，是指人们按照已有的规律、规则、概念、方案和程序，用固定的方法、模式解决问题的思维方式。思维定式也称"惯性思维"，是指由先前的活动造成的一种对活动的特殊心理准备状态或者活动的倾向性。实践中对于很多事情，绝大多数人的行为90%以上都是依赖于思维定式思考的结果。换句话说，这种思维的程序性既可能成为我们良好的"助手"，帮我们养成正确的行为，也可能成为我们最坏的"敌人"，把我们的思维拖入特定的陷阱。常见的思维定式有：从众型、书本型、经验型和权威型，在创新思维受限因素中将会详细讲解。

2.单向性

单向思维是一种传统思维，单向性是一种非常普遍的思维特点。单向性思维就是我们常说的"一条路走到黑""一棵树上吊死"，特指思维比较僵硬化，不够灵活。习惯于单向思维的人，容易一条路走到黑，不擅长反思，看问题不够透彻，常常走入死胡同，甚至让自己陷入纠结的境地。与单向思维相对的是逆向思维，逆向思维相当于"反其道而为之"的做法。

3.逻辑性

逻辑性是常规思维的一个显著特点。逻辑思维是一种基本的、很重要的思维方式，所有创新的想法和火花最后都要通过逻辑思维成为一种可以准确表达的、可执行的东西。逻辑思维是指对事物进行观察、比较、分析、综合、抽象、概括、判断、推理，采用科学的逻辑方法，准确而有条理地表达自己的思维，具有较强的逻辑性。

（二）创新思维的特点

我们简单了解了常规思维的特点之后，再通过对比的方法来研究学习创新思维的特点。创新思维主要有以下三个特点：发散性、逆向性和综合性。

1.发散性

发散性是创新思维的一种开放性的表现，是指从某一点出发，任意发散，既没有特定的方向，也没有固定的范围。发散性思维强调打开思维的大门，张开思维之网，跳出一切障碍，主动地接收更多的信息。我们的动作自由大概会受到各种各样的条件限制，然而，我们的思维是一种自由的存在，有着广泛的天地，是不会受到任何外界因素限制的。

发散性思维是创新思维的焦点。通过发散性思维可以获取一些具有广泛特点的方案、设计等，能提出一些别出心裁、出乎意料的看法，使一些无法解决的问题得到处理。

2.逆向性

逆向性是指一种与常规思维取向相反的思维形态，逆向性思维就是有意识地从通例思维的反方向去思考问题的思维方式。比如：如果很多人考虑问题是以自我为出发点，那么以他人为出发点考虑问题就是逆向思维；如果多数人考虑问题以现在为出发点，那么以未来为出发点考虑问题就是逆向思维；如果多数人对某一问题持肯定意见，那么持否定意见的就是逆向思维，反之亦然。由此可见，这个世界上并不存在绝对的逆向思维模式，当一种公认的逆向思维模式被绝大多数人掌握并应用时，它也就变成了顺向思维。

"司马光砸缸"的故事在中国可谓家喻户晓，年幼的司马光和朋友们在花园里玩，一个调皮的小男孩爬到了假山上，突然，一不小心掉进了假山旁边的大水缸里。水缸里满满的都是水，小男孩被吓到了，在水里挣扎着大声喊救命。这时小朋友们才发现，有人掉缸里了。大家惊慌失措，一时都不知道该怎么办，胆小的孩子甚至吓得哭了起来。司马光却急中生智，从地上捡起一块大石头，使劲儿向水缸砸去，水缸破了个窟窿，水流了出来，小孩也得救了。案例中司马光在出现危险状况时表现出智慧和勇敢。这种智慧和勇敢其实就是一种逆向思维的具体体现，如果司马光固守常规思维，面对如此紧急的情况，恐怕小孩凶多吉少，他正是用这种与众不同的思维，把水缸砸了，才使小孩得救。因此，面临新的问题或很难解决的问题，不要习惯于沿着前辈或本身持久形成的、固有的思路去思考问题，而应从相反的方向寻找处理问题的办法。

3.综合性

综合性思维是指把对事物各个侧面、部门和属性的认识统一为一个整体，从而掌握事物的本质和规律的一种思维形态。综合性思维是对占有的材料加以深入分析，把握其个性特点，再从中归纳出事物规律，进行概括、整理，形成科学的概念和体系。综合性思维不是把事物各个部分、侧面和属性的认识，随意地、主观地拼凑在一起，也不是机械地相加，而是按它们内在的、必然的、本质的联系把整个事物在思维中再现出来的思维方法。

三、创新思维的产生条件

这一部分我们谈谈创新思维的产生条件，我们来看看家喻户晓的海尔集团。海尔集团经过30余年的发展，不断将海尔品牌打造成代表时代进步的同龄品牌。如今的海尔集团在全球设有29个制造基地、8个综合研发中心、19个海外贸易公司，产品涵盖冰箱冷柜、洗衣机、热水器、空调、电视、厨电、智慧家电和定制产品八大品类。海尔深挖智慧家电领域，以"海尔智慧家庭，定制美好生活"为口号，将人工智能、物联网等智慧科技融入家电产品，重新定义智慧家庭。

海尔的发展离不开总裁张瑞敏。海尔的成功一定意义上归于张瑞敏的问题意识和如履薄冰、颠覆式创新的经营理念，并且他成功地将个人的"问题意识"变为了全员的"问题意识"，要求每个员工每天对自己做的每件事都进行控制和管理，要"日事日毕，日清日高"，而不能拖延或留存当天的矛盾和问题。下面看一个经典案例。

海尔的"小小神童及时洗"洗衣机

张瑞敏认为，有淡季就是有问题，但是，也就存在市场。遵照张瑞敏消灭淡季的思想原则，海尔洗衣机厂对洗衣机的市场进行了深入的研究。

他们发现：洗衣机厂存在着明显的淡旺季。洗衣机的淡季在每年的8—9月，夏季最热时就是洗衣机销售的最淡季。过去厂家在这个季节就把销售人员撤回，等待旺季的到来。但海尔人通过分析发现，夏天人们并不是不需要洗衣机，恰恰是最需要的，因为这时候人们洗衣服洗得最勤。但一般洗衣机量太大，对于要经常洗小件衣服的人来说就不太适用。这难道不是问题吗？应该说是很大的问题！

根据这种情况，海尔人开发出了容量为1.5千克的"小小神童"洗衣机，既满足了消费者夏天洗衣服的需求，也消除了洗衣机销售的淡季，产品畅销国内外。

另外，海尔还研制了不用洗衣粉的"小小神童"，是海尔综合了不用洗衣粉的"环保双动力"和"小小神童"两大极具市场竞争力的王牌产品的特点后创新推出的。不用洗衣粉就可以轻松洗净衣物，"洗净比"比普通用洗衣粉的洗衣机还提高25%，对各种病菌杀灭率达99.99%，更适合内衣和夏天衣服的洗涤，而且，其外观设计更是独具匠心，操作更加简单、人性化。

通过海尔这个案例，我们可以看出，创新思维产生的条件——问题导向。

成功的创新者与普通人的一个重要区别就是他们善于看到问题、发现问题，同时善于进行深度询问，从而有效地解决问题。所以创新思维的产生一定要有问题导向，问题导向是创新思维的基础，也是创新思维最终的目的。综上，培养创新思维要有以下四个条件：

（一）努力发现问题，积极寻找问题

创新者的核心在于问题意识，善于发现问题、寻找问题是创新者的重要能力。牛顿正是因为思索了一般人看起来没有问题的"问题"，才创立了"万有引力"定律；张瑞敏正是因为问题导向，才将海尔打造成代表时代进步的同龄品牌。

很多时候，我们不是看不到问题，而是不好意思去"深究"问题，我们会下意识地想："这么简单的问题我如果要是问出来，会不会被认为没有知识，让人笑话呢？"或者还有一些人自认为自己学历很高，懂的知识很多，便不肯屈尊下问，以至于错过了许多创新的时机。所以，培养我们善于发现问题的意识，还需要克服人的虚荣心。

需要强调的是，这里的问题意识更多的是指"主动发现问题"的意识。回顾那些成功的人士，他们都具备良好的问题意识，能够发现常人看不到的问题，并且大都善于"主动发现问题"，也就是能够"寻找问题，而不是等待问题"。

但是，这类成功的企业毕竟太少。究其原因，"问题意识"淡化应该是很重要的原因之一。企业最可怕的不是问题，而是不知道问题在哪里。看不到问题的原因，显然是企业缺少一种"问题意识"的氛围。

（二）突破思维框架，打破思维阻碍

"你的思想就如同水，我的朋友，当水波摇曳时，很难看清，不过当它平静下来，答案就清澈见底了。"这是《功夫熊猫》影片中的话，大家应该记忆犹新，热映的时候，许多人都在思考，为什么可以制作出这样的作品呢？

功夫和熊猫都是我国国宝级的东西，在常规的思维中，这两种事物是风马牛不相及的，甚至是两极的代表。功夫是很"硬"、很"刚"的典型，而熊猫则是很"软"、很"弱"的象征，这两者之间怎么可能联系在一起呢？两者的结合就是我们突破思维框架的表现，功夫和熊猫都是我国比较鲜明的代表，都很吸引人，放在一起就能制造出更多精彩的元素。

通过这个例子，读者有没有体会到那种阻碍创新的思维框架？

（三）培养思考习惯，训练思维方式

思维的灵活性又称为思维的变通性，指的是随机应变、举一反三、触类旁通的思考能力。

具有灵活性思维的人，常常会突破思维定式和事物现状的束缚，提出一些不同凡响的新思路，善于组织多方面的信息，善于灵活运用已经拥有的知识和证据，并能根据事物变化的具体情况，及时地调整自己的思想和看法，从而提出各种不同的观点、假设、方法或方案。

思维灵活性的表现之一是思维活动经常处在"见异思迁"的状态，也就是不拘泥、不守旧，但又遵守自己的认识系统稳定发展。思维习惯往往影响着我们最后做出的决定，通

过及时的训练，调整自己的思维习惯，可以提高我们的思维流畅性。

（四）善于积累信息，学会调用信息

创新思维的产生，要善于积累信息。一个好的创新者一定是一个非常重视收集信息的人，这不仅仅是因为有价值的创意必定要以信息作为基础，而且还因为了解信息才能了解你的创新领域的进展情况，并做出相应的决定。所以信息的积累是创新思维、创新方法的基础，我们应当具备积累信息的意识和能力。

积累信息是一种能力，积累信息的方法有很多，比如从文献中搜集、去野外实地考察、沙龙式的讨论、随得随记、向实践经验者求教等，随着互联网的日益发展，需要重点强调的是，我们应该充分利用互联网，并且要养成随时随地收集信息的习惯。好的创新者一定会对信息很敏锐，换句话说，能及时从任何一种环境（互联网上或者现实中）捕捉到对自己有用的信息，及时记录下来。

当今社会，我们已经把互联网当作一种媒介和工具，从积累信息这个角度来说，我们应该更加重视对这个工具的学习和应用。

大学生创业者们，在学校学习过程中、在日常生活中、在社会实践中，甚至在梦中的偶然所得，都可以随手记录下来。水滴石穿非一日之功，日积月累，随着积累的不断充实，量变导致质变，这就是所谓的灵感。科学上的许多重大发明、发现，就是源于这随手所得、偶尔发现。

✏ **小贴士**

　　一个具有天才的禀赋的人，绝不遵循常人的思维途径。——司汤达

【知识拓展】

阿西莫夫的智商——惯性思维

阿西莫夫是美籍俄国人，世界著名的科普作家。他曾经讲过这样一个关于自己的故事：阿西莫夫从小就很聪明，在年轻时多次参加"智商测试"，得分总在160左右，属于"天赋极高"之列。

有一次，他遇到一位汽车修理工，是他的老熟人。修理工对阿西莫夫说："嗨，博士！我来考考你的智力，出一道思考题，看你能不能回答正确。"阿西莫夫点头同意。修理工便开始说思考题："有一位聋哑人，想买几根钉子，就来到五金商店，对售货员做了这样一个手势：左手食指立在柜台上，右手握拳做出敲击的样子。售货员见状，先给他拿来一把锤子，聋哑人摇摇头。于是售货员就明白了，他想买的是钉子。聋哑人买好钉子，刚走出商店，接着进来一位盲人。这位盲人想买一把剪刀，请问：盲人将会怎样做？"

阿西莫夫顺口答道："盲人肯定会这样——"他伸出食指和中指，做出剪刀的形状。

听了阿西莫夫的回答,汽车修理工开心地笑起来:"哈哈,答错了吧!盲人想买剪刀,只需要开口说'我买剪刀'就行了,他干吗要做手势呀?"

我们总习惯用一种常规、固定的方式思考问题,长年累月地按照一种既定的模式工作生活,从而形成思维定式。所以,遇到问题时我们不妨换个角度,打破模式,从而获得突破和创新。

左右一个人成功的最关键因素是思维模式,而不是智商的差异,企业运营也是如此,思维和观念才是制胜的核心密码。

(案例摘自:晓丽.管理故事:盲人买剪刀[J].质量探索,2009(12):60-61.有删改)

> **思考与讨论**
>
> 惯性思维就是思维沿常规思考路径以线性方式继续延伸,并暂时地封闭了其他的思考方向。生活和工作中,我们经常会遇到一些问题,用常规思维无法顺利解决,这就需要我们有创新思维,打破创新思维的障碍。我们如何去打破思维障碍呢?

任务二　沉下去认知:打破创新思维的障碍

创新思维是指以新颖独创的方法解决问题的思维过程,通过这种思维能突破常规思维的界限,以超常规甚至反常规的方法、视角去思考问题,提出与众不同的解决方案,从而产生新颖的、独到的、有社会意义的思维成果。

然而,我们在实践中很容易思维固化,选择常规思维方式,创新思维发展容易受到限制,对于大学生创业者,深入了解创新思维受限的因素,以及如何突破创新思维障碍,显得非常重要。

一、创新思维受限因素

阻碍创新思维的因素有很多,在生活实践中,我们经常沿着常规思维思考问题,很难做出改变,因此,全面地认识创新思维,了解阻碍创新思维的因素,才能更好地突破创新思维的障碍。

在任务一中,我们对创新和创新思维都有了一定的认识,创新是一种自我实现的能力,创新思维是感性认识到理性创造的飞跃,创新思维的根本要求在于"新",它的本质在于"超越",在于对现有认识和现存事物的超越。例如:发现事物运动的新规律;发明一种新产品;创造一种新事物。这些可能会是微不足道的创新,但意味着对原有的理论、学说的突破,对现存的工具、设备、技术、产品的超越。由于现有的理论、学说等精神性成果和工具、设备、技术、产品等物质性成果，以及整个社会生产和社会生活的各个方面，都是人类思维和人类实践的产物，生产这些文明成果的人类思维和人类实践，必然会内化于我们的大脑中，积淀成为人的思维方式。因此创新思维对现有认识和现存事物的超越，实质上就是对人们现有的思维方式的超越，这就是创新思维的本质特征。

如果按照原有的思维方式思考问题，我们的创新思维就会受到阻碍，因此，阻碍思维创新最主要的因素，就是人们头脑中传统的、固定的观念和思维中形成的习惯与定式。

（一）传统观念和固定观念

观念是人们在长期的生活和生产实践当中形成的，对事物的总体的、综合的认识，是内化于人脑潜意识中的观点和认识，是思维方式的主要构成要素，对我们的创新思维的发展起着巨大的制约作用。我们对事物的认知很大程度上取决于我们固有的观念。

观念产生的同时也受到时代特征的影响，以当时的实践水平和历史文化发展为基础，往往时代进步之后，我们头脑中形成的观念很难随着实践和时代的改变而发生改变，仍保留着原有的状态，这就是过时的观念，也是我们常说的传统观念。除了传统观念之外，还有一种固定观念。它指的是人们在特定的实践领域和学科领域内形成的观念。在该实践领域、该学科范围内某种观念是适用的，但是超出这个范围，它们可能就不适用了。传统观念侧重于时间角度，而固定观念则侧重于空间角度。

传统观念是思维创新的重要障碍，它顽强地维护着其赖以存在的实践和社会基础，反对思维对现存事物进行超越。受传统观念的影响，人们就会因循守旧，墨守成规，用老眼光、老套路、老办法去面对新问题。受原有思维方式的限制，我们的思维很难跳出原有的思维框架，就不可能实现对现有认识和现存事物的超越。因此，传统观念是阻碍思维创新的重要因素。

固定观念适用于原领域，但是由于观念在思维中的惯性作用，人们总是习惯于用现有的观念去认识、评价、解决面对的问题，而不管这个问题是否超出了现有实践和经验的范围。因此，固定观念就会排除、扼杀新思想的产生，成为创新思维的障碍。

（二）思维定式

在实践活动中，我们很容易形成自己惯有的思维模式，在面临某些事物或者现实问题时，便会不假思索地把它们纳入已经习惯的思想框架进行思考和处理，这就是思维定式，它影响人们思考、解决问题的倾向性，常规思维的特点之一程序性就是一种思维定式。

思维定式也称"惯性思维"，是指由先前的活动造成的一种对活动的特殊心理准备状态或对活动的倾向性。在环境不变的条件下，定式使人们能够应用已掌握的方法迅速解决问题；而在情境发生变化时，它则会妨碍人们采用新的方法解决问题。

在日常中，思维定式对于一些常规性问题的思考和处理是很有用的，但是不利于我们创造性地解决问题，也就阻碍了创新思维的产生。因此，在创造性思维过程中需要突破思维定式。思维定式多种多样，不同的人有不同的思维定式。常见的思维定式有从众型、书本型、经验型和权威型。

1.从众型思维定式

从众型思维定式指没有或不敢坚持自己的主见，总是顺从多数人意志的一种广泛存在的心理现象。例如，当我们走到十字路口，看到红灯已经亮了，本应该停下来，但看到大家都在往前冲，自己也会随着人群往前冲。破除从众型思维定式，需要在思维过程中不盲目跟随，具备心理抗压能力，在科学研究和发明过程中，要有独立的思维意识。

2.书本型思维定式

书本知识对人类所起的积极作用是显而易见的。现有的科学技术和文学艺术是人类两千多年来认识世界、改造世界的经验总结，其中的大部分都是通过书本传承下来的。因此，书本知识是人类的宝贵财富。我们需要掌握书本知识的精神实质，不能当作教条死记硬背，否则将形成书本型思维定式，把书本知识夸大化、绝对化是片面甚至有害的。

当社会不断发展，而书本知识未得到及时和有效的更新时，导致书本知识相对于客观事实存在着一定程度的滞后性。如果一味地认为书本知识都是正确的或严格按照书本知识指导实践，将严重束缚、禁锢创造性思维的发挥。

3.经验型思维定式

经验是人类在实践中获得的主观体验和感受，是通过感官对个别事物的表面现象、外部联系的认识，是理性认识的基础，在人类的认识与实践中发挥着重要作用。但经验并未充分反映出事物发展的本质和规律。

经验型思维定式是指人们处理问题时按照以往的经验去做的一种思维习惯，照搬经验，忽略了经验的相对性和片面性，制约了创造性思维的发挥。经验型思维有助于人们在处理常规事务时少走弯路，提高办事效率。我们要把经验与经验型思维定式区分开来，破除经验型思维定式，提高思维灵活变通的能力。

4.权威型思维定式

在思维领域，不少人习惯引证权威的观点，甚至以权威作为判定事物是非的唯一标准，一旦发现与权威相违背的观点，就唯权威是瞻，这种思维习惯或程式就是权威型思维定式。

权威型思维定式是思维惰性的表现，是对权威的迷信、盲目崇拜与夸大，属于权威的泛化。权威型思维定式的形成来源于多个方面：一方面是不当的教育方式造成的，在婴儿、青少年教育时期，家长和老师把固化的知识、泛化的权威观念采用灌输式教育方式传授下来，缺少对教育对象的有效启发，使教育对象形成了盲目接受知识、盲目崇拜权威的习惯；另一方面在社会中广泛存在个人崇拜现象，一些人用各种手段建立或强化自己的权威，不断加强权威型思维定式。在科学研究中，要区分权威和权威型思维定式，破除权威型思维定式，坚持"实践是检验真理的唯一标准"。

思维定式在我们的思维中表现十分突出，是影响和阻碍我们思维创新的一个重要因素，很容易使我们的思维呈现出单一化、趋同化的倾向，是我们大学生创新创业过程中思维创新的一个重大的障碍。

二、突破创新思维的障碍

前面我们了解了阻碍创新思维的因素主要有传统观念和固定观念、思维定式，那么如何才能在思维中排除这些因素的干扰，突破创新思维的障碍呢？

（一）克服胆怯心理，怀有批判精神

克服胆怯心理是突破创新思维障碍的第一步，也是十分重要的一步。破除传统、习惯，克服唯上唯书的倾向，是需要勇气的，因为传统的东西、权威所支持的东西同时也是为社会多数成员所承认和接受的东西，突破它们，就意味着向多数人支持的东西挑战。而这种挑战本身却又不能保证次次成功，相反却经常伴随着挫折和失败。因此，这就特别需要我们正确对待创新过程中的错误和曲折。要努力克服胆怯心理，如果处处怕犯错误，害怕失败，就会陷于保守，就不敢突破原有的界限，也就谈不上开拓创新。

传统观念和固定观念深化于我们的大脑之中，思维定式更是深刻地影响着我们的思维习惯，使我们不知不觉地受到它们的支配，因此要想克服这些因素，就要求大学生创业者要怀有批判的精神。正如马克思所说："怀疑一切。"马克思正是以这种怀疑批判的精神去审视前人的成果，从古希腊的柏拉图、亚里士多德，一直到同时代的黑格尔、费尔巴哈，才站到前人的肩膀上，创造性地建立了自己的理论。科学的进步，思想的创新，是一刻也离不开批判精神的。

（二）摒弃思维定式，学会换位思考

思维定式是人类心理活动的普遍现象。这种思维定式的长期使用将会很大程度上抑制甚至扼杀我们思维的创新与突破。

心理学家说过："只会使用锤子的人，总是把一切问题都看成是钉子。"这就是思维定式的表现。思维定式在一定的情况下是具有积极意义的，比如人们从事一些工作所积累的经验，形成的思维方法等，在处理同类或相似问题的时候，就会使人们大大缩短思考时间，提高工作效率。然而，当我们需要开拓创新时，思维定式却常常会使我们打不开思路，跳不出"惯性思维"的限制，成为阻碍创新思维的障碍。

我们必须从从众定式、书本定式、经验定式、权威定式中走出来，打破常规思维，才能更好地突破思维障碍。盲人买剪刀的故事，聋哑人买东西就是通过动作进行描述，那么盲人如何用最简单的方法买到剪刀？这个时候可能大部分同学都会陷入像阿西莫夫一样的思维当中，第一时间会开始思考如何运用动作来表达剪刀。其实答案很简单，盲人直接开口买就好了。我们没有这么去思考，就是因为陷入聋哑人的思维模式去解决盲人的问题。这个故事背后反映了一个常见的问题，就是绝大部分人一旦形成某种思维模式后，就会形成路径依赖，就会用自己的想法去思考问题，而忽略了别人思考问题的模式可能和你并不相同。因此，突破思维定式，更新思维模式，学会换位思考，才能有效地突破创新思维的障碍。

大学生创新创业者要把自己的产品或服务卖给需要的人，就得理解对方真实的需求是

什么，这样才能有效沟通、达成合作。这就需要创业者拥有换位思考的能力，而创新思维很多时候就来自换位思考。正如建筑师和工程师的思维模式会限制他们提出开放式解决方案一样，创业者一旦陷入惯性思维模式，就很难进行换位思考。大学生进行创新创业，应该摒弃思维定式，突破思维障碍，寻求创新突破。

（三）创造良好环境，营造创新氛围

社会环境对创新思维的影响是很明显的，封闭的社会环境会造成我们思维的局限性。例如，我们小时候学过的寓言故事——井底之蛙，它每天只能看到井口那样大的一片天空，因此，在它没有跳出井口之前，它就会一直认为天空只有井口那样大小，只有当它跳出井口时，它才会发现原来天空是广阔无垠的。德波诺在《实用思维》一书中饶有兴味地描述了一种常见的社会现象："在僻静的乡村，村里最漂亮的姑娘会被村民当作世界上最美的人，在看到更漂亮的姑娘之前，村里的人难以想象出还有比她更美的人。"这就是人们自身所处的社会生活环境造成的人们思维的局限。因此，我们要突破创新思维的障碍，就要建立一个开放的社会环境，只有不断地与外界进行物质、信息等的交流，不断引进新东西、新思想，拓宽我们的视野，才有创新的可能。

人们在社会生活中逐渐会形成一种特定的文化，文化环境往往也会影响人们的思维。人们所处的国家和社会，长期以来形成的一种社会文化，在很长一段时间内是很难被改变的，人们在生活、工作中，无形中会受到文化环境的影响。尤其是对于我们这样一个有着悠久历史文化的国家来说，社会文化的影响是非常明显的，它有积极的一面，同时也有不可忽视的消极的一面。创造良好的文化环境有助于我们更好地进行创新。

时代的车轮滚滚而来，大学生创新创业者应该乘势而上，顺势而为，主动参与创造良好环境，营造创新氛围，做时代创新的引领者，做社会创新的弄潮儿，无愧于伟大的时代。

【知识拓展】

怀炳和尚捞铁牛

1066年，黄河发洪水，冲垮了河中府（今山西省永济县）城外的一座浮桥，将两岸岸边用来拴住铁桥的每个重5000千克的8个铁牛也冲到了河里。洪水退去以后，为了重建浮桥，需将这8个大铁牛打捞上来。这在当时是一件极为困难的事，府衙为此贴了招贤榜。后来，一个叫怀炳的和尚揭了招贤榜。怀炳经过一番调查摸底和反复思考，指挥一帮船工终于将8个大铁牛全都捞上了岸。怀炳提出的办法是，在打捞的那一天，他指挥一帮船工，将两条大船装满泥沙，并排地靠在一起；同时在两条船之间搭了一个连接架。船划到铁牛沉没的地方后，他叫人潜到水下，把拴在木架上绳子的另一端牢牢地绑在铁牛上。然后船上的船工一面在木架上收紧绳子，一面将船里的泥沙一铲一铲地抛入河中。随着船里泥沙的不断减少，船身一点一点地向上浮起。当船的浮力超过船身和铁牛的重量时，陷在

泥沙中的铁牛便逐渐浮了起来。这时，通过船的划动，很容易就能把铁牛拉到江边并拉上岸。如此反复进行了8次，终于将8个大铁牛全都打捞到了岸上。怀炳的打捞情景的设想，运用了形象思维预示想象的创新思维方法。

（案例摘自：怀丙和尚捞铁牛［J］.安徽科技，2012（12）：15.有删改）

✎小贴士

　　要创新需要一定的灵感，这灵感不是天生的，而是来自长期的积累与全身心的投入。没有积累就不会有创新。——王业宁

任务三　走出去实践：激发与训练创新思维

　　创新是人类特有的认识能力和实践能力，是人类主观能动性的高级表现形式，是推动民族进步和社会发展的不竭动力。一个民族要想走在时代前列，就一刻也不能没有创新，只有创新，才会赢得未来。国家层面，只有创新才能屹立世界之林；民族层面，只有创新才能源远流长；企业层面，只有创新才能适应激烈的竞争；个人层面，只有创新才能不被淘汰。

　　思维创新是一切创新的基础，没有思维上的变革就不会有行为上的变化。思维创新是一个过程，创新活动的主体是人，要创新必须掌握方法，每一个人都有创新能力或创新潜能，创新能力或创新潜能是可以开发的。激烈的竞争环境下，大学生创新创业者唯有具备从众多对手中脱颖而出的独特优势才能具备强大的核心竞争力，走向成功。

　　那什么叫创新思维呢?思维有多种形式，有抽象思维、概念思维、逻辑思维、形象思维、意象思维、直感思维、社会思维、灵感思维、反向思维、相关思维等，创新思维是其中的一种。我们说的创新思维就是不受现成的、常规的思路的约束，寻求对问题的全新的、独特性的解答和方法的思维过程。创新思维是相对于传统性思维而言的，创造性思维是所有人都有的，大学生创新创业者都有创新思维。但是，不是所有的人都能够用它，大量的创新思维是被埋没的。比如小孩问家长，天上有一个太阳，会不会有两个太阳? 家长说，怎么会有两个太阳呢? 就这样，小孩的创新思维就被泯灭了。天上可能就有两个太阳，五个太阳。宇宙无限，充满着许多未知。

　　可见，平常人是因为传统性的思维、常规性的思维占主导，所以创造力发挥不出来。那么，通过以上对创新思维的学习，我们要如何去激发和训练我们的创新思维呢?

一、学会负面思维，引导创新思维

后疫情时代，创业者每天都会面临市场竞争的压力，很多问题都是第一次遇到，没有现成的经验可以借鉴，需要自己想办法解决，所以很多人认为创业是一个反复试错的过程。但是创业者也是非常需要得到支持的一群人，他们提出的很多想法，希望得到积极的反馈，才能让他们在市场上有勇气坚持下去。

对创新创业者的想法，我们不能简单地支持或者反对，最好能提供相对科学的建议。如果能够提出积极的负面意见，或许可以帮助创业者修改和完善自己的想法。

英国学者爱德华·德·博诺博士开发了一种创意思考方法——六顶思考帽法。这种方法是一种全面思考问题的模型，是指使用6种不同颜色的帽子代表6种不同的思维模式。

白色思考帽：白色是中立而客观的。戴上白色思考帽，人们关注的是客观的事实和数据。

绿色思考帽：绿色代表茵茵芳草，象征勃勃生机。绿色思考帽寓意创造力和想象力。人们思考的是还有哪些不同的创造性的新想法。

黄色思考帽：黄色代表价值与肯定。戴上黄色思考帽，人们从正面考虑问题，表达乐观的、满怀希望的、建设性的观点。

黑色思考帽：戴上黑色思考帽，人们可以提出否定、质疑的看法，合乎逻辑地进行批判，尽情发表负面的意见，找出逻辑上的错误。

红色思考帽：红色是情感的色彩。戴上红色思考帽，人们可以表现自己的情绪，还可以表达直觉、感受等方面的看法。

蓝色思考帽：戴上蓝色思考帽的人负责控制和调节思维过程，即负责控制各种思考帽的使用顺序，规划和管理整个思考过程，并负责做出结论。

用这个方法，人们可以戴上不同的帽子，强迫自己用这个帽子代表的身份发表对问题的看法，从而从多个维度看待问题，找到积极面，也找到问题面。大学生创业者需要全方位地看待事物和问题，发挥创造性想象能力，有效地锻炼自己的思维方式，从而有效地激发自己的创新思维，实现感性认识到理性创造的飞跃，帮助我们更好地形成自己的决策方案。

二、激发好奇心理，促进创新思维

要打破创新思维的障碍，就要学会"怀疑一切"，好奇是创业者探索未知领域的推动力，质疑则构成了我们从一般性思维发展到创新思维链上的关键点，"疑"而启思，"疑"而生变。例如：牛顿因对苹果落在地球上而月球不会落在地球上产生怀疑，而提出了万有引力定律；瓦特因对蒸汽冲动水壶盖好奇产生怀疑，而发明了蒸汽机；巴甫洛夫对小狗流唾液好奇产生怀疑，而创立了高级神经活动学说。大学生创业者要通过"为什么"的思想，引起我们的好奇心理，激发我们更多地去探索和发现"奇"的奥妙，去寻求"疑"的答案，创新思维的火花才会在白热化的思考中迸发而出。

三、培养讨论习惯，触发创新思维

我们课堂的创新教育也是同样的道理，需要学生与学生、学生与老师之间展开讨论，这样才能使教学活动真正建立在学生自主活动和探索的基础上，激发我们的创新思维。同样，我们在创业过程中，可能会遇到各种技术和管理上的复杂问题，这就需要团队成员之间进行讨论，也许会起到奇效。讨论的过程实质是相互竞争、相互诱导、相互激活的过程，我们的创新思维和想象在讨论中一旦被触发，就会激流奔放，甚至可以形成汹涌的创新思维浪潮。在讨论的过程当中，我们需要遵循以下原则：

1.自由思考

我们在讨论的过程中要尽可能解放思想，无拘无束地思考问题并畅所欲言。

2.延迟评判

在讨论时，不要对他人的设想评头论足，不要发表"这主意好极了！""这种想法太离谱了！"之类的"捧杀句"或"扼杀句"，而对设想的评判，留在讨论之后组织专人考虑。

3.以量求质

即鼓励大家尽可能多而广地提出想法，通过快速、大量提出想法来激发出质量较高的设想。

4.结合改善

即鼓励大家积极进行智力互补，在自己提出设想的同时，注意思考如何把两个或更多的设想结合成另一个更完善的设想。

产生创新思维的条件要求我们学会枳累信息并调用信息，而信息的积累是长年累月的，同时是需要沟通交流的，随着互联网时代的发展，我们更多的时间是借助网络进行讨论，比如召开线上会议，不管是哪种形式，只有不同思想之间进行碰撞，才能擦出创新思维的火花。

四、改变思维方式，培养创新思维

思维定式严重阻碍创新思维的产生，在研究和解决问题的时候，很容易陷入惯性思维中，例如盲人买剪刀的故事。因此，加强逆向思维训练，有助于我们跳出常规思维。逆向思维在各个领域、活动中都有适用性。不论是哪种方式，只要从一方面想到与之对立的另一方面，都是逆向思维。

学会利用发散性思维思考、解决问题。发散性思维是由美国心理学家J.P.吉尔福特提出的，又称辐射思维、放射思维、扩散思维或求异思维，是对同一问题从不同层次、不同角度、不同方向进行探索，从而提供新结构、新点子、新思路或新发现的思维过程。发散性思维具有流畅性、灵活性和独特性的特点。运用发散性思维可以尽可能多地提出解决问题的方法，论证各种方案的可能性，最终得出理想方案。

五、设计创新实践，训练创新思维

实践是教学的重要内容，尤其对于职业教育，实践有着非常重要的作用。实践是培养学生形成科学思维方式、掌握科学研究方法的重要途径；实践是产学研融合的重要渠道；大学生创新创业应设计探索实践，训练我们的创新思维。

要善于把创新思维与创新实践紧密结合起来，实现二者的良性循环。创新思维来自实践，又用于实践。如果只有思维，没有实践，那么再好的思维也是空中楼阁，也会黯然失色。创新思维作为一种思维，从根本上说，还停留在认识的层面，认识的目的在于指导实践。毛泽东同志说过："辩证唯物论的认识运动，如果只到理性认识为止，那末还只说到问题的一半……马克思主义的哲学认为十分重要的问题，不在于懂得了客观世界的规律性，因而能够解释世界，而在于拿了这种对于客观规律性的认识去能动地改造世界。"

由此看来，创新思维固然可贵，但更重要的是把可贵的创新思维用于活生生的创新实践。在火热的创新时代，我们迫在眉睫的一项工作，就是让创新思维不仅仅是一种理论口号，而要使之真正化为创新的实践，化为先进生产力，化为广大群众的积极性、主动性、创造性，营造出现代化建设的崭新局面。因此，创新实践是训练我们创新思维最关键的一步。

【知识拓展】

从儒家思想看孔子的创新

中国思想史，尤其是儒学思想史，也可以看成就是思想（含概念、命题、方法）不断创新的历史。历史上儒释道各派思想的变化，春秋战国诸子学、两汉经学、魏晋玄学、隋唐佛学、宋明理学、明清实学、近代新学等思潮演进，都是思想创新的表现。学者的生活与交往，学派的产生与交流，思想的矛盾与会通等，都离不开思想创新。在思想家那里，思想创新主要表现在两个方面：一是在历史背景中问题的自觉，可谓问题意识的创新；二是借助学术思想渊源和交流获得认识和解决问题的资料、工具和方法，这是视角、方法、工具的创新。在此基础上才出现思想结论的创新。

在儒家看来，创新的核心在新人，最终目的是使人德才兼备，自由全面发展。所谓创新，指发现新事物、提炼新知识、总结新理论、运用新方法、建立新制度、创制新器物、开发新产品、开拓新市场、培养新人才、建设新文化、形成新风尚等。照儒家看，器物更新、技术创新等只是表象，更重要的在于创新主体的更新，即创新者本人修养要不断更新。创新的根本在新人，有新人，创新自然水到渠成；无新人，创新即使出现，也不能确保持久。

按照儒家思想来看，创新不仅是自己的创新，而且要求自己发挥仁爱情怀，帮助家人、国人，让天下人皆能创新。创新的内容，不仅是生产产品、技能、生活方式、管理模式等，而且是道德修养的提高、人性的自觉和实现。创新的本质内容是在人成为理想的人的人生历程和历史征途中，人性综合修养水平的提高，创新的重点是人民群众创新能力的培养和发挥。

儒家重视历史，将新与旧、述与作看成一个整体的发展过程。如此，创新只是历史进程的一个环节，历史活动的一个方面。新旧、述作统一起来，共同成就人性的自觉和实现文明史进程。这就确立了创新在人性修养中和文明史进程中的地位和作用。

在儒家看来，世界生生不息，日新月异，人们对世界和自身的认识也温故知新，人们自身的修养、对世界和人类的仁爱也在日日新、又日新，器物、制度、思想、方法、程序等都在革故鼎新、推陈出新，人类就这样借助创新，阔步行进，每个人都逐步成为真正的、理想的人，从而实现美好的理想社会。

（案例摘自：张茂泽.论儒家的创新思想：《大学》"亲民"即"新人"解［J］.唐都学刊，2017，33（2）：38-42.有删改）

🖉小贴士

一个人想做点事业，非得走自己的路。要开创新路子，最关键的是你会不会自己提出问题，能正确地提出问题就是迈开了创新的第一步。——李政道

🖉课堂活动

美国普林斯顿创造才能研究公司为选拔创新人才制订了一个测验方法，即著名的尤金·劳德塞测试题，叫作"你的创造力有多高"。

下面有50个问题，请各位大学生创业者根据本人的实际情况，实事求是地给出选项。

A——非常同意;B——同意;C——中间态度;D——反对;E——坚决反对。

1.在解决某一特定的问题时，我总是很有把握地认为我是按正确的步骤工作的。（　）

2.我认为如果无望得到回答，提问题就是浪费时间。（　）

3.我觉得有条理地一步步做是解决问题的最好方法。（　）

4.我也偶尔在集体内发表一些似乎叫人扫兴的意见。（　）

5.我花大量的时间考虑别人对我的看法。（　）

6.我觉得我可能对人类做出特殊的贡献。（　）

7.我认为做自己认为正确的事比争取别人的赞成更重要些。（　）

8.那些看上去做事没有把握、缺乏自信心的人得不到我的尊重。（　）

9.我能长时间盯住一个难题不放。（　）

10.偶尔我会对事情变得过于热心。 （ ）

11.我常常在不具体做什么时想出最好的主意。 （ ）

12.在解决问题的过程中，我凭直觉，凭"是""非"感。 （ ）

13.在解决问题中，分析问题时，我干得较快，而综合所得信息时，工作较慢。

（ ）

14.我有收集的嗜好。 （ ）

15.幻想为我执行许多重要的计划提供了动力。 （ ）

16.假若放弃现在的职业，要我在两个职业中选择一个，我宁愿当医生而不
愿意当探险家。 （ ）

17.和社会职业阶层与我大致相同的人在一起，我会相处得好一些。 （ ）

18.我有高度的审美力。 （ ）

19.直觉不是解决问题的可靠向导。 （ ）

20.与其说我热衷于向别人介绍新思想，还不如说我的兴趣在于拿出新思想。

（ ）

21.我往往避开使自己不如他人的场合。 （ ）

22.在对信息进行估价时，我觉得它的来源比它的内容重要些。 （ ）

23.我喜欢那些遵循"先工作后享乐"规则的人。 （ ）

24.一个人的自尊比受别人尊重重要得多。 （ ）

25.我认为那些追求至善至美的人是不明智的。 （ ）

26.我喜欢那种我能从中影响他人的工作。 （ ）

27.我认为凡物必有其位，凡物必在其位。 （ ）

28.那些抱着"怪诞"思想的人是不实际的。 （ ）

29.即使我的新思想没有时间效用，我却宁愿去想。 （ ）

30.当某一个解决问题的办法行不通时，我能很快改变思考问题的方向。 （ ）

31.我不愿意问显得无知的问题。 （ ）

32.我宁可为了从事某一工作或职业而改变自己的爱好。 （ ）

33.问题无法解决往往在于提了错误的问题。 （ ）

34.我经常能预感到解决问题的方法。 （ ）

35.分析失败是浪费时间。 （ ）

36.只有思路模糊的人，才会借用隐喻和类比。 （ ）

37.有时我非常欣赏一个骗子的技巧，以至于希望他能安然逃脱惩罚。 （ ）

38.经常面对一个只是隐隐约约感受到了的但又说不清楚的问题，我就开始
去解决它。 （ ）

39.我往往易于忘记像人、街道、公路、小城镇的名称这类的东西。 （ ）

40.我觉得勤奋是成功的基础。 （　）

41.对我来说，被人看作集体的好成员是很重要的。 （　）

42.我知道怎样控制我的内心活动。 （　）

43.我是个可靠、责任心强的人。 （　）

44.我不喜欢干事情没有把握，不可预见。 （　）

45.我宁愿和集体共同努力而不愿意单枪匹马。 （　）

46.许多人的问题在于他们对事情过于认真。 （　）

47.我经常被要解决的问题困扰，但却又无法撒手不管。 （　）

48.为了达到自己树立的目标，我很容易放弃眼前的利益和舒适。 （　）

49.假若我是大学教授，我宁愿教实践课，而不愿教理论课。 （　）

50.我为生活之谜所吸引。 （　）

填完之后，按照表2.1进行计算，得出分数。

表2.1　创造力测验得分表

题号	A	B	C	D	E	题号	A	B	C	D	E
1	−2	−1	0	+1	+2	19	−2	−1	0	+1	+2
2	−2	−1	0	+1	+2	20	+2	+1	0	−1	−2
3	−2	−1	0	+1	+2	21	−2	−1	0	+1	+2
4	+2	+1	0	−1	−2	22	−2	−1	0	+1	+2
5	−2	−1	0	+1	+2	23	−2	1	0	+1	+2
6	+2	+1	0	−1	−2	24	+2	+1	0	−1	−2
7	+2	+1	0	−1	−2	25	+2	+1	0	−1	−2
8	−2	−1	0	+1	+2	26	−2	−1	0	+1	+2
9	+2	+1	0	−1	−2	27	−2	−1	0	+1	+2
10	+2	+1	0	−1	−2	28	−2	−1	0	+1	+2
11	+2	+1	0	−1	−2	29	+2	+1	0	−1	−2
12	+2	+1	0	−1	−2	30	+2	+1	0	−1	−2
13	−2	−1	0	+1	+2	31	−2	−1	0	+1	+2
14	−2	−1	0	+1	+2	32	−2	−1	0	+1	+2
15	+2	+1	0	−1	−2	33	+2	+1	0	−1	−2
16	−2	−1	0	+1	+2	34	+2	+1	0	−1	−2
17	−2	−1	0	+1	+2	35	−2	−1	0	+1	+2
18	+2	+1	0	−1	−2	36	−2	−1	0	+1	+2

续表

题号	A	B	C	D	E	题号	A	B	C	D	E
37	+2	+1	0	−1	−2	44	−2	−1	0	+1	+2
38	+2	+1	0	−1	−2	45	−2	−1	0	+1	+2
39	+2	+1	0	−1	−2	46	+2	+1	0	−1	−2
40	+2	+1	0	−1	−2	47	+2	+1	0	−1	−2
41	−2	−1	0	+1	+2	48	−2	−1	0	+1	+2
42	−2	−1	0	+1	+2	49	−2	−1	0	+1	+2
43	−2	−1	0	+1	+2	50	+2	+1	0	−1	−2

得分与创造力程度的对应关系为：

80～100分：非常有创造力；

60～79分：创造力高于平均水平；

40～59分：创造力一般；

20～39分：创造力低于平均水平；

−100～19分：创造力水平较低。

影响我们的创造力的因素并不是单一的，自测结果如果不理想也不要灰心，因为创造力也是可以后天开发的，相信通过不懈的奋斗和努力，一定可以更好地释放我们的创造力。

本章小结

1.创新是一种能力，是能力就可以通过训练取得。创新能力提升的核心在于创新思维，本章主要从以下三个维度介绍了创新思维：

走进去了解：认识什么是创新思维；

沉下去认知：打破创新思维的障碍；

走出来实践：如何激发和训练自己的创新思维。

2.创新是一个民族进步的灵魂，是一个国家兴旺发达的不竭动力。我们处在一个方方面面都在发生伟大变革的时代。新技术革命在世界范围内兴起，现代化潮流蓬勃发展，我们中华民族正在为开创社会主义现代化建设新局面而努力奋斗。国际范围内的现代实践和社会发展呼唤新思维，改革开放的实践不仅证明了创新思维的力量，而且强烈地呼唤更加深刻的创新思维。

【课后阅读】

爱因斯坦的休闲与科学创造

休闲与科学创造看似无关，实则关系密切。亚里士多德认为，只有主体有闲暇，才能保证主体有自由冥想及思索的时间与空间。爱因斯坦是人类科学发展史上最伟大的科学家之一。爱因斯坦十分注重休闲，其休闲方式也丰富多彩，这些休闲为他保持科学创造的旺盛生命力、创造科学史上的奇迹打下了坚实的基础。

（1）科研。说到爱因斯坦的休闲方式，首先应该提到的当然是科研。爱因斯坦曾经表示，如果一个人不必依靠从事科学研究来维持生计，那么科学研究才是绝妙的工作。人应该用他有能力从事的工作来维持自己的生计。只有当我们没必要对他人负责时，我们才能在科学事业中找到乐趣。这的确是爱因斯坦的心声，而他的一生之所以能在科研上取得如此大的成就，很大一部分原因就在于他在能维持生计的基础上，有闲暇来进行自由的思考。作为一种休闲方式，科研陪伴着爱因斯坦度过了他人生中无比快乐的黄金时期，而同时，爱因斯坦还在这种休闲中得到了自由，实现了自我。

（2）音乐。与科研一样陪伴着爱因斯坦的另一重要休闲方式就是音乐，不仅仅局限于演奏或是聆听。爱因斯坦从6岁就开始学习小提琴，直到13岁，水平达到职业提琴手的程度。他几乎每天都要拉琴，他最推崇西方古典音乐，对巴赫、莫扎特的作品尤其喜爱。爱因斯坦在音乐中找到了某种和科学浪漫主义相通的东西，音乐与科学在他的灵魂深处产生了深深的共鸣。他最辉煌的科学成就——狭义相对论和广义相对论中所体现出的和谐与对称的美是与他对生活、对音乐的感悟与体验分不开的，并成为他思想中最高的音乐神韵。

（3）旅行。旅行亦是爱因斯坦所钟爱的休闲方式之一，他热爱大自然，认为大自然能让他精神放松并能给予他丰富的灵感。旅行在爱因斯坦的生活中占据了一个比较重要的地位。爱因斯坦的旅行有长途的、短途的；同行的伙伴有时是家人，有时是良朋，也有时是情人；旅行有时是自己安排，有时是在讲学的过程中顺便进行。

（4）航海。爱因斯坦最喜欢的运动是航海。在柏林时期，他时常在卡普斯不远处的坦普林河和希维罗河上泛舟，在美国时期，他也经常在普林斯顿湖及长岛海湾驾驶帆船。他认为航海是所有运动中最不消耗体力的一种。航海常让爱因斯坦沉浸在思考中，他不在乎速度，也无意与人比赛。他喜欢风平浪静，船一动不动，抑或停靠在岸边。在航海时，他通常会继续思考尚未解决的问题；在风平浪静的时候，他还会拿出一个小本来做计算。对他而言，这样既得到了放松，同时又没有消耗什么体力，还能兼顾思考，实在是一件开心的事情。

当然，除了以上几种休闲方式外，散步、骑自行车、登山等也是爱因斯坦所喜爱的休闲活动，也正是因为有这些活动，爱因斯坦才能一直保持旺盛的创造力，从而创造物理学史上的奇迹。

（案例摘自：龙桂杰，梁国钊.休闲与科学创造——以爱因斯坦为例［J］.自然辩证法研究，2006（11）：90-94.有删改）

一位农民工的创新人生

农民工获得了国家科技进步奖，15年坚持创新解决世界难题。2011年2月14日，对赵正义来说是特别的一天。那一天他从2011年度国家科技奖励大会上领回了国家科技进步奖二等奖的获奖证书，并且得到了国家领导人的接见。在赵正义的办公室里，他小心翼翼地拿出那本红色的获奖证书，这份证书被他扩印后悬挂在公司门厅最显眼的位置。"这是我这辈子获得的最高荣誉和最大肯定。"

赵正义是北京昌平人，初中毕业回家务农，1976年进入乡镇建筑企业成为一名农民工。他从砌墙抹灰干起，成为今天九鼎同方技术发展有限公司的总经理，多年来他先后获得"中国时代十大新闻人物""北京市劳动模范""新中国成立60周年百名优秀发明家"等称号。他研制的"塔桅式机械设备装配式预制混凝土构件基础"入选2011年度国家科技进步奖，荣获"工人农民技术创新奖"二等奖，这是自该奖项设置以来，全国2.6亿农民工中首次有人获此奖项。

这一被称为"赵氏塔基"的发明，具有运输方便、节能环保等诸多优点，可广泛应用于建筑、电力、信息、石油、勘探、军事等各领域。赵正义给记者算了一笔账，根据他的测算，若是"赵氏塔基"能在我国建筑业全面推广，每年的直接效益为能节约水泥196万吨、钢材33万吨、砂石料1030万吨，减少混凝土垃圾725万立方米，创造经济效益61亿元。中国塔机技术领域奠基人刘佩衡教授对这项新技术的评价是："这是中国人在塔机技术领域首次超越西方的开创性贡献。'赵氏塔基'问世是塔机基础整体现浇时代的终结和预制装配时代的开始。"

锲而不舍的15年，赵正义经历过人生最艰难的时刻。2001年，赵正义放弃待遇优厚的建筑公司经理职务，带着几名老部下白手起家成立九鼎同方，全心研发"赵氏塔基"。当时，他卖掉家中的老房，投入家里所有的存款，物质上的艰难还只是一方面，创新研发过程中遇到的拦路虎才是赵正义必须要全心对付的，在头脑爆炸的时刻，公司不远处的昌平火车站是赵正义的心灵净土。"每当我遇到难题的时候，我就要到火车站走一走，来来回回走上几趟，心情平静了，灵感也来了。"赵正义指着火车站的方向告诉记者。这15年里画了多少份图纸，完成了多少次计算，他自己也说不清楚，只知道"报废了3台电脑和4台复印机，用纸超过了4吨；15年里没有一天真正的节假日，平均每天工作超过10小时"。1998年至今，赵正义为"赵氏塔基"申报了102项专利，其中49项发明专利；专利文件的文字材料达115万字，附图1200余幅，记录了"赵氏塔基"15年的变革历程。

在采访中，赵正义一直向记者强调自己的农民工身份，在他公司大厅里挂着已故著名科学家王大珩给他的赠字"移动式塔基发明人——可敬佩的农民工发明家"。赵正义将这幅字视若珍宝，他说："我是农民工出身，最初的学历只有初中，我只想让许许多多像我一样的农民、工人知道，他们也可以成为像赵正义一样的人，我赵正义干的事他们也能干。"

（案例摘自：李艳.一位农民工的创新人生：访国家科技进步奖获得者赵正义［J］.泸州科技，2012（2）：41.有删改）

徐霞客的创新精神

"创新是一个民族进步的灵魂,是国家兴旺发达的不竭动力""一个没有创新能力的民族,难以屹立于世界先进民族之林"。中华民族古往今来充满了创新精神,这种创新精神以千百万人民丰富的实践为根基,以政治、经济、社会等方面的理论创新、制度创新为标志,以一代代杰出的政治家、军事家、思想家、科学家、文学家、艺术家为代表,留下无数光耀史册的华章。"千古奇人"徐霞客就是这些杰出人物中的一位,他的创新精神在历史上独树一帜,他为中华民族的创新精神提供了新的内涵。

抛弃仕途经营,探求人生新路

徐霞客的创新精神,首先表现在人生道路上的创新,表现在他对传统知识分子仕途经营的叛逆。他摆脱世俗的窠臼,超越旧式文人的思维方式,跳出浩如烟海、经典汇集的世界,投身实践,投入祖国大自然的怀抱,开辟知识分子新的人生之路,实现了知识分子新的人生价值。

徐霞客受到一种逸世脱俗的家庭教育和清淳家风的熏染,从幼年时就奠定了创新人生之路的根本。徐氏家族源远流长,先祖中有人成为高官,有人成为高士,或以权财为耀,或以清高自诩,形成了两种追求趋向。至徐霞客的父亲徐有勉,形成冲举高蹈、不近权贵的成熟家风。徐氏几代人角逐名利场而惨遭失败,给徐有勉深刻教训,因此他倾向于江南落魄才子们对自由的追求和对传统价值观念的否定,把商品经济中新的文化气息吸纳入家庭,带来了江南地区特有的宽容、开放、初步的民主意识。徐有勉在资本主义萌芽的时代,继承了清高自诩的家风,不入仕途,不迎权贵。"或劝之以资为郎,辄不应。盖公性喜萧散,而益厌冠盖征逐之交。"他携子出游,让徐霞客"肆志玄览,尽发先世藏书,并鬻未见书,缥缃充栋",博览群书但不入仕。父亲的教诲,为徐霞客在日后的人生道路和人生归宿上开创了一种新的选择。徐霞客的母亲更是一位见识高远、心胸开阔、思想解放的杰出女性。当然,这种女性的出现与江南特有的历史渊源和时代背景紧密相关。她既继承中国妇女勤劳善良、节俭持家、恤孤矜寡、宽厚贤惠的优秀传统,又具备江南女子精明能干、开拓进取、挑战传统的品质。这种品质,对徐霞客人生道路的创新产生根本性的影响。她没有像一般封建大家庭的女性教育亲子十年寒窗、一举成名、步入仕途、直上青云,而是教育徐霞客急公好义、救饥拯溺、崇敬乡贤,做一个充满爱心的正直之士。她一反"父母在,不远游"的传统,认为"志在四方,男子事也",进而鼓励徐霞客周览名山大川。她不希望儿子"以藩中雉、辕下驹坐困",而是亲率子出游,"令霞客侍游荆溪、句曲,趾每先霞客。咸笑谓胜具有种也"。因此,当时就有"弘祖之奇,孺人成之"之说。霞客能"万里遐征",独辟一条人生新路,创下惊世业绩,可以说,徐母的教诲和鼓励起到十分关键的作用。

实践磨炼识见,开拓考察新途

徐霞客创新精神的另一表现,是他不愧为中国乃至世界近代科学的先驱和长期考察

052 大学生创新创业基础教程 DAXUESHENG CHUANGXIN CHUANGYE JICHU JIAOCHENG

中国西部地区的先驱。人们公认,《徐霞客游记》是地学的百科全书,许多分支学科是由此肇始和奠基的,许多前人未知的山川奥秘、洞穴幽微、岩溶奇观是由此被状写和揭橥于世的;《徐霞客游记》也是第一部全面、客观反映中国西部地区面貌的专著,在对西部自然地理、人文地理的生动、细致描绘中,后人能全方位地了解明朝中后期政治、社会、经济、民族、边防等方面的情况,这些情况是前人未知的。徐霞客之所以创立前人未创立的学问,描绘前人未见识过的场景,积累前人著述中不曾见过的宝贵资料,根源于他长期丰富的实践。实践出真知,创新源于实践。新学科的创立源于实践需要,新理论的提出源于实践提炼,新资料的发现源于实践挖掘。特别是像奥地一类实证性很强的专著,离开实践,离开实地考察,那就只能是"吃别人嚼过的馍",因袭前人旧说,甚至谬种流传,贻害后人。中国古代地志之书不少,虽然具有史料价值,但作者几乎没有作过或只很少作过实地考察。因此,资料来源只能是汇抄旧书,或者摘录地方呈报,相当部分未经考察验证,不少知识似是而非,论断错误不足为奇。从最早的《禹贡》到汉代的《水经》,再到后来的《元和郡县图志》《太平寰宇记》《元一统志》《明一统志》等,都难免以上问题。人们的认识总受到时间、空间的局限,对真理的探寻永无止境,研究考察中的失误在所难免,徐霞客虽被称为"千古奇人",但也难免受到历史的社会的局限,也有认识偏差之时。然而,他超越前辈之处,作出创新之举,正在于他高度重视实践,长期坚持实地考察。丰富的实践,艰苦的思索,精心的提炼,勤奋的写作,为后人提供了新知识、新方法、新思维、新路径、新学科。徐霞客在躬行实践、探索未知方面,创造了多项"第一"。

徐霞客展示了全新的开创精神。如果说对中国大好河山长时间、大范围实践考察,徐霞客为第一人,那么,对中国西部作长时间、大范围实践考察,徐霞客更是第一人。在对西部的考察中,他的创新精神得到了最充分的体现。由于时间长、范围大,排除其他目的后,精神最执着于西部考察,精力最集中于西部考察,所以他达前人未达之境地,历前人未历之艰险,观前人未观之山川,得前人未得之体验,述前人未述之世事,状前人未状之奇景,揭前人未揭之秘奥,发前人未发之感慨。徐霞客的丰富实践,是一种创造性的活动,是对前人的超越。只有积累了丰富的实践经验,才可能为科学研究的创新奠定坚实基础。徐霞客之所以在旅游学、地理学、史学、文学等方面超越前辈学者,甚至在洞穴学、岩溶地貌学等地学分支学科中被人们称为研究的鼻祖,就是因为他考察实践之丰富超越前人,不畏艰险的精神超越前人,艰苦的独立思考超越前人,最终在成果上超越前人,在科学考察研究的历史上立下了一座丰碑。

独具怀疑精神,推动学科创新

徐霞客的创新精神,不仅体现在人生道路新的思考和选择、实践考察新的指向和深度,而且鲜明地体现于他在探索考察中的怀疑精神。怀疑是一种对传统学说、观念、知识提出疑问,并激发作为"认识主体"的人去深入思索、反复琢磨,从而探寻新的解决路径,获得新的认识的积极思维状态,是科学研究的重要方法。在科学史上,重大发明创造常常缘起于对现有结论的怀疑，新的观点论断常常缘起于对传统权威的挑战，科学巨匠们常常因运用怀疑这一方法而在科学创新的道路上建树奇功。徐霞客或许并不知道怀疑是一种探寻未知的认识手段，是一种具有创新品格的思维方法，是破除迷信、推陈出新的重要突破口，但是，他实实在在地经常运用怀疑这一方法和手段，实现了知识的创新、学科的创新、理论的创新。

英国著名科技史家李约瑟在其名著《中国科技史》中说，徐霞客的"游记读来并不像是17世纪的学者所写的东西，倒像是一位20世纪的野外勘察记录"。这一评价是恰如其分的。徐霞客的超前性考察研究成果，是他毕生实践的结晶。他在科技史上的崇高地位，向世人昭示中华民族的创造精神蕴藏着巨大的活力。

（案例摘自：范祖锜.徐霞客的创新精神［J］.云南社会科学，2004（6）：120-124.有删改）

03

项目三
寻找创业方向

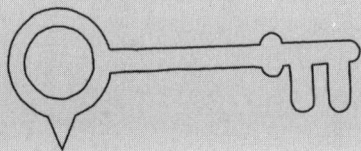

【学习目标】

★ 了解创业机会的特征、主要来源、识别方法。

★ 掌握选择创业项目的五项基本原则、五条基本标准和项目可行性分析方法。

★ 了解创业项目评估的准则与评估指标、如何规避项目选择误区、适合大学生的创业项目有哪些。

【导学案例】

喜马拉雅音频——孤注一掷，创建"声音王国"

"世界上流量最大的河'亚马逊'成为全球最大的跨境电商平台；世界上最大的宝藏'阿里巴巴'成为中国第一、世界第二的互联网公司；那世界上最高的山脉'喜马拉雅'又将成为什么？"这是6年前的一则售卖网络域名的广告，在普通人看来，这可能只是一个营销，但在创业者余建军眼里，却是满满的机遇。

喜马拉雅到底成为什么？余建军与合伙人陈小雨用6年的时间给出了答案——喜马拉雅FM如今是中国最大的移动互联网音频平台，拥有4.5亿手机用户，2000万车载、穿戴、音响智能设备用户，在移动音频领域的市场占有率高达73%。在这个平台上，用户每天都会花费两小时左右的时间学习各类文化知识。"让知识、智慧像水和电一样，无处不在，随取随用。"这是余建军常说的一句话，也是他一直以来的奋斗目标。

爱"孤注一掷"的理工男

余建军1977年生于福建。和大多数理工男一样，余建军的大学生活简单而有规律，上课学编程，回宿舍就听收音机学英语。但他又很爱看书，以前还在学校校报当过小编。最常被他挂在嘴边的就是马丁·路德·金的《我有一个梦想》，"这篇演讲我读了无数遍，每读一遍都感觉浑身充满了电"。余建军欣赏这些内心强大的历史名人，立志要像他们一样。他喜欢用英语词组"all in"来强调这种孤注一掷的气魄。

在四年的学习后，他逐渐有了创业的想法，他在研究生时期就跟同学开始了第一次创业，当时团队刚掌到了一笔由政府提供的创业资金。"当时每天基本上都加班做到半夜，下班回去就几个哥们儿撸串喝酒，睡上几个小时，八九点又起来继续奋斗，打了鸡血似的。"但由于几个创业伙伴都是程序员，只会写代码，没有营销方面的经验，前后为项目投入了五六十万，这次创业还是以失败告终。但他并未死心。每当他看到一个新事物，或闪过一个念头，他都会马上记在手机里，并在自己脑海中不断演练，如何把它做成一个创业项目，他把这戏称为"脑保健操"。

在那之后，余建军又先后创立了"杰图软件""城市吧"，还与合伙人陈小雨一同创立了"那里世界"等项目，其中有成功，也有失败。在每次创业的"all in"背后，是余建军的不断试错，他不怕犯错，只怕没找到对的方向，一旦找对了，便会再次为其孤注一掷。

做声音的"百货商店"

2012年正值移动互联网时代的开端，智能手机开始普及，余建军又把目光投向"耳朵经济"——投身移动音频领域，开发出一款可以在线点播各类音频节目的手机客户端，并命名为"喜马拉雅FM"，余建军和陈小雨成为公司的联席CEO，而这已经是余建军的第五次创业。

最早是因为一则域名广告的"诱惑"，余建军和陈小雨买下了"喜马拉雅"这个域名。"当时这个名字让我们眼前一亮，我们一开始就希望做一个大的平台，也在以亚马逊和阿里巴巴为标杆，假如以后真的可以比肩它们那是挺美妙的，所以就决定用这个名字。"

余建军从小就是一个音频爱好者，上学的时候就经常听广播电台，大学时随身听更是不离手，毕业后开车在路上也听广播，在他看来，投身这个领域既是机缘巧合，也有一定的必然。"我本身一直就是声音的受众，2012年已经进入移动互联网时代，我当时就想，每个人每天有很多碎片时间不得不浪费掉，假如能把这些零散的时间都拿来听点东西，学知识，那会是一个很有意思的事，而智能手机让这个事情成为可能。"

在决定做音频之前，余建军就已经深入研究了市场动向。由于传统广播频道数量有限，且用户无法自主选择收听节目的时间，所以用户往往还是"被动"，也正因为这样，不开车的用户几乎不听广播。

"生活中其实有很多有才华的人，上知天文下知地理，但他们没机会展现自己，因为缺少一个发声的平台；传统的电台更多是注重播报新闻、音乐和交通信息这类实用性内容，真正有思想、有深度的内容还是偏少，我希望能建一个像'声音百货商店'的线上平台，让每个有知识、有才华的人都有自己的舞台，类似于做一个'声音的淘宝天猫'。"

有干货的声音才能留住用户

因为定位准，喜马拉雅FM一推出就大受欢迎，大量专业主播以及民间主播开设了频道，节目内容包罗万象，到后来不少名人大咖也在喜马拉雅FM上"开声迎客"，短短几年时间，余建军和陈小雨已经构筑了一个庞大的音频生态圈，公司规模也从最初的七八个人扩展到现在的上千人。他说平台内容会发展到今天这样百花齐放也是之前没预料到的。

"我们做平台服务，声音是核心媒介，至于具体的内容，我们并没有去要求一定要是什么类型，像最早只是签了一些相声和娱乐节目的版权，到后来各路广播电台的专业DJ也上来开频道，慢慢节目就丰富了；再到后来我们发现，那些有深度的，包含知识的，有干货的节目才能留得住用户。而且你会发现，做知识文化内容的频道和主播越来越多，愿意收听学知识的用户也越来越多。"

随后，喜马拉雅FM开始试水付费收听，"声音大咖"可以对自己的节目进行付费播放，听众可以"打赏"，同时由公司牵头制作一批有深度的音频节目，也通过举办线上线下活动向用户推广。

音频是天然的知识媒体

余建军发现，移动音频节目的出现，可以改变以往人们被动接受信息的局面，从而让人们充分利用每天的碎片时间，让每一分每一秒都更有意义，他认为很多的学习与成长往往都是在这些碎片时间中发生的。"视频是天然的娱乐媒体，像我们看视频，往往都会消耗大块的时间，通过听音频会更易于接受知识类的内容，例如开车、挤公交、跑步、做家务等场景下，听音频可以解放眼睛的注意力，又不会觉得疲劳，所以知识属性的内容适合通过音频来传递。"

做音频产品还有很重要的一点，就是可以传递感情。"同样一段文字看到和听到的感觉是不一样的；音频可以让很多文化水平较低的人也听得懂，例如看懂一本书需要有一定的学识水平，听书的话就不一样了，哪怕没知识的人也能听懂，理解门槛更低。在他看来，做这个移动音频平台并不是为了和谁竞争。我只会根据用户的需求，去提供更为丰富的产品和便捷的服务，加上我们对未来大趋势的预判，来研发更多的东西。如果总是左顾右盼，反而会让自己很困惑。"

截至2015年12月，喜马拉雅音频总量已超过1500万条，单日累计播放次数超过5000万次。在移动音频行业的市场占有率已达73%。喜马拉雅同时支持iPhone、iPad、Android、Windows Phone、车载终端、台式电脑、笔记本等各类智能手机和智能终端。2017年11月8日，喜马拉雅入选时代影响力·中国商业案例TOP30。

（案例摘自：李伟.创新创业教程［M］.2版.北京：清华大学出版社，2019年.有删改）

> **思考与讨论**
>
> 当微信自媒体、垂直媒体、今日头条等在瓦解报纸杂志等图文媒体时，当优酷、土豆、爱奇艺、搜狐视频、腾讯视频、乐视靠网络视频+智能电视在逐渐瓦解庞大的电视体系时，以喜马拉雅为代表的网络电台则在把广播行业推向深渊。通过喜马拉雅音频的创业成功案例，我们不难发现很多创业机会就在身边，那么，创始人余建军又是怎么发现并开发这个创业机会的呢？

任务一　识别创业机会：创业要有好时机　最佳机遇在哪里

狄更斯说："机会不会上门来找，只有人去找机会。"歌德说："善于捕捉机会者为俊杰。"的确，大学生创业是一种高风险、不确定的活动，能够识别出有潜力、有价值的创业机会是创业成功的第一步。在创业活动中，资源+努力+机会=成功，创业机会是影响初创企业生产和发展状况的重要因素，无法把握创业机会就无法创业成功，因此，寻找和识别创业机会是创业者必须具备的能力。那么，大学生创业者究竟该如何去发现并把握转瞬即逝的创业机会？市场项目千千万，我们又该如何去选中"它"，是摆在每个大学生创业者面前的一个亘古不变的话题。

一、创业机会的定义与特征

（一）什么是创业机会

创业机会就是一个可以在市场环境中行得通的创意，这个创意要提供的产品或服务不但能给顾客群体带来实际的好处和用处，而且他们付的钱能使你得到利润，这就是创业机会。没人要的东西肯定不是创业机会，有人要不给钱或给的钱不能获得利润的也不是创业机会。所谓的创业机会，就是指大学生创业者能够通过投入和组织资源来获取价值的有利情况。那么，大学生创业的过程就是大学生创业者识别创业机会，然后按照创业机会来匹配相应的资源，并最终获取收益的过程。

（二）创业机会的特征

1.隐蔽性

创业机会具有隐蔽性，创业机会出现在每个人面前但不会被大众所认识，而隐蔽性也正是其价值所在。如果一个非常优秀的创业机会被大众所普遍认识，那么其潜在的利润空间也会被压缩到很低，其价值就被削弱了。

2.偶然性

虽然创业机会的出现是市场、需求、技术等因素联系的必然产物，但是对大学生创业者而言，发现创业机会往往不是刻意追寻的结果，而是偶然的灵光一现。

3.时效性

创业机会不是一个常态的、确切的存在，而是一种随时变化的情境。市场、技术、需求等因素的变化，会不断产生新的创业机会、泯没旧的创业机会。只有在时效内抓住创业机会才能产生效益。

4.抢先性

创业机会的潜力是有限的，其能创造的价值是一定的，只有最先抓住创业机会的创业者才能够收获其大部分价值，而后来者可获得的利益会大大降低甚至无利可图。

二、创业机会的来源

大学生创业者最为苦恼的是不知道自己究竟该做什么项目，而创业机会的特征又使其获取创业机会没有特定的手段和渠道。其实，创业机会无处不在，无时不在，主要来源于以下五个方面：

（一）从问题中挖掘机会

创业的根本目的是满足市场和客户的需求。假如市场和客户有相关需求没有得到满足，这就成了所谓的"问题"。优秀的大学生创业者能及时地发现这些问题，并且利用这些问题作为自己的创业契机。例如，四川绵阳有一位大学毕业生发现，远在郊区的本校师生因为每天需要往返于市区和郊区之间，交通十分不便利。于是这位大学生就创建了一家专门运送老师与学生的客运公司，解决了他们"不便利"的问题，这就是把问题转化为创业机会的成功案例。

（二）在变化中把握机会

但凡当市场环境、社会经济、人口结构、生活观念等发生重大变化时，必然会产生一些市场空白，这些市场空白就是可利用的最佳创业机会。世界著名的管理大师彼得·德鲁克曾经说过："成功的创业者，就是那些善于在市场上寻找变化，并能随着这种变化做出及时积极回应的投资人。"这种变化或许来自国家政策的调整，也或许来自某行业的结构调整、市场重新整合、人口结构的变化以及人们精神上的需求变化等。例如，现在随着私家车的增加，衍生出汽车代驾、汽车销售和保养维修、二手车买卖等诸多创业机会。

（三）从竞争中发现机会

同一行业的参与者，必然水平有高低之分，在业务水平和经验方面的能力参差不齐。一个有实力的创业者，面对竞争者时，能汲取竞争对手的长处，弥补自己的短处，从而逐渐扩大自己相比于竞争者的优势。创业者在埋头苦干时，不妨对比下同行，看看他们是否能给客户提供更优质、更便捷的服务，想想这些自己是否也能做到甚至做得更好，或许从中你就会发现一个相当不错的创业机会。

（四）从创造发明中捕捉机会

创造发明提供了新产品、新服务，能更好地满足顾客需求，同时，也带来了创业机会。例如，随着电脑的诞生，电脑维修、软件开发、电脑培训、图文制作、信息服务、网上开店等创业机会随之而来。作为一名大学生创业者，关注一下创新行业，在创新产品上多下点功夫，也许就会发现不一样的创业机会。

（五）从新知识、新技术中获得机会

新知识、新技术的产生带来了许多新的创业机会。例如，随着健康知识的普及和技术的进步，围绕生命之源"水"，许多的创业机会产生，上海就有不少创业者加盟"都市清泉"，走上了创业之路。

三、影响创业机会识别的因素

（一）先前经验

著名的"走廊原理"强调，"经验和知识对于个体发现和把握创业机会有着十分重要的意义，创业的道路就像一条走廊，当你跨步进入走廊，有过的经验和知识会使创业机会在你面前变得更加清晰可见。直接参与到里面才能够从中看到机会，跨入走廊才能找到门路"。也就是说，在特定产业中的先前经验有助于创业者识别出商业机会，创业者一旦创建企业，他就开始了一段旅程，在这段旅程中，通向创业机会的"走廊"将变得越来越清晰可见。这个原理提供的见解是，某个人一旦投身于某产业创业，这个人将比那些从产业外观察的人，更容易看到产业内的新机会。

（二）认知因素

机会识别可能是一项先天技能或一种认知过程。有些人认为，创业者有"第六感"，

使他们能看到别人错过的机会。多数创业者以这种观点看待自己，认为他们比别人更"警觉"。警觉很大程度上是一种习得性的技能；拥有某个领域更多知识的人，倾向于比其他人对该领域内的机会更警觉。

（三）社会关系网络

社会关系网络能带来承载创业机会的有价值信息，个人社会关系网络的深度和广度影响着机会识别。创业作为一种特定的经济组织活动，不可避免地同社会网络中的其他节点发生各种联系。创业者只有将自己置身于社会网络环境中才能完成价值链活动。研究表明，社会关系网络是个体识别创业机会的主要来源，创业者的社会关系网络越深，越宽广，越能为创业者带来更有效的创业机会信息。

（四）创造性

创造性是产生新奇或有用创意的过程。从某种程度上讲，机会识别是一个创造过程，是不断反复的创造性思维过程。思维创造性高的创业者相对来说更能发现创业的机会。对个人来说，创造过程可分为5个阶段，即准备、孵化、洞察、评价和阐述。

（五）社会环境

国家宏观经济政策和企业内部的微观环境是决定创业机会、影响创业成功的重要因素。"大众创业，万众创新"时代浪潮的到来，使国家在鼓励大学生创新、创业方面，出台了一系列配套政策，这些政策为大学生创业者提供了更多更好的创业机会。

四、创业机会的识别方法

正确把握创业机会，并通过自身努力将其转化为创业机会，是每个大学生创业者应当具备的基础创业能力之一。创业机会究竟在哪里，怎样才能发现创业机会，是困扰很多大学生创业者的关键问题。

（一）头脑风暴

大学生创业者利用头脑风暴法可以帮自己打开思路，产生不同的想法。创业者可以从一个词语或一个想法开始，尽可能多地将头脑中的想法在白纸上写下来，不管这些想法看起来多么不相关或者离奇，头脑风暴却是很多企业产生新产品想法时采用的一种方法。在问题设定的时候，范围不能太小，也不能太大，以便于创意的产生。当问题陈述准备好后，挑选6~12个不同知识背景的人员组成讨论小组，让每个人就问题提出自己的解决办法，所有的办法不管对与错，是否符合逻辑，都要逐一记录下来，讨论过程中不允许相互评价和批评对错。这种方法有助于创业机会的识别。

（二）"新眼光"调查

大学生创业者在初期为了发现一个新的创业机会，可以通过与顾客、供应商、销售商和企业员工进行交谈和采访，直接了解当下正在发生和将要发生什么，或者通过阅读某人的作品，利用互联网搜索、浏览寻找你所需的信息资料。同时，创业者要做到用新眼光看待新问题，新眼光调查来源于创业者敏锐的觉察力和判断力。大学生创业者只有掌握多种知识，完善知识结构，用知识武装自己，做一个博学多思的人，才能综合分析事物的发展规律以及解决问题的最佳方案，否则就会具有很大的片面性，造成严重的判断失误。著名的商人胡雪岩曾说过："你有一县的眼光，就会有一县的生意；你有一省的眼光，就会有一省的生意；你若有天下的眼光，就会有天下的生意。"这说的就是眼界和视域的问题。

（三）系统分析

事实上，有很多机会，创业者都可以通过系统分析发现。创业者可以通过分析自己所在企业的宏观环境（如政治、法律、技术、人口等）和微观环境（顾客、竞争对手、供应商等）的变化来发现创业机会。创业者再借助市场调研来验证，从环境变化中发现机会，这是创业机会发现的一般规律。商场如战场，孙子曰："夫未战而庙算胜者，得算多也；未战而庙算不胜者，得算少也。"意思是，凡是在未开战前，就以预计获胜的，是筹划周密的缘故；未开战就预计不能取胜的，是筹划不周的缘故。初创业者首先应进行市场调查，主要包括地理环境、商业业态、交通、人口、当地政策等方面。

（四）问题分析

问题分析要从市场当前所面临的问题和需求入手，这些问题和需求可能是显性的，也可能是隐性的。创业者可能抓住它们，也可能忽略它们。一个有效并有价值回报的解决方法对创业者来说是识别机会的基础。这个分析需要全面了解顾客的需求，以及可能用来满足这些需求的手段。

（五）顾客建议

大学生创业者还可以从顾客那里征求想法。一个新的机会可能由顾客识别出来，因为他们知道自己究竟需要什么。顾客建议多种多样，他们会提出一些诸如"如果那样的话不是会很棒吗"这样的非正式建议。留意这些，会有助于发现创业机会。史玉柱说："谁消费我的产品，我就要把他研究透。一天不研究透，我就痛苦一天。营销是没有专家的，唯一的专家是消费者。你要搞好策划方案，你就要了解消费者。"

（六）创造需求

一个能够创造出需求的企业，往往也是能够发现并解决问题的企业，这样的企业才能在充满竞争的市场环境中屹立不倒。这也要求创业者具备需求创造的各种能力，如广阔的市场前景预测能力、精准的市场调研能力等，从中挖掘和发现隐藏的创业机会，进而有针对性地开展需求攻势，引导消费者把潜在需求转变为现实的需要。当然，通过创造获得机会比其他任何方式的难度都大，风险也更高，如果能够成功，其回报也更大。

【知识拓展】

李维与他的牛仔裤创业淘金路

南北战争时期的美国，政治黑暗，民生凋敝，引发了大规模的难民潮。当时美国西部还是一片尚未开发的土地，吸引了一大批热爱冒险和创业的年轻人来此碰运气。来自东部地区的贫民李维就是他们中的一员。他带着仅有的一点财产和食物不远千里来到了这个贫穷落后的地方。

意外的发现：卖水也能发财

最初，他和那些体弱多病的难民一样依靠捡垃圾和破烂维持生计，但很快便发现这样下去根本就不行，不但赚不到什么钱，还容易让别人认为自己软弱无能好欺负，难以填饱肚子。不久，他听说不远处的山区发现了金矿，便立刻整理行装跑到了那个正在开发的金矿。李维是个年轻力壮的小伙子，干起活来也比别人勤快、肯吃苦，经过他的努力，很快就成了这里淘金量最大的人。

可是好景不长，周围有不少小肚鸡肠、嫉妒心强的人，看到李维这么会淘金，不禁有些眼红了。

一天下午，几个身强力壮、蛮横无理的恶霸地痞找了个借口与李维争执起来，其中一个恶霸一把揪住李维的领口，恶狠狠地说："小子，赶快从这滚出去，再也别回来了!"他们连推带搡地把李维赶出了金矿区，他又成了饥肠辘辘、无米下锅的人。不过，李维对此并没有胆怯和退缩，反而乐观地认为也许另一个好机会在金矿外等着他呢。

这天他正在金矿附近溜达，想寻找一个能够谋生的活计。突然，不远处有人高声喊道："不好啦，有人晕倒了! 快，快拿水来!"好心的李维立刻捧着自己的水壶奔到晕倒的人身边。原来，当地气候干旱，高温少雨，炎炎烈日烘烤着地面，来此淘金的工人们往往汗流浃背，饥渴难耐。而这里又缺少足够的水源，不少人因为无水补给，造成身体虚弱，很容易晕倒在地。

李维见此情景，一个绝妙的主意浮现在他的脑海中：假如从水源丰富的远一些的地方运水过来，用优惠价卖给工人们，既能解决他们的饮水问题，自己又能赚一点小钱，不是一举两得的事吗?

于是，李维利用前段时间淘金赚到的一些钱做起了饮用水的买卖，他时常赶着运水车来回跑生意，渐渐地，也积累了一大笔血汗钱。

"卖水也能发财"的消息不胫而走，那些好逸恶劳的庸人自然就想抢占卖水的生意，于是几个肌肉发达、虎背熊腰的恶人对他拳脚相加，他终因势单力薄、寡不敌众而被打翻在地，周围的人迫于恶势力的压力也不敢上前劝架。待他清醒过来以后，感到全身疼痛难忍，生活又一次和他开了个大玩笑。

矿区里"走红"的李维氏工装裤

卖水的生意是做不成了，但乐观的李维相信天无绝人之路。不久，细心的他就发现了一个很好的商机。

这么多的淘金者都待在一个离市中心很远的地方，买东西十分不方便，李维看到那些淘金者为了买日用品不得不跑很远的路，于是决定不再做那个遥不可及的金子梦，还是踏踏实实开一家日用品小店。不出李维所料，这家小店的生意很不错，来光顾的人络绎不绝。有一天，他又外出采购了许多日用百货和一大批搭帐篷、马车篷用的帆布。由于船上旅客很多，那些日用百货没等下船就被人们抢购一空，但帆布却没人理会。

眼看帆布要赔本了，忽然他见一位淘金工人迎面走来，并注视着帆布。他连忙高兴地迎上前去，热情地问道："您是不是想买些帆布搭帐篷？"那工人摇摇头："我不需要再搭一个帐篷，我需要的是像帐篷一样坚硬耐磨的裤子，你有吗？"淘金的工作很艰苦，衣裤经常要与石头、砂土摩擦，棉布做的裤子不耐穿，几天就磨破了。"如果用这些厚厚的帆布做成裤子，肯定又结实又耐磨，说不定会大受欢迎呢！"淘金工人的这番话提醒了李维。

于是，他灵机一动，立刻联想到了帐篷、睡袋的制作材料，觉得用这些类似的材料做成的衣服肯定是耐磨损的，于是用带来的厚帆布做出了效仿美国西部的一位牧工杰恩所特制的一条式样新奇而又特别结实耐用的棕色工作裤，向矿工们出售。

1853年，第一条日后被称为"牛仔裤"的帆布工装裤在李维手中诞生了，当时它被工人们叫作"李维氏工装裤"。首批衣服制成后，工人们的反响还不错，只是感觉重了点、硬了点，李维便召集一批人帮忙出谋划策。经过反复研究之后，他们终于制成了一种当时从未有过的新式服装，穿着轻便又耐磨损，改革后的成熟牛仔裤以其坚固、耐久、穿着合适获得了当时西部牛仔和淘金者的喜爱，大量的订单纷至沓来。后来，李维正式成立了自己的牛仔裤公司，开始了这个著名品牌的漫漫长路。因西部人一般俗称其为"牛仔"，李维就把这种新式服装称为"牛仔服"，李维最终也成为举世闻名的"牛仔大王"！

（案例摘自：康丽.牛仔裤的发明者：李维·施特劳斯［J］.财经界，2007（10）：122-124.有删改）

🖉小贴士

2015年"中国青年五四奖章"获得者创业明星郭鑫认为，"创业最大的吸引力不在于创造了多少财富、多少金钱，而在于你每天都在做新的事情，更关键的是你每天活得都跟别人不一样"。目前，郭鑫也在承担一些创业教育方面的工作，他建议大学生创业不要找社会热点，而要找"社会痛点"。他认为，所谓的"社会痛点"是指社会有问题存在，而且很难解决，要么是解决方法有瓶颈，要么是解决方法不够先进。他表示，有问题存在的地方才是有机会的地方。创业者要提高成功率的话就要找到瓶颈，判断瓶颈是由什么造成的，是技术不行，是模式不行，还是产业不行。

任务二 选择创业项目：市场项目千千万 我该如何选中"它"

尽管发现了创业机会，形成了一个好的创业"idea"，但这并不意味着成功就在眼前。创业活动是创业者与创业机会的结合，并非所有的创业机会都有足够大的回报来填补为把握机会所付出的成本，也并非所有机会都适合每个人。对于大学生创业者来说，在决定创业之后，如何选择创业项目、选择什么样的创业项目是摆在所有大学生创业者面前的一道难题。对于大学生创业者来说，没有最好的创业项目，只有最适合的创业项目。因此，不仅要寻找创业项目，还要判定创业项目的好坏和是否适合自己。

一、创业项目选择的五项基本原则

（一）选择国家政策鼓励和支持，并有发展前景的行业

大学生想创业首先必须知道哪些行业是国家政策鼓励和支持的，哪些是允许的，哪些是限制的，等等。我们要选择国家政策鼓励和支持，并有发展前景的行业，这样项目实施起来比较顺利，而且国家有时也会出台一些优惠政策，要学会"借力"。根据社会学家和经济学家的预测，随着中国市场经济的发展和经济结构的调整，各行业在社会发展中的地位和发展潜力也在发生深刻变化。某些行业因社会需求的加大而蓬勃发展，并成为未来社会发展的主导产业。

（二）要认真进行市场调研，适应社会需求

有些创业者认为，办企业就是为了赚钱，什么行当赚钱热门，就搞什么行当，这种想法是不正确的。大学生创业者必须树立这样一个观点，即"企业是为解决顾客的问题而存在的"，因此，项目的选择必须以市场为导向。也就是说搞什么项目不能凭自己的想象和愿望，而要从社会需要出发。那么要想知道社会需求，就要进行市场调查，特别是第一次创业，大学生创业者更是要进行详细的了解，要了解市场需要什么、需要多少、你的顾客是谁、谁会来购买你的产品或服务、竞争对手究竟有哪些等。市场调研是进行正确决策的重要前提。

（三）要充分利用优势和长处，干自己感兴趣的、熟悉的事

每一个人都有自己的长处和优势。创业项目需要我们发挥自己的长处，去做自己最擅长的事情。比如：有的人对某一行业、某一领域、某种产品比较熟悉，有的人在技术上有专长，有的有某种兴趣爱好，有的善于公关和沟通，这些都是自己的长处。大学生创业者要充分发挥自己的长处和优势，千万不可人云亦云，盲目跟风，做到这点，创业就成功了

一半。

（四）要量力而行，从小事干起，从小利做起

创业是一种有风险的投资，必须遵循量力而行的原则，大学生创业者应该尽量避免风险大的项目，而应该将为数不多的资金投到风险较小、规模也较小的项目中去，先赚小钱，再赚大钱，聚沙成塔，逐步发展。俗话说"不以善小而不为"，创业也要从干小事、求小利做起，一步一个脚印。

（五）要坚持创新，做到"人无我有，人有我新，人新我优"

创新是企业的生命，管理大师汤姆·彼得斯认为，商业世界变幻无常，持续创新才是唯一的生存策略。创新也是创业成功的关键。创新的概念是著名的经济学家熊彼特提出的，他将其定义为"企业家对生产要素的重新组合"，它包括以下五种情况：①开发新产品或改造老产品；②开辟一个新的市场；③采用一种新的生产方法；④获得原料或半成品的新的供给来源；⑤实行一种新的企业组织形式。因此，对创业者来说，创新更具紧迫性、重要性。大学生创业者在选择创业项目时不仅要考虑创新性，也要考虑特色性。这是因为创业项目有特色是企业能持续发展的必要条件。这里所说的特色是指，别人没有的、先于别人发现的、与众不同的、强于他人的，只有选择有特色的项目，才有可能在激烈的市场竞争中占有一席之地。

二、创业项目选择的五条基本标准

（一）挑选自己感兴趣的

兴趣是最好的老师。大学生创业者可以从自己的兴趣出发，把最想做的创业项目挑选出来。因为只有对某项事物感兴趣，才会更容易做好，并且事半功倍。兴趣是一个人进行认识和实践的动力，影响着大学生创业者的能力和知识结构的形成。如果选择了自己感兴趣的创业项目，大学生创业者就会倾注全部心血，用坚忍的意志来督促自己不断努力。

（二）挑选合法的

创业项目要选择国家允许准入的行业和领域。国家对于有些领域是明令禁止的，如制毒贩毒、军火的生产和经营、非法传销等；有些领域是有限制条件准入的，如制药、烟草等；有些行业是有资质限制准入的，如大型的建筑安装工程、矿山的开采等。而国家对生产普通民用商品的领域基本没有什么限制。大学生创业者自己所选择的项目及经营一定要符合法律的规定，否则创业是会失败的。

（三）挑选现有条件能够赚钱的

创业的途径有很多，赚钱的门路更是不少。但是，并不是所有的创业项目都能够挣钱。所以，作为一名大学生创业者，在选择创业项目时，一定要看准，根据自己的条件选

择"短平快"可以迅速收回投资成本的项目，这样即使遭遇创业风险，也可以利用挖掘到的"第一桶金"另寻出路，确保创业的成功。

（四）挑选具有可行性的

项目本身是否可行是创业成败的关键所在。如果一个项目非常好，但是在实际操作中不可行的话，那么即使你付出再大的努力最终可能还是会失败的。也就是说，在开创自己的项目前，大学生创业者应该了解国家目前正在扶持、鼓励和限制的行业，顺势而为。若是选择了国家政策扶持、鼓励的行业，企业今后的发展也将更加顺利。所以，在选择创业项目的时候一定要进行调查分析，对项目的可行性进行预估，并仔细分析行业未来的发展前景，如该行业是否符合国家产业政策，是否符合人们的消费发展趋势等。

（五）挑选具有广阔市场的

不少大学生创业者一味地认为，哪个行业热门、利润高，创业时就应选择哪个行业。其实这种想法是极其错误的。大学生创业者必须树立"企业是为解决消费者需求而存在的"理念，这样才能确保企业稳定发展。

大学生创业者对创业项目的选择要以市场为导向，从社会需求出发。那么，要想明确社会需求，就一定要做好市场调查。尤其是对于首次创业的大学生创业者而言，对市场进行详细的调研则更是不可缺少的。对市场进行调研可以从消费者和竞争对手两方面入手。

总之，大学生创业者不应该执着于竞争激烈的热门项目，而应该着重考虑有特色的新项目。需要注意的是，有些项目虽然很有特色，但是消费者不一定认可，所以大学生创业者应该选择既有特色又有市场需求的项目，这样才能提高创业成功率。

【知识拓展】

陈欧与他的聚美优品

个性学霸为自己代言

陈欧，聚美优品CEO及联合创始人。16岁留学新加坡，就读于南洋理工大学，大学期间曾成功创办在线游戏平台Garena，26岁获得美国斯坦福大学MBA学位。2010年，陈欧牵手人气小天王韩庚推出聚美优品地铁广告，其新颖的"双代言"模式受到热烈追捧。此外，他亲自出镜为公司拍摄的"为自己代言"的广告视频引起"80后"强烈共鸣，在新浪微博掀起"聚美体"模仿热潮。

陈欧，籍贯四川，父母都是地级市的政府公务员。16岁之前，他和大多数孩子一样读书、生活。直到他以全额奖学金考上了新加坡南洋理工大学。"这是一块很好的跳板。"陈欧说。他大学读的是计算机，业余爱好是挣钱。怎么挣？打游戏比赛。大学期间，颇有天赋的陈欧经常参加游戏比赛，别的参赛选手把打魔兽当成生活，而陈欧只是在参赛前的三四天才抽空练习一下。那时，他的最好成绩是新加坡《魔兽争霸》前三。然而，玩游戏并没有让陈欧过瘾，发掘创造新游戏却成了他的业余生活。大学四年级时，陈欧仅靠着一台笔记本电脑，创办了全球领先的在线游戏平台Garena（原gg平台，现在全球拥有超过2400万用户）并吸引了数量庞大的游戏玩家，Garena成为中国之外最大的游戏对战平台。就在为Garena得意之时，在父母的压力之下，他不得不面对一个现实的问题——攻读美国斯坦福大学MBA。

三个人的风雨创业路

2007年，陈欧顺利考入斯坦福大学，重心再次转向学习。在这期间，陈欧结识了第二位创业伙伴戴雨森。尽管陈欧曾在Google这样的大公司任职，打工的经历让他更坚定了自己创业的想法。在陈欧眼里，就业是根据老板的思路去完成工作，仅是自己的职责；而创业不同，它是创造价值，可以按照自己的想法去做自己喜欢的事情。陈欧说他自己是一个想法很多的人，喜欢去创造并将想法付诸实践。在星座中，水瓶座的性格最难测，这似乎与陈欧的行事轨迹非常符合。2007年，陈欧经斯坦福校友介绍，认识了徐小平。两人在北京翠宫饭店喝了一次茶，徐老师便决定投资他的游戏对战平台。但陈欧这一次没有拿徐老师的钱。因为他当时正面临毕业后是继续读书还是回国的抉择，"如果拿了徐老师的钱又继续读书，就很不好意思了。"

2009年，由于读MBA的距离感，陈欧发现自己与Garena的公司氛围已经不那么合拍，有一种"命运不在自己手里的感觉"，于是，他不得不忍痛卖掉曾让他得意的游戏平台Garena。虽然父母希望他拿到博士学位后再回国，但已经创业上瘾的陈欧心思早已不在校园。他在毕业后的第三天便杀回国，开始第二次创业。"作为男性，为什么选择做化妆品网站？""因为我是水瓶座，做事情是不按常理出牌的。"这是陈欧的水瓶式回答。

陈欧回到北京，注册了北京创锐文化传媒有限公司，刘辉、戴雨森便是公司的联合创始人。徐小平联合险峰华兴的创始合伙人陈科屹给了他钱，公司开始做游戏广告生意。"当时有个东西在美国很火，就是网页游戏通过内置广告获利。比如你是游戏用户要买游戏币，以前是花钱去买，现在可以去注册账户或者安装软件，我们会送你游戏币。"但是，陈欧很快便觉察到这个模式在中国水土不服。作为一个善于观察生活的男人，他发现，中国的广大女性消费者对于线上购买化妆品的信心不足，线上化妆品行业没有领头羊企业存在。对于他来说，化妆品就是新大陆。他总结出三个"可行条件"。首先，电子商务在中国正在高速发展是不争的事实；其次，化妆品需求很大，但市场上还没有一个可信的化妆品网站；最后，做这个别的男人不好意思做的行业反倒给了自己机会。转型的过程是陈欧20多年人生中第一个难题。

"我非常强势，你可以理性地说服我，但我也会用强势的理性方式说服你。"公司想要转型，就必须和投资人有个交代，还得告诉团队新的故事。问题是，陈欧对自己即将要做的事也没底。三个合伙人有了激烈的争吵。陈欧要做电商，戴雨森提议做社区。"我和他说，社区不靠谱，因为需要长时间培育市场。"而戴雨森觉得电商环节太复杂，"没做过采购，又不懂零售，三个大老爷们儿还要做化妆品。"他们这边争执不休之际，国内刮起了团购热。陈欧提议先借着团购的方式做着玩，凭感觉一步一步来。由于公司的流动资金只剩下30万元，他们只好一面继续着游戏广告业务，一面用了两天时间，在技术上让团美（聚美优品前身）上了线。产品方面，陈欧找来了做过多年化妆品采购的朋友"江湖救急"。这就是聚美优品的雏形。

上线第二天，团美有了第一个顾客。大家都很兴奋，但开心了不多一会儿就发现，后面的事儿超级麻烦："要打包，要发快递，都得自己来，快递单都是大家手写的。"现在的聚美优品，刘辉负责技术研发，戴雨森负责产品体验。说起三个人的友谊，陈欧说："大家各有所长，惺惺相惜。"他认为，找创业伙伴比找老婆麻烦，因为得全方位互相认可才行，包括能力、人品和事业激情，三方面缺一不可。"我们三个人有一个共同的特点——不是特别看重钱。"刘辉曾经说过一句让陈欧很感动的话："我宁可错过拥有金钱的机会，也不能错过和陈欧一起创立伟大公司的机会。"

当年，刘辉放弃了对战平台价值百万美金的股票，戴雨森放弃了还有3个月时间即可拿到的斯坦福大学学位，追随陈欧回国创业。团美发展顺利，每一天都比前一天增加些用户，网站越做越好，团队有了信心，陈欧说服了大家开始专注做化妆品。

"挫折不叫失败，它只是创业路上遇到的小插曲，是你路上的小石子，你可以把他踢开，也可以跨过去，只要不被绊倒就好。""我希望不管怎样，我们大家都能保持一种乐观心态，一起奋斗，千万不要被生活压力打倒了。"眼前的这位"80后"新贵、聚美优品CEO陈欧给"80后""打气"。阳光、朝气蓬勃、有激情，充满正能量，这是陈欧给人的印象，而这也正是他希望传达给"80后"的信息。

海外留学，斯坦福大学MBA毕业，海归创业……这些经历透露出陈欧的个性：不甘于接受安排，希望打出自己的一片天。他创立的聚美优品如今已成为众多女性欢迎的化妆品购物网站，他的创业梦想激励了众多同龄人。在天津卫视《非你莫属》节目中，陈欧以其阳光帅气的风格吸引了众多求职者，成为给观众留下深刻印象的嘉宾之一。

活着，就是为了改变世界

谈到创业的动力，陈欧跟记者说："以前在斯坦福大学，我们商学院有种风气：Change lives, Change organization, Change the world。也就是改变生活，改变组织，改变世界。这种风格深刻地影响了我，创业也正是为了实现这一目标。"

其实在更早之前，陈欧的创业理想已经萌芽。"大三大四，快毕业的时候，大家都在找工作，但是我真的不知道自己要做什么，我既不想继续读书，然后硕士、博士毕业之后再去找工作，那样按部就班的生活不适合我。互联网的创业故事激励了我，我也选择了创业。" 于是大学四年级时，陈欧仅靠着一台笔记本电脑，创办了一家在线游戏平台Garena，成功积累了第一桶金。

聚美优品无疑已经改变了人们的生活，而陈欧也希望通过自己的经历改变更多的人，给他们带去更多"正能量"。"我希望更多的年轻人都能参与到创业中来，一起去努力、奋斗，去创造价值。就像今天的聚美一样，每天有上百万用户上聚美买东西，给人们的生活带去更多的美，更多的便利。"

然而不是所有年轻人都适合创业，陈欧总结了创业需要具备的"三力"："一是魄力，因为创业需要勇气，你需要承担风险，需要狠下心做些别人不敢做的事；第二个是判断力，因为作为一个创业者、企业家，需要对企业方向做一个判断，一定要有正确的方向，才能避免整个公司犯下致命的错误。像我刚回国时做的是游戏业务，最后我转行过来做了化妆品电商，找对了方向；最后一个是领导力，这是最重要的一点。公司创始人需要团结很多人，整合很多资源。如果没有领导力，公司团队必然会一盘散沙，缺乏凝聚力，更谈不上创新，最后的失败就是必然的。"

特别在中国，创业环境与国外相比非常不同。"当初回国的时候，我们看中了一个在美国特别被看好的项目，但在中国就行不通。美国人创业可以轻松赚钱，感觉没什么难度，回国后却发现根本没钱赚。"中国的创业者需要经历更多的艰辛，其成功也更加来之不易。

尽管曾经经历重重困难，陈欧依然保持一颗阳光的心。"挫折不叫失败，它只是创业路上遇到的小插曲，是你路上的小石子，你可以把它踢开，也可以跨过去，只要不被绊倒就好。"

享受，并将创业进行到底

陈欧说："如果你说创业是为了造富，我不能认同。给你举个例子：我26岁从斯坦福大学毕业，如果毕业就去做金融，理论上我挣大钱的机会更多点。但我总是想着做点自己的事，而不是去打工，所以我大学时就做了一个叫Garena的游戏平台，回国之后又尝试做了一个游戏内置广告平台。"

"大学刚毕业的时候我们什么都没有，为创业吃了很多苦，但是在那种情况下，我都能把事情做成，所以后来当自己已经成长起来，有了更好的平台、更棒的团队和更多资源的支持后，还会怕啥呢？后面再创业，对我来说，就是一种享受。我是学IT出身的，所以我知道卖3C类电子产品其实就是在'卖货'，但化妆品就不一样了，是在卖'美丽'，并且这个市场潜力巨大。这不单单是一个数字生意，做化妆品市场，令我觉得自己是在做一个带有艺术性的感性的生意。我们的产品可以让别人更幸福，我自己也会觉得很快乐。做'美丽'的生意不仅自己会感到享受，也能让大众享受到美好。"

（案例摘自：聚美优品的创始人陈欧的创业故事［EB/OL］.（2013-09-09）［2021-01-26］.锦程物流网.有删改）

三、选择创业项目的可行性分析

创业机会有很多，但并非所有的创业机会都适用。作为大学生创业者，在创业初期掌握的资源往往不够多，也不够全面，因此，能够把握并利用的创业机会很有限。在这样的情况下，大学生往往对自己选定的创业项目有很多疑问，不确定自己千挑万选的项目是否能够获得市场青睐。在这样的情况下，对创业项目进行可行性分析对创业者来说就尤其重要。

可行性分析是指通过对项目的主要内容以及配套条件进行分析和研究，并最终对项目的开展、运行和效益产出等情况做出预测。通过可行性分析，创业者可以对创业项目有更深入的认识。

（一）什么是SWOT分析

SWOT分析的创始人是美国旧金山大学国际管理和行为科学教授海因茨·韦里克，该方法现在被广泛应用于战略制定领域。SWOT分析也叫态势分析（TOWS分析），即基于内外部竞争环境和竞争条件下的态势分析，就是将与研究对象密切相关的各种主要内部优势、劣势和外部的机会以及威胁等，通过调查列举出来，并依照矩阵形式排列，然后用系统分析的思想，把各种因素相互匹配起来加以分析，从中得出一系列相应的结论，而结论通常带有一定的决策性。运用这种方法，可以对研究对象所处的情景进行全面、系统、准确的研究，从而根据研究结果制定相应的发展战略、计划以及对策等。

S（strengths）是优势，W（weaknesses）是劣势，O（opportunities）是机会，T（threats）是威胁。按照企业竞争战略的完整概念，战略应是一个企业"能够做的"（即组织的强项和弱项）和"可能做的"（即环境的机会和威胁）之间的有机组合。其中S、W为内部因素，O、T为外部因素，所以通过SWOT分析能够很好地将企业内部资源和外部环境有机地结合起来。分析方式如图3.1所示。

图3.1　SWOT分析（态势分析）

1.优势

优势是指对创办企业有利的因素。如创办企业的资金充足、资源更丰富以及价格比同行更低、员工素质和技术更好等。

2.劣势

劣势是指对创办企业不利的因素。如知名度不如竞争对手、自己没有其他创业者的丰富阅历、促销方式不佳、产品类型少等。

3.机会

机会是指外部环境存在对创办企业有利的因素。如行业政策扶持力度加大、新市场、新需求、市场壁垒解除、竞争对手失误等。

4.威胁

威胁是指外部环境存在对创办企业构成潜在威胁的因素。如周边有新的企业加入、原材料价格上涨、新的竞争对手、替代产品增多、行业政策变化、客户偏好改变等。

（二）SWOT矩阵分析

从整体上看，SWOT可以分为两部分：第一部分为SW，主要用来分析内部条件；第二部分为OT，主要用来分析外部条件。利用这种方法可以从中找出对自己有利的、值得发扬的因素，以及对自己不利的、要避开的东西，发现存在的问题，找出解决办法，并明确以后的发展方向。根据这个分析，可以将问题按轻重缓急分类，明确哪些是急需解决的问题，哪些是可以稍微拖后一点的事情，哪些属于战略目标上的障碍，哪些属于战术上的问题，并将这些研究对象列举出来，依照矩阵形式排列，然后用系统分析的思想，把各种因素相互匹配起来加以分析，从中得出一系列相应的结论，而结论通常带有一定的决策性，有利于领导者和管理者做出较正确的决策和规划，如图3.2所示。

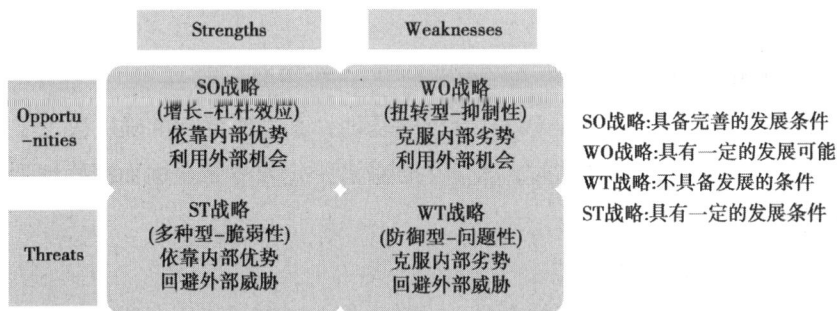

图3.2　SWOT矩阵分析

1.优势—机会（SO战略）

增长型战略是一种发展企业内部优势与利用外部机会的战略，是一种理想的战略模式。当企业具有特定优势，而外部环境又为发挥这种优势提供有利机会时，可以采取该战略。例如，良好的产品市场前景、供应商规模扩大和竞争对手有财务危机等外部条件，配合企业市场份额提高等内在优势，可成为企业收购竞争对手、扩大生产规模的有利条件。

2.劣势—机会（WO战略）

扭转型战略是利用外部机会来弥补内部劣势，使企业改变劣势而获取优势的战略。存在外部机会，但由于企业存在一些内部劣势而妨碍其利用机会，可采取措施先克服这些劣势。

3.劣势—威胁（WT战略）

防御型战略是一种旨在减少内部劣势，规避外部环境威胁的防御性战略。当企业存在内忧外患时，往往面临生存危机，要进行业务调整，设法避开威胁和消除劣势。

4.优势—威胁（ST战略）

多元化战略是指企业利用自身优势，规避或减轻外部威胁所造成的影响。如竞争对手利用新技术大幅度降低成本，给企业很大成本压力；材料供应紧张，其价格可能上涨；消费者要求大幅度提高产品质量；企业还要支付高额环保成本；等等。但若企业拥有充足的现金、熟练的技术工人和较强的产品开发能力，便可利用这些优势开发新工艺，简化生产工艺过程，提高原材料利用率，从而降低材料消耗和生产成本。另外，开发新技术产品也是企业可选择的战略。新技术、新材料和新工艺的开发与应用是最具潜力的成本降低措施，同时可提高产品质量，从而规避外部威胁影响。

通常，SO战略是指具备完善的发展条件，WO战略是指具有一定的发展可能，WT战略是指不具备发展的条件，ST战略是指具有一定的发展条件。

（三）创业项目可行性分析

大学生创业者运用SWOT分析法可以对创业项目进行整体全面的分析，方法简单易行且结论很有参考价值。运用SWOT分析法进行创业项目分析的程序主要包括以下四个步骤。

1.评估自身的优势和劣势

正确评估自身的优势和劣势是SWOT分析的基础，其完成度与准确度决定了分析结果的有效性。在进行优势和劣势评估时，大学生创业者一定要尽量全面而准确地列出所选项目尽可能多的优缺点。

2.找出面临的机会和威胁

找出机会和威胁是对外部环境的考量，大学生创业者应该将所有对企业经营有影响的因素都进行考量，并找出有利条件与不利条件。

3.评估创业项目的潜力

评估创业项目的潜力是指分析上面找出的各种条件，并且综合分析哪些劣势可以填补以及各种威胁的应对方法，最后评估这个项目的投入、成功率、产出等具体情况，判断其是否可行。

4.根据项目制订工作计划

在评估创业项目为可行的情况下，大学生创业者就需要考虑如何实现创业项目，包括组织人员、调度资源、寻找投资等，优势越大、机会越多的创业项目越容易取得成功。

"明势资本"创始人黄明明曾说过："在创业过程中，如果说压力，我认为选择什么不做是非常大的压力。因为在这过程中受到的诱惑太多了，每一个新的概念都可以做很大的东西。在商业上的策略不是决定做什么，而是决定不做什么。"

任务三　评估创业项目：市场效益双评估　理性决策更牢靠

所有的创业行为都来自绝佳的创业机会，创业是一个高难度、高风险、高不确定性的过程。从准备创业伊始，无论是投资人还是大学生创业者，都难免对自己选定的创业项目究竟是不是一个好的创业项目充满疑虑、百思不解。然而，毋庸置疑的是，无论创业者还是投资者都会对创业前景寄予极高的期待，对创业项目在未来所能带来的丰厚利润满怀信心。

如果大学生创业者能以比较客观的方式对创业项目进行评估，那么，创业成功的概率就可以因此而大幅提升。按照刘常勇教授提出的针对创业机会的评估准则，对创业项目从市场、效益两方面进行评估，同样能够作为大学生创业者评估创业项目投入的决策参考。

一、创业项目的评估准则

（一）市场评估准则

1.市场定位

一个好的创业项目必然具有特定的市场定位，既要专注于满足顾客需求，同时也能为顾客带来增值的效果。因此评估创业项目的时候，可依据市场定位是否明确、顾客需求分析是否清晰、顾客接触通道是否流畅、产品是否持续衍生等，来判断创业项目可能创造的市场价值。创业项目带给顾客的价值越高，创业成功的机会也会越大。

2.市场结构

针对市场结构可进行多项分析，包括进入障碍、供货商、顾客、经销商的谈判力量、替代性竞争产品的威胁，以及市场内部竞争的激烈程度。由市场结构分析可以得知创业项目未来在市场中的地位，以及可能遭遇竞争对手反击的程度。

3.市场规模

市场规模大小与成长速度也是影响创业项目成败的重要因素。一般而言，市场规模大者，进入障碍相对较低，市场竞争激烈程度也会略微下降。如果要进入的是一个十分成熟的市场，那么纵然市场规模很大，但由于已经不再成长，利润空间必然很小，便不值得项目投入；反之，一个正在成长中的市场，通常也会是一个充满商机的市场，所谓水涨船高，只要进入时机正确，必然会有获利的空间。

4.市场渗透力

对于一个具有巨大市场潜力的创业项目，市场渗透力（市场机会实现的过程）评估将会是一个非常重要的环节。明智的创业者选择在最佳时机进入市场，也就是在市场需求正要大幅成长之际已经做好准备，等着接单。

5.市场占有率

创业机会预期可取得的市场占有率可以显示创业项目未来的市场竞争力。一般而言，要成为市场的领导者，需要拥有20%以上的市场占有率。但如果一个新项目的市场占有率低于5%，则这个项目的市场竞争力不强，会影响未来上市的价值。

6.产品的成本结构

产品的成本结构也可以反映新项目的前景是否广阔。例如，从物料与人工成本所占比重、变动成本与固定成本所占比重，以及经济规模产量大小，可以判断一个新的创业项目创造附加价值的幅度以及未来可能的获利空间。

（二）效益评估准则

1.合理的税后净利

一般而言，具有吸引力的创业项目，需要能够创造15%以上的税后净利。如果创业预期的税后净利在15%以下，那么这就不是一个很好的创业项目。

2.达到损益平衡所需时间

项目应该在两年之内达到，如果三年还达不到盈亏平衡，通常评价为不值得投资项目。

3.投资回报率

考虑到创业面临的各种风险，合理的投资回报率应该在25%以上，而15%以下的投资回报率的项目通常评价为不值得投资项目。

4.资本需求

资本需求量较低的创业项目，投资者一般会比较欢迎，通常，知识越密集的创业项目，对资金的需求量越低，投资回报反而越高。

二、创业项目的评估指标

创业项目的评估指标主要包括企业未来的市场评估、产品与技术评估、项目投资规模评估、经营管理评估、财务评估、风险评估。建立客观、可操作、有前瞻性的评估指标体系，可以帮助大学生创业者全方位了解创业项目的各方面信息。创业项目评估的内容和指标见表3.1。

表3.1　创业项目评估指标体系

评估内容	评估指标
市场评估	市场需求量预测、目标人群收入水平、市场接受时间、市场竞争激烈程度等
产品与技术评估	替代产品、技术的先进性、技术的发展前景等
项目投资规模评估	需要的资金数量、生产规模、生产能力等
经营管理评估	经营规模、创业团队、员工技能等
财务评估	净利润增长率预测、销售收入增长率预测、投资回报率预测、内部收益率预测等
风险评估	财务风险、行业风险、退出壁垒等

另外，大学生创业者可以根据自身或行业特点，确定每一项评估内容的具体指标。对于一些定性的指标，大学生创业者要通过量表的形式将其进行定量化处理，给每个指标打分，然后再根据给出的权重计算出最后得分。优秀的创业项目通常具有表3.2所示的特征。

表3.2　优秀创业项目的特征

序号	特征
1	有比较优秀的掌舵人和能力互补的骨干团队成员
2	有独特的核心竞争优势和核心价值
3	发展规划及措施清晰、可行
4	股权结构清晰，主营业务突出，市场前景好
5	有创新的技术或商业模式
6	具有非常好的成长性
7	财务规划、盈利能力及现金流量表现良好

三、如何规避选择创业项目的误区

选择一个好的创业项目是大学生创业者创业成功的关键，那么在选择创业项目时，究竟该如何避免陷入误区，有效降低创业风险呢？

（一）要有成熟的心态

工作需要专才，创业需要全才。即使凭借自己的专业创业的人，在创业过程中也一定会接触到很多非本专业的问题，因此，当下定创业的决心时，创业者就要有成熟的心态，要有成为一个全才的准备。成为一个全才是创业者必须具备的素质，是创业成功的客观要求。这里所说的全才，是指大学生创业者身上肩负着多重责任，扮演着多重角色，这些角色分别是企业的代表者、目标的执行者、员工的培训者、各种问题的协调者、运营与管理业务的控制者、工作成果的分析者等。想要真正有所成就，非要眼观六路耳听八方，做个样样都能兼顾的全才不可，即使不是全才，也要树立成为全才的志向。有的大学生创业者以为自己当上老板以后就会很自由，不会像上班族那样有那么多的束缚，事实上，一个大学生创业者所要付出的时间、精力和所要承受的压力至少是一个普通上班族的三倍。一个真正白手起家的大学生创业者背后付出的艰辛和努力，普通人是无法体会的。

（二）不要盲目跟风

每年都会出现一些风口行业，如近年来热门的人工智能、无人超市等。面对这些热门行业，许多大学生创业者会盲目跟风，而不考虑自身是否适合这个创业项目。创业是一门大学问，看似热门赚钱的行业未必人人都做得来，创业项目本身并没有好坏之分，关键就在于适合不适合。大学生创业者在创业时一定要综合考虑各种情况，需要一心一意去做自己熟悉、懂行的行业，千万不要人云亦云，盲目跟风。

（三）用心分析用户

很多大学生创业者在创业时，没有去认真、仔细地分析用户和市场，所以无法判断自己的产品是否符合市场需求，是否是市场刚需。大学生创业者需要有目的地观察客户，并深入了解客户的消费需求，这样才能选择相应的创业项目来解决用户真实的高频痛点。因为需求是创业的导向，世界现代营销之父菲利普·科特勒曾说过："市场营销最简短的解释是，发现还没有被满足的需求并满足它。"成功的大学生创业者需要用心去分析用户，只要用心去发现，商机无处不在。正如有位企业家说的那样："看到了别人的需要，你就成功了一半；满足了别人的需求，你就成功了全部。"

（四）切忌贪大求全

对于大学生创业者来说，选择创业项目时切忌贪大求全。这里的贪大主要有两个含义：一是贪规模，也即尽可能地将摊子铺大；二是贪大利，也即尽可能地赚大钱。大学生创业者要根据自己的情况从小处入手，只要选择得当，小生意里也孕育着大商机。很多大学生创业者不顾自己的实际情况，一味地贪图大规模，但是自己又驾驭不了，陷入意想不到的困境，最终导致失败。须知小生意并不意味着没有发展潜力，很多知名的大集团都是从小生意做起来的。浙江省义乌市的小商品市场经营的都是跟人们日常生活息息相关的小物件，价格低廉，然而凭借鲜明的特色成为中国小商品重要的集散地。美国一家著名的自选连锁超市，最初也是从小镇上的一个"低价"自选商店开始的。无独有偶，美国的刷子大王艾富赖德·弗勒也是从经营8美分一把的小刷子而成巨富的。因此，不要因为生意小就觉得没有发展前景，只要经营得当，小生意也能赚大钱。

四、适合大学生的创业项目有哪些

（一）满足大学生学习和生活需求的产品和服务

大学生创业者对学生市场的需求应该是最为了解的，这是多数大学生开始创业时首先考虑的方向。创业者可以通过回顾自己在大学生活中遇到的问题或不满的地方，也可以通过调研在校大学生，了解大学生的各种重要需求，然后从中挑选出最适合自身资源的创业机会。做校园代理，是大学生常见的创业方式，如各类教育与培训，考研、专升本、考证、旅游、驾校等是与大学生切身相关的，而且这些业务的成本和风险也都比较低。

（二）特色零售模式或服务项目

零售和服务行业的进入门槛也不高，对资金、技术和团队的要求较低，服务的对象又非常广泛，随着消费需求的持续变化，商业机会层出不穷，每年都会有新的模式和新的企业迅速崛起，这一行业适合多数大学生创业。零售和服务行业最需要的就是商业模式和服务的创新，大学生创业者把自己的独特创意融入其中，就有可能开创出新的零售模式或特色服务项目，例如校园DIY、校园版"交换空间"等。

（三）网上开店或网络服务

"80后""90后""00后"的大学生对互联网非常熟悉，互联网上的创业机会也异常丰富。最普通的网上创业就是开网店，在淘宝网上注册账户卖自有产品或代销。例如，浙江省的义乌工商学院就非常鼓励甚至要求学生开网店进行网上创业。网上开店主要通过深入理解网上购物行为、合理规划产品的品类、高水平地展示产品、积极管理客户评价等方面来提高网店的利润。大学生还可以创造出有特色的网络服务，以低成本实现客户价值。

（四）处于同质商品阶段的小产品的品牌化经营

成熟行业给大学生的创业机会比较少，毕竟行业格局已经形成，只有一些零散型的产业才有创业的机会，例如那些处于商品化阶段的日常用品或农产品。这些小产品在行业内竞争层次很低，仅靠同质化的产品相同的价格很难做大企业和打造品牌，企业的利润也很微薄。大学生创业者需要转换经营思路，进行品牌化运作，提升产品档次，甚至加入一些创意元素。这类创业进入门槛比较低，风险也不高，需要大学生以高端化或回归自然的品牌运作方式从小产品中开发出大市场。

（五）提供个性化的产品或服务

现代消费者对产品或服务的个性化程度要求越来越高，收入水平的提高和市场需求的多样化为个性化产品或服务的需求提供了坚实的购买基础。"80后""90后""00后"消费者对个性化产品或服务的需求更高、更敏感，而这类产品创业成功的关键在于准确和快速地掌握市场需求，这为大学生开展个性化产品或服务的创业提供了天然的土壤。大学生创业者需要把握基于个性化需求的定位，还需要从商业模式上进行创新，在提供个性化服务的同时寻求规模化经营，并保持较低的成本。个性化的创新机会有可能通过将其他行业的特点引入新行业中，来满足客户的多重需求，甚至开发出全新的市场，形成新的商业模式。

（六）开发具有技术含量的新产品

大学生创业者可以开发出新产品，或以创新技术作为创业的关键资源，组建团队，成立公司来生产和销售创新产品（或提供技术服务）。新产品的开发是很难靠某个个人就成功的，它需要一个团队来协作开发，高校内一般以导师为核心的研究团队有可能开发出更高技术含量的新产品。创业者如果自身无法开发新产品，就要寻找可以合作创业的新产品开发者，这需要创业者与研发人员的能力互补。这种创业可以获得政府相关机构的大力支持，与政府产业扶持政策相关的战略性新兴产业和其他重点产业，更是有可能成为政府关注与扶持的重点。

【知识拓展】

美团王兴：中断留学归国创业，5次创业4次失败，现身价过百亿

有人说他是"国内最倒霉的创业者"，多次创业多次失败，还有人说他是"抄袭大王"，国外火啥他抄啥，然而，他却实现了很多人足不出户的梦想，他就是美团CEO王兴。

被保送至清华大学，中断留学归国创业

因为出身不同，每个人的思维方式、人脉都不同。先说王兴的出身，他其实是个"富二代"，这注定让他比一般人看得稳、看得深、看得前。1979年出生的他从小学习就非常好，中学被保送上清华大学，毕业获得全额奖学金，之后前往美国读书，所以有个段子是这样说的：王兴如果创业失败，就只能回家继承亿万家产了。2004年，王兴选择中断学业回国创业。他后来回忆说，当时除了想法和勇气外一无所有，除了同学外就没什么社会关系。

从多多友到校内网，收获创业后第一桶金

王兴归国之后，找到了一个大学同学、一个高中同学，三个人在"黑暗"中摸索着开干了。王兴做的第一个项目叫多多友，这是典型的社交性网站，之后又做了第二个项目叫游子图，这是一个有针对性的服务性网站，主要针对海外朋友，不过最终没能做起来。到了2005年的时候，王兴决定要专注于一块细分市场的大学校园SNS，他们研究和学习美国在这一方面的成功例子，最后综合之前在SNS领域的经验和教训，并结合国情开发出了校内网。王兴和他的创业伙伴很幸运，刚上线不久的校内网经过多轮推广后，便在2006年迎来了用户暴增，一时间用户数突破百万，可惜因为缺乏资金增加服务器和带宽，再加上国内同行对社交领域的趋之若鹜，王兴不得不以200万美元的低价将其卖给陈一舟，后来校内网更名为人人网，并在美国上市，最高市值为70多亿美元。

饭否网被迫关闭后，萌生创办美团的念头

凭借校内网挖到"第一桶金"之后，王兴的社交之心并未熄灭，他再次把所有精力投入饭否网的准备中，彼时饭否是国内第一家提供微型博客服务的网站，与推特类似，同时也被认为是微博的"鼻祖"。饭否网一经上线就得到年轻网络用户的追捧。有数据显示，仅2009年上半年，饭否用户数就从年初的30万激增至百万。然而当时谁也没有料到，命运

会再次跟王兴开了个"玩笑",因为平台上的一些不当言论,网站被迫关闭,在2018年网站彻底关停了注册服务功能,而饭否也真正成为老用户碎碎念的一片小天地。另外在2010年1月,王兴见饭否依然开张无望,开始萌发创建一个类似Groupon的念头,这成为后来美团的雏形。面对"总是模仿国外"的质疑,王兴大概的回答是,创业一开始要多尝试,快速试错快速获得反馈,从而找到有机会成功的项目,这就是王兴的创业方法论。那时候王兴可能没有想到,这个在国内最早的独立团购网站,最终会在千团大战中厮杀出来,并在兼并大众点评后,将业务扩展到更多边界。从2003年到2010年这段时间里,先后经历过几次创业失败的王兴,可谓是越挫越勇,在不断地摸爬滚打中积累了有效的管理和作战经验,以及一个铁打的创业团队。

"千团大战"开启,美团成为最后赢家

王兴在2009年年底准备做美团网的时候,就在内部阐述了"四纵三横"的理论,此前他一直在关注互联网营销模式发展,研究之后发现团购的互联网推广模式能够直接帮助他们带来交易,它属于完全按照效果付费。美团上线后不久,王兴就接到了红杉中国的电话,年底就获得对方的1200万美元A轮融资,他是美团当时唯一的投资人,当美团流水超过500万元的时候,腾讯也上线了一个团购网站,此外还有很多团购网接连上线。数据显示,从2010年年初美团上线到2011年年底,中国团购网站的数量就超过了5000家,行业淘汰的速度很快。一方面,他们在团购行业发起广告大战,疯狂在线下投放广告;另一方面,为了争取更多商户合作,团购行业开始做预付包销,这对美团的销售影响很大。但王兴没有与同行比激进,校内网资金链断裂,加上错过融资而卖给陈一舟的教训,让王兴刻骨铭心,所以美团把重心倾向网络营销,谨慎处理现金流和控制风险。这个时期的美团资金,花在开发移动端与其他系统上,用以减少销售管理和人力成本。王兴的判断是疯狂烧钱不理性,竞争不能持续太久,团购资本市场的冬天要到了。事实证明他的判断是正确的,最后美团成为千团大战后的幸存者之一,凭借强大的地推能力,它在2014年取得团购市场60%的份额。

"六顾杭州"收获大将,美团反超对手成行业第一

2011年7月正值"团购寒冬"之际,美团获得了由阿里领投的B轮5000万美元融资,拿到钱之后王兴干了一件前所未有的事,公示账户上6200万美元,证明自己能挺过可能长达两年的资本冰冻期。可以说在这一关键时刻,阿里的入资给王兴及美团带来了新的转折,对美团接下来的崛起起到了重要作用。王兴还因此"六顾杭州",从阿里收获一员大将干嘉伟。干嘉伟对美团的快速崛起起了很大作用,他一边调整美团的销售团队组织架构,一边制订销售管理制度。当时美团销售团队的城市经理基本都经历了换血。与此同时,大部分快速崛起的团购网站正在过冬,美团网再次召开城市经理大会动员反击,并迅速反超对手成为行业第一,2012年当年美团覆盖了全国160个城市,5月公布的销售额是3.8亿元。

与饿了么争夺市场,一战之后被封"铁军"

美团崛起之后,王兴对它的定位不再是简单的团购网站,而是要做国内最大的服务类电子商务平台，于是，一开始带有实验性质的猫眼电影和美团酒店孵化出来，后来这两项业务都做到了各自领域的头部地位。在猫眼经验的基础上，王兴打算扩充更多新的业务，而外卖是他们经过考察之后，最贴合美团现有生态的行业。当时有实力的竞争对手也不多，饿了么算是做得最大的，就此两家开启了针对外卖市场的争夺战。虽然美团进军外卖比饿了么晚好几年，但因为外卖与团购在餐饮商家那里有着天然的互补性，所以美团外卖在2014年大力推广，平均1.5天开拓一个城市，与饿了么主做一、二线城市不同，它专攻还没有被对方"看上的地方"，并借此以迅雷不及掩耳之势快速跑马圈地，让饿了么措手不及。面对如此迅猛的美团，对手大众点评向饿了么战略投资8000万美元，美团则再次获得3亿美元C轮融资，就这样，美团一边打饿了么一边打大众点评，同时还在不断扩充新的产品线，最终在2014年创造了460亿元人民币的交易额，这一成绩比2013年多了将近300亿元人民币，也因此圈里把美团的人称为"铁军"。

被人质疑美团无边界，却用事实证明了自己

2015年美团完成D轮7亿美元的融资，估值达到70亿美元，也就是在这一年，美团与大众点评合并，2018年市值突破500亿美元后，终于在香港上市，创始人王兴的身价也飙升至58亿美元，摇身一变成为顶级富豪，而合并后的美团已经是O2O领域当之无愧的巨头，于是王兴把精力放到了对其他业务的探索上。很多人曾诟病说美团的业务没有边界，其实是因为在创始人王兴眼中，美团的每一项业务都可以为用户创造价值，满足用户日常生活的需求。回顾王兴过去的创业史，他从2004年到2010年多次失败，很多人因此说他是"国内最倒霉的创业者"，但他用事实证明了自己真的可以。

2020年他更是以530亿元人民币财富名列胡润全球富豪榜第262位，王兴坚持认为美团要做的是拥抱变化，甚至成为变化本身，所以他的创业路从未停下。

（案例摘自：美团王兴：中断留学归国创业，5次创业4次失败，现身价过百亿［EB/OL］.（2020-08-31）［2021-01-26］.知知谷创业网.有删改）

小贴士

方向比努力更重要，选择比努力更重要。创业找准方向比一切都重要。因为如果方向不对，选择的目标不对，那么一切努力都白费。切勿"南辕北辙"。

课堂活动

运用SWOT分析法分析创业项目

活动方法：分小组活动，每个小组自行寻找一个创业项目并且使用SWOT分析法来分析项目。

活动形式：分组活动，每个小组5~8人为宜。

活动规则：每个小组在课下自行准备一个创业项目，然后在课堂上，各小组交换创业项目，并使用SWOT分析法对自己手中的创业项目进行分析，通过SWOT矩阵分析，评估自己手中项目的优势和劣势，找出面临的机会和威胁，评估创业项目的潜力，并且根据项目制订出初步的工作计划。每个小组选一名代表对本小组的创业项目SWOT分析进行综合阐述。

注意事项：

1.必须给出确切的分析结论，即该项目可行或不可行；

2.准备的创业项目应该尽量翔实，给出创业项目的受众、投资、技术要求、经营周期、资源需求、人力需求等要素；

3.在进行SWOT分析时，除了依据创业项目提供的材料，还可以在网络上查找其他有关信息作为补充。

✐ 本章小结

1.创业机会有隐蔽性、偶然性、时效性、抢先性四个特征。创业机会主要来源于五个方面：从问题中挖掘机会，在变化中把握机会，从竞争中发现机会，从创造发明中捕捉机会，从新知识、新技术中获得机会。影响创业机会识别的因素主要有先前经验、认知因素、社会关系网络、创造性、社会环境。创业机会的识别方法主要有头脑风暴、"新眼光"调查、系统分析、问题分析、顾客建议、创造需求。

2.创业项目的五项基本原则，五条基本标准，项目可行性可以通过SWOT矩阵分析来辅助决策。

3.创业项目评估主要通过市场评估和效益评估。创业项目有其自身的评估指标，大学生要学会规避项目选择误区，选择适合大学生的创业项目进行创业。

【课后阅读】

马化腾与QQ帝国

现在QQ已经成为很多人打开电脑首先要打开的程序，它改变了数亿人的沟通习惯，创造了一种网络时代的文化，引领出了一种新的盈利模式。而QQ背后的腾讯公司，不得不让我们提起腾讯CEO马化腾。那么马化腾是如何通过QQ这个小企业把腾讯搞活的呢？一起来了解一下他的创业故事……

网络玩家

1984年就随父母从海南来到深圳的马化腾曾经很喜欢天文，但那毕竟有些遥远。当计算机出现在他面前的时候，他的生活中便有了新的主宰。在深圳大学读计算机专业的时候，马化腾的计算机水平已令老师和同学刮目相看，他既是各种病毒的"克星"，能为学校的PC维护提供不错的解决方案，同时又经常干些将硬盘锁住的恶作剧，让学校机房管理员哭笑不得。

创业征途

1993年从深圳大学毕业后，马化腾进入深圳润迅公司，开始做软件工程师。1997年，马化腾第一次认识了ICQ。一见面，他便被其无穷的魅力所吸引，就立即注册了一个号。可是使用了一段时间，他觉得英文界面的ICQ在中文用户中想推广开来不是一件容易的事儿。于是他想，自己能否做个类似于ICQ的中文版本工具呢？

1998年11月，马化腾与同学张志东合作，在深圳注册了深圳的腾讯计算机系统有限公司，决定开发一个中文ICQ软件。从此，他踏上了创业征途。

差点卖掉

新一轮创业的开始跟其他刚开始创业的互联网公司一样，资金和技术是腾讯最大的问题。"先是缺资金，资金有了软件又跟不上。"1999年年初，腾讯开发出第一个"中国风味"的ICQ，即腾讯"QQ"，受到用户欢迎。

在马化腾为资金犯难的时候，他有了要把QQ卖掉的想法，先后和四家公司谈判，都以失败告终，马化腾只好四处去筹钱。

1999年下半年，从美国到中国，互联网开始升温，受昔日老友丁磊海外融资的启发，马化腾拿着改了6次的版本、20多页的商业计划书开始寻找国外风险投资，最后碰到了IDG和盈科数码，他们给了QQ 220万美元的投资。

从此，新的一轮创业开始。截至2004年9月，腾讯QQ总注册用户数为3.55亿，活跃用户数1.19亿，QQ最高同时在线730万，QQ游戏最高同时在线78万，跃居中国第一大休闲游戏门户。

专注做事

马化腾的成功，有人总结原因说是运气太好。而马化腾总结说，是对QQ的专注成就了今天的自己。"他是一个专注的人"，几乎所有业内伙伴提到这位老板，都会用"专注"这个词。5年来，腾讯都在做而且只做完善和规范QQ服务的工作，是国内唯一专注从事网络即时通信的公司。

马化腾每天大部分时间都在网上，他上网只有一个目的，在互联网的犄角旮旯里发掘新的商机。QQ秀就是他在网上觅到的一块肥肉。偶然一次，马化腾发现韩国推出了一种给虚拟形象穿衣服的服务，马化腾觉得这个很有意思，就把韩国的那套东西给学过来，搬到了QQ上推广尝试。

他同时找一些著名的手机和服装公司，例如诺基亚和耐克等国际知名公司，让他们把自己最新款的产品通过QQ秀供用户下载。QQ秀有这些公司提供服饰设计、手机等多种产品，很快风靡了Q族的世界，而腾讯没有为QQ秀的服装、饰品花费任何"银子"。

马化腾说，这一块业务的增长很快，已有超过40%的用户尝试了购买。马化腾盘算，如果每个用户愿意花1~2元的话，仅QQ秀收入就不敢想象。马化腾那独到眼光又一次为腾讯挣到了钱，2004年前三季度，腾讯盈利达到3.28亿元。

三问自己

马化腾的经营哲学是："三问自己。"这点，"80后"创业者或许可以从中学习到点什么。

一问：这个新的领域你是不是擅长？他的竞争对手多半对商务、利润、资本感兴趣，却不一定能把握客户的真正需求；而马化腾凭着对网络市场一种朦胧却又相当有预见性的理解，用近乎偏执的兴趣和近乎狂热的工作热情搭起腾讯的架子，牢固坚持以技术为核心的公司理念，专注于技术开发和提升质量，当然能高出对手一筹。

二问：如果你不做，用户会损失什么吗？做软件工程师的经历使马化腾明白，开发软件的意义就在于实用，而不是写作者的自娱自乐："其实我只是个很爱网络生活的人，知道网迷最需要什么，所以为自己和他们开发最有用的东西，如此而已。"

三问：如果做了，在这个新的项目中自己能保持多大的竞争优势？1999年下半年，腾讯在网络寻呼系统市场上越做越大，淘到大桶"金银"，然而，也面临着重大选择：一方面寻呼行业在走下坡路；另一方面，腾讯的QQ用户数达到了100万，而且还在迅猛增长。

早先，QQ只是作为公司的一个副产品存在的，马化腾对QQ所蕴含的巨大市场价值并没有足够的认识。而且无论从技术上还是资金上，他对自己究竟能保持多大的竞争优势并没有把握。

当时，腾讯所采取的策略是"三管齐下"：一方面，继续巩固传统网络寻呼系统带来的大量利润；另一方面，将精力更多地集中在改进QQ功能和开发新版本上；再一方面，寻找风险投资的支持。事实证明，这样的策略是正确的。

马化腾用QQ改变了中国人的生活，让人们在不需要任何费用的情况下，可以即时与全世界的人交流，这就是QQ的神奇。从深圳大学毕业后，他做了5年工程师，开阔视野，积累资源，然后抓住了机遇，引进国外的聊天版，改为QQ，从此中国人就与QQ结下了不解之缘。他用自己的经历告诉我们，小坚持也可以孕育大事业，执着于某一个目标，专注于某一件事，机会一定会属于你。

（案例摘自：张兴军.马化腾和他的腾讯帝国［J］.中国经济信息，2015（12）：58-63.有删改）

项目四
组建创业团队

04

【学习目标】

★ 了解什么样的创业团队是优秀创业团队。

★ 掌握如何组建创业团队。

★ 了解创业团队的管理技巧和策略。

【导学案例】

大学生黄恺的创业之路——《三国杀》

黄恺，福建福清人，父母均是卫生学校的老师，2008年他毕业于中国传媒大学动画学院游戏设计专业。他于2006年10月首次在淘宝网上卖《三国杀》，于2008年1月正式发行。2月29日，《福布斯》中文版首度推出"中美30位30岁以下创业者"名单，他以《三国杀》游戏创始人身份名列中国榜。

与许多"80后"男生一样，谈起小时候玩过的游戏，黄恺如数家珍。但与同龄人不同的是，黄恺从小就不满足于遵循游戏的既有规则，而是想对游戏进行改造，想方设法地在游戏中展现自己的想法，使其更具可玩性。小学四五年级时，他便自己手工绘制角色小纸牌，让周围的同学一起参与游戏中。

他说自己从小就不喜欢被动："玩游戏如果只是跟着它的设定去玩，那会觉得很被动，我不喜欢那种感觉，所以会去自己设计。"

读大一时，黄恺接触了在国外已经有五六十年发展历史的桌游，加上当时国内非常流行"杀人游戏"，他就有了自己的想法：设计一款"不插电"的游戏，让人面对面交流，而不是像电子游戏一样紧握鼠标、盯着屏幕。

至于怎样"灵光一现"，有了用三国人物作为游戏人物的念头，黄恺说，自己都很难说清楚，因为灵感总是很难琢磨的。不过，他从小就喜欢三国故事，熟读《三国演义》《三国志》等，他明白三国故事肯定是游戏的好题材。

在读大一的黄恺花了一个晚上的时间，借用一款名叫《三国无双》的日本游戏的图片，用电脑重新制作，并根据三国人物的性格，制定了游戏的规则。第二天他拿到打印店打印出来，这就是《三国杀》卡牌最初的"胚子"。在以后的3年多时间里，从重新设计图画到修订游戏规则，这套卡牌被不停地改版。

2004年，黄恺参加高考。父母一度想让他去学医，但他的眼里只有画画和游戏。最终，他考取了中国传媒大学动画学院游戏设计专业。

2006年夏天的某一天，黄恺跟朋友去北京一家老外开的"桌游吧"玩"杀人"游戏——这个经典桌游当时刚刚在国内兴起。黄恺玩得津津有味并深受启发，他想借鉴类似原理亲手编个游戏出来，创作冲动强烈。2006年10月，大二的黄恺开始在淘宝网上贩卖《三国杀》，没想到大受欢迎。

2008年，黄恺大四，第一套手绘制作的龙版《三国杀》设计出来了，黄恺和朋友杜彬一起成立公司"游卡桌游"，这算是创业的开始。关于黄恺的创业故事，后半段都还好，2009年6月底《三国杀》成为中国被移植至网游平台的一款桌上游戏，2010年《三国杀》正版桌游售出200多万套。

最开始纠结的点在于要不要来做这个行业，毕竟黄恺是以开拓者的身份在做一个从来没有人涉足的领域。以公司化形态运作后各种麻烦接踵而至，黄恺和朋友杜彬都是新人，关于这个产业、宣传推广、市场公关都是一家家去跑，开发部门也是，每个人都要做很多份工作。氛围倒是其乐融融，大家也乐在其中，那是最有创业感觉的时候。

黄恺还没看过《中国合伙人》，一直想去看。"不要和最好的朋友一起开公司"这句话黄恺觉得有点道理，但从黄恺和杜彬的情况来看，说实话不算是最好的朋友而且这种关系也会不断发生变化。黄恺和杜彬对桌游对创业都有共同的认识，这让黄恺和杜彬能成为合伙人，现在黄恺和杜彬是工作和友情的关系，在其他方面会分得很开，君子之交淡如水。

粗略估计，《三国杀》迄今至少给黄恺带来了几千万元的收益，并且随着《三国杀》牌品的发展，收益还将会继续增加。

（案例摘自：黄恺.《三国杀》的创业故事不算太苦［EB/OL］.（2017-05-10）［2021-01-22］.搜狐网.有删改）

> **思考与讨论**
>
> 近些年，创业一直比较火，有失败者，有成功者，黄凯属于后者。通过这个案例，请思考：黄凯创业成功的因素有哪些？黄凯的创业团队优秀吗？黄凯的创业团队有哪些特征？

任务一 一个好汉三个帮：什么样的创业团队是好团队

对创业来说，团队的重要性不言而喻。荷花虽好，也要绿叶扶持。一个篱笆打三个桩，一个好汉要有三个帮。然而大多数创业者却没有认识到这一点，尤其是大学生们，觉得只要项目好、壁垒强、容量够大那就有人愿意往里投钱。但是事实上并非如此，再好的项目、再好的产品始终要人来运作。所以在整个创业过程中，创业者需要做的就是构建一个和他步调一致的团队。

一、什么是团队

团队是由两个或者两个以上的个人组成，通过大家的相互影响、相互作用形成的，在行为上有共同规范的一种介于组织与个人之间的组织形态。其重要特点是团队成员在心理上有一定的联系，彼此之间能发生相互影响。

团队的类型一般有三种，问题解决型团队、自我管理型团队、多功能型团队。威廉斯还归纳出团队与工作队的区别，主要是在期望值方面的区别，在沟通方面的区别，在运行方法上的区别，在亲近程度的区别。

二、什么是创业团队

创业团队是为进行创业而形成的集体。它使各成员联合起来，在行为上形成彼此影响的交互作用、在心理上意识到其他成员的存在及彼此相互归属的感受和工作精神。这种集体不同于一般意义上的社会团体，它存在于企业之中，因创业的关系而连接起来却又超乎个人、领导和组织之外。

三、创业团队的类型

从不同的角度、层次和结构，创业团队可以划分为不同类型，而依据创业团队的组成者来划分，主要分为以下三种类型。

（一）向心型创业团队

向心型创业团队一般是在一个核心人物有了创业的想法后，根据设想建设的创业团队，主导人物在组织中的行为对其他个体影响巨大。

（二）网状创业团队

网状创业团队成员一般在创业之前都有密切的关系，比如同学、亲友、同事、朋友等。他们在交往过程中，共同认可某一创业想法，达成共识后一起创业。在创业初期，没有明确的核心人物，大家根据自己的特点进行自发的组织角色定位，各位成员基本扮演的是协作者或者伙伴角色。

（三）家族式创业团队

在全世界90%以上的小企业有80%是家族企业，甚至在《财富》杂志排名前500家的大企业中，就有1/3由某个家族控制。家族式团队是一种团结、利益一致、有着共同向心力的团队。

向心型创业团队、网状创业团队、家族式创业团队的具体特点见表4.1。

表4.1　各类型团队特点

团队类型	特　点
向心型创业团队	1.决策程序相对简单，组织效率较高 2.容易形成权力过分集中的局面，从而使决策失误的风险加大 3.当其他团队和主导人物发生冲突时，因为核心主导人物的特殊权威，其他团队成员在冲突发生时往往处于被动地位，在冲突较严重时，一般都会选择离开团队，因而主导人物对组织的影响较大

续表

团队类型	特　点
网状创业团队	1.团队没有明显的核心，整体结构较为松散 2.组织决策时，一般采取集体决策的方式，通过大量的沟通和讨论达成一致意见，决策效率相对较低 3.团队成员在团队中的地位相似，所以容易在组织中形成多头领导的局面 4.当团队之间发生冲突时，一般都采用平等协商、积极解决的态度消除冲突，团队成员不会轻易离开。但是一旦团队成员间的冲突升级，使某些团队成员撤出团队，就容易导致整个团队的涣散
家族式创业团队	1.在团队里更多的是亲情，是专制，民主的成分相对较少 2.家族式团队尊重长者，经常出现一个人说了算的情况 3.创业时期，创业者能够以较低的成本迅速网罗人才，团结奋斗，甚至不计较报酬，从而使企业能在短时间内获得竞争优势 4.内部信息沟通顺畅，对外部市场信息反馈及时 5.难以得到优秀的人才，在某种程度上制约其迅速发展

总体来说，成功创业的前提是拥有一个核心的创业团队。创业者可根据自身的实际情况，建设富有凝聚力的创业团队。

四、搭建创业团队必备知识

创业一直是近些年比较火热的，而结果只有两种，一个是失败，一个是成功。其中创业团队在成功或者失败的结果里起着很大的作用，因此，搭建一个好的创业团队非常重要。

（一）创业团队需要考虑的要素（表4.2）

表4.2　创业团队所需要素

要素名称	要素简介
目标（Purpose）	团队应该有一个既定的目标，为团队成员导航，知道要向何处去，如果没有目标，这个团队就没有存在的价值
人（People）	人是构成团队最核心的力量，2个（包含2个）以上的人就可以构成团队。目标是通过人员具体实现的，所以人员的选择是团队中非常重要的一个部分。在一个团队中可能需要有人出主意，有人制订计划，有人实施，有人协调不同的人一起工作
定位（Place）	团队的定位，团队在企业中处于什么位置，由谁选择和决定团队的成员，团队最终应对谁负责
权限（Power）	团队当中领导人的权力大小与团队的发展阶段相关，一般来说，团队越成熟领导者所拥有的权力相应越小，在团队发展的初期阶段领导权是相对比较集中的
计划（Plan）	目标最终的实现，需要一系列具体的行动方案，可以把计划理解成目标的具体工作的程序

（二）创业者可能的融资渠道

很多大学生都喜欢能够自主创业，在商海中拼出一条血路，但是苦于缺乏资金。古语有云"一文钱难倒英雄汉"，更何况是创业所需要的成本。任何创业都需要成本，即使最少的启动资金，也是一笔不小的开支。目前国内为创业者提供的融资渠道见表4.3。

表4.3　创业融资渠道

融资渠道	特　征
银行贷款	银行贷款被誉为创业融资的"蓄水池"，在创业者中很有"群众基础"。它是指银行根据国家政策以一定的利率将资金贷放给资金需要者，并约定期限归还的一种经济行为。一般要求提供担保、房屋抵押、收入证明、良好的个人征信才可以申请
风险投资	风险投资是一种高风险高回报的投资，风险投资家以参股的形式进入创业企业。风险投资比较青睐高科技创业企业
民间资本	民间资本就是民营企业的流动资产和家庭的金融资产。它的投资操作程序较为简单，融资速度快，门槛也较低
融资租赁	融资租赁是指出租人根据承租人对租赁物件的特定要求和对供货人的选择，出资向供货人购买租赁物件，并租给承租人使用，承租人则分期向出租人支付租金。即是一种以融资为直接目的，表面上看是借物，实质上是借资，以租金的方式分期偿还的信用方式
科技小贷	科技小贷通过"股权＋债权"的模式，为处于初创期或成长期的中小型科技企业提供融资支持，助力其快速发展

（三）优秀创业团队的特征

1. 领导者富有魅力

对于创业企业而言，创业团队的实力、团队精神直接影响创业的成败。一个合格的创业团队，应该相互协作，共同承担风险，但绝不能出现太多的领导者，否则在执行的过程中，很有可能会出现决策上的冲突，甚至出现各种各样的问题，只会让实际效果与美好的初衷背道而驰，更有甚者，还会导致公司的破裂。这就要求公司领导者不宜过多，并且要求领导者有魅力。

2. 团队具有凝聚力

团队也就是一个整体，既然是整体，成败并非个人的事情，团队中的每一个成员都必须要同甘共苦，经营成果能够公开且合理地分享，这样团队就会形成坚强的凝聚力与一体感。团队中的每一个成员都应该将团队的利益放在首位，凌驾于个人利益之上，而且充分认识到，个人利益是建立在团队利益基础上的，愿意牺牲短期利益来换取长期的成功果实，将利益分享放在成功后。

3.拥有打败恶意竞争者的经验

不可否认，任何一个行业，都会存在竞争，在激烈的市场角逐中，创业者必须要勇敢地面对那些希望彻底打败你的人，不仅要检测到这些信息，还要推动员工闯过这些充满竞争的战场，让员工在此战场中得到一定的锻炼。

4.团队顾全大局

创业团队必须要顾全大局，服务于大局，因为团队中所有长远的目的都是一致的，成员都希望创业能够成功，都希望公司能够发展得越来越好。因此，若发现公司有不合适的人，一定要让其离开，因为如果他不离开，那就不是服务于大局，他的存在必然会影响大局，给创业企业发展带来负面影响。

5.团队成员相互信任

团队成员之间最重要的就是信任，团队能力大小受团队内部成员信任程度的影响。任何一个团队，由于团队中每个人的性格、教育背景、生活环境等的不同，在工作中会有不同的分歧，但即便如此，创业者依然要鼓励团队成员表达自己的意见，大胆提出一些可能产生争议或冲突的问题，在团队创建之初就应当让成员彼此之间建立信任。

（四）投资者青睐的团队特点

PE（Private Equity，私募股权投资）界有一句十分流行的话，投资只有三个标准：第一是人，第二是人，第三还是人。投资就是投人，投团队。但什么样的团队更受到PE的青睐，却是见仁见智，没有统一标准。千里马常有，伯乐不常有，在投资界要找到怀抱资金、面带微笑的天使太难，而在芸芸众生中要找到可以托付的创业者也不容易。投资的时候，PE们最看重却也是最看不透的，就是企业的管理团队。

总结过往的投资案例，成功的创业团队往往存在很多共性，主要包括以下三点：

1.投资胸怀宽广的人

胸怀有多广决定了事业有多大，大气的人往往凝聚力强，能团结一批人才在自己的周围，从而能更好地成就自己的事业。投资者喜欢管理团队在一起工作过3至5年以上，而且管理团队不断有新的人员加入，创始人能把10%～20%的股份分给核心管理层。例如柳传志在联想初创期，为了留住技术骨干、核心人员，将最好的住房、最好的车子让给他们，以其不争，得成其业。任正非在华为内部实行期权制，将股权分散到团队中，自己持有的股权最后只有4%。

2.投资执着专注的人

放眼世界500强，寿命在50年以上的企业比较少，百年老店就更难了。PE最怕创业团队今天做这个，明天想那个，缺乏专注和专业性，容易受外界的诱惑。在复杂多变的环境下，每家企业都一直面临生存压力，因此，不执着专注，企业很难有长远发展。陈天桥的盛大、马化腾的腾讯，在创业初期都不顺利，多次面临生死困境、举步维艰，马化腾甚至曾有出售腾讯的计划。因为他们执着、坚持，最终还是取得了成功。

3.投资有责任心的人

所谓责任心，就是注重自己的品牌和声誉。特别是做任何决策时都要有"做老板的责任"，审慎、不轻率，表里如一，言行一致，确定了目标努力去达到，不轻言放弃。有些创业者，在税收、社保以及经营上完全按照法律规范来做，与某些偏执于追逐利润的企业形成鲜明的对照。问其理由，创业者的答复很简单，自己的命运要掌握在自己的手中，一旦破坏了声誉，后面的成本会更大，修补也更难。

【知识拓展】

唐僧团队

唐僧团队原来是指《西游记》中的唐僧团队，这个团队最大的好处就是互补性，领导有权威、有目标，有坚定的毅力，这个团队是个非常成功的团队，虽然历经九九八十一难，但最后修成了正果。一个坚强的团队，基本上要有四种人：德者、能者、智者、劳者。德者领导团队，能者攻克难关，智者出谋划策，劳者执行有力。

1.德者居上

唐僧是一个目标坚定、品德高尚的人，他受唐王之命，去西天求取真经，以普度众生，广播善缘。

要说降妖伏魔，他没有这个本事，但为什么他能够担任西天取经如此大任的团队领导？关键在于唐僧有三大领导素质：

（1）目标明确

作为一个团队领导，能够为团队设定前进目标，描绘未来美好生活是必要素质。领导如果不会制订目标，肯定是个糟糕的领导。唐僧从一开始，就为这个团队设定了西天取经的目标，而且历经磨难，从不动摇。一个企业，也应选择这样的人做领导，团队的领导本身就是企业文化的传承者和传播者，只有他自己坚定不移地信奉公司的文化，以身作则，才能更好地实现团队的目标。

（2）以权制人

如果唐僧没有紧箍咒，估计早被孙悟空一棒打死，或者使唤不动他。这也是一个领导的必备技能，一定要树立自己的权威，没有权威，也就无法成为领导。但是唐僧从来不滥用自己的权力，只有在大是大非的时候，才动用自己的惩罚权，这对企业领导也是有借鉴意义的，组织赋予的惩罚权千万不要滥用，奖励胜于惩罚，这是领导艺术的基本原理。

（3）以情感人

最初的时候，孙悟空并不尊重唐僧，老觉得这个师傅肉眼凡胎、不识好歹，但是在历经艰险后，唐僧的执着、善良和对自己的关心也感化了孙悟空，让他死心塌地保护唐僧。作为一个团队领导，情感管理也是非常重要的，尤其在中国文化的大背景下。中国人往往是做生意先交朋友，先认可人，再认可事，对事情的判断主观性比较大。所以在塑造团队精神的时候，领导一定要学会进行情感投资，要多与下属交流、沟通，关心团队成员的衣食住行，塑造一种家庭的氛围。

总的来说，作为企业领导，要用人唯能，攻心为上，目光如炬，明察秋毫，洞若观火，高瞻远瞩，有眼光就不会犯方向性的错误。

2.能者居前

孙悟空可称得上是老板最喜欢的职业经理人，之所以说老板最喜欢，不是因为孙悟空没缺点，很优秀，而是因为他能力很强，但有缺点。这才是老板最应该用的人才，为什么？假设一个人能力很强，人缘很好，理想又很远大，这样的人往往不甘人下，或者直逼领导位子，很容易另起炉灶。

孙悟空有个性、有想法、执行力很强，也很敬业、重感情，懂得知恩图报，是个非常优秀的人才。

但这样的人才如何才能留住他，如何提升他的忠诚度，这要靠领导艺术，靠企业文化。在《西游记》中，孙悟空被唐僧赶走过两次，第一次是刚刚认识不久，孙悟空打死了几个强盗，遭到唐僧斥责，结果孙悟空一生气，自己走了，但后来在东海龙王那里，看了一幅画，说的是张良三次为黄石老人桥下拾鞋，谦恭有礼，后被黄石老人授以天书，成就了张良传世伟业的故事，老龙王说："你若不保唐僧，不尽勤劳，不受教诲，到底是个妖，休想得成正果。"孙悟空一盘算，觉得有道理，自己被唐僧搭救，而且还可以变妖为仙，自己怎么能这么轻率地就走了呢？所以后来他又回到了唐僧身边。第二次被赶走是三打白骨精后，唐僧决意不能留他，悟空无奈，只好离去，但"止不住腮边泪坠，停云住步，良久方去"，他已经心系唐僧，一听说师傅有难，马上不计前嫌，重新回到团队中去，还要在东海里沐浴一下，生怕师傅嫌弃他。

规矩是权威，唐僧如果没有了权威，估计孙悟空早不把他放在眼里了。同样地，企业的制度也要有权威，制度的执行一定要严格，不管刚开始推行的时候有多少阻力，但只要坚决执行，逐渐就会形成一种氛围与文化，让大家自觉地去遵守。

但制度的力量是有限的，制度只能让员工不犯错，但要让员工有凝聚力，与企业同心同德，还要靠情感，所谓以"德"施政，唐僧就是靠他的情感管理，用他的执着和人品感化了孙悟空。

没有修成正果的目标和愿景，孙悟空也许中途就回去了；没有师徒的情分，估计孙悟空也不会这么卖命；当然，如果没有偶尔的紧箍咒，也许悟空早酿成大错。

但孙悟空这样的员工只能是一个好员工，不能成为一个好领导，什么意思呢？孙悟空最大的乐趣是降妖伏魔，常说"抓几个妖怪玩玩"，这是一种工作狂的表现，他不近女色、不恋钱财、不惧劳苦，在降妖伏魔中找到了无限的乐趣。但是他天性顽皮、直言不讳，经常把玉皇大帝、各大神仙都不放到眼里，注定他无法成为一个卓越的领导。

但作为一个团队的成员，有了唐僧，就不需要孙悟空有领导能力，否则唐僧的地位肯定要被动摇。这也就是为什么团队成员的选择要非常慎重，要能够优势互补、能力互补、个性互补。

孙悟空的另外一个缺点就是爱卖弄，有了业绩也就在别人面前显摆，而且得理不饶人，这显然也影响了他继续发展的可能。作为领导，一定要非常清楚下属的优缺点，量才而用，人尽其才。

3.智者出谋

猪八戒虽然总是开小差，吃得多、做得少，时时不忘香食，但是在大是大非上，立场还是比较坚定，从不与妖精退让妥协，打起妖怪来也不心慈手软；生活上能够随遇而安，工资待遇要求少，有得吃就行，甭管什么东西，而且容易满足，最后被佛祖封了个净坛使者，是个受用贡品的闲职，但他非常高兴，说"还是佛祖向着我"。更为重要的是，他成为西天枯燥旅途的开心果，孙悟空不开心了，就拿他耍耍，有些脏累差的活，都交给他，他虽有怨言，但也能完成。如果没有猪八戒，这个旅途还真无聊。另外，猪八戒的另外一个优点就是对唐僧非常尊敬，孙悟空有不对的地方，他都直言不讳，从某种程度上也增加了唐僧作为领导的协调和管理作用。

但是猪八戒的不足是经常搬弄是非，背后打小报告。另外，在忠诚度方面也差，尤其是刚加入取经团队的时候，动不动就要散伙走人，回高老庄娶媳妇，一点佛心都没有，而且影响了团队的团结和睦。

之所以说猪八戒是个智者，完全是站在当今社会的角度而言的。现代社会，员工的压力都很大，如何做一个快乐的人，就要用到猪八戒的人生哲学了。当然，八戒的人生哲学，只是我们在遇到挫折失败时的一种自我解脱，不能成为自己的主流价值观。

（1）不要强求

佛曰，人有七苦：生、老、病、死、怨憎、别离、求不得。每一种苦都让我们伤心欲绝，但我们能否就此一蹶不振呢？当然不能，这就要学习猪八戒的处世哲学了。八戒由仙贬妖，而且还成了猪妖，可谓人生不顺，但他过得很快乐。经理人有时在职位、薪酬等个人发展上不得志是难免的，要学会解脱，不要过于强求，这是人生一大智慧。

（2）不要压抑

工作中压力大，上有领导，下有员工，外有工作，内有家庭。要工作、生活，有的还要边读书，边供房、买车，中国人的压力本来就比较大，所以要学会自己找乐。八戒压抑不压抑？不但没了老婆，自从跟了师傅，就没吃饱过。但八戒很厉害，见人参果就吃，见妖怪就打，见地方就睡，活得洒脱。不要过于压抑，是人生的一大智慧。

4.劳者居其力

如果唐僧这个团队只有他、悟空和八戒三个人，那还是有问题，唐僧只知发号施令，无法推行；悟空只知降妖伏魔，不做小事；八戒只知打打下手、粗心大意；那担子谁挑、马谁喂、后勤谁管？所谓"兵马未动，粮草先行"，可见一个团队后勤保障的重要性，各种人才都要有。沙和尚是个很好的管家，任劳任怨，心细如丝。他经常站在悟空的一面说服唐僧，但当悟空有了不敬的言语，他又马上跳出来斥责悟空，护卫师傅，可谓是忠心耿耿，企业对这样的人一定要给予恰当的位置，如行政、人事、财务、质量管理、客户服务等方面。沙和尚忠心耿耿，他是唐僧最信任的人，是老板的心腹，唐僧可谓是人尽其才。许多企业和团队之所以失败，一方面是老板看错了人，要么有才无德，要么有德无才，所谓成事不足，败事有余，一方面是人员配置不尽合理，没有足够才能担此大任，所谓成也萧何、败也萧何。商场就是战场，后勤保障是战胜对手的必备条件。

沙僧包括白龙马是接近领导的工作人员。做大老板，手下各路"神仙"应该样样都有，"智者"提供智力服务，"能者"提供工作业绩，"劳者"提供"后勤保障"。沙僧和白龙马的"后勤保障"非常出色，如果说"智者"猪八戒和"能者"孙悟空还有缺陷的话，"劳者"沙僧完全可以打100分，"劳者"大多在领导身边的机会很多，最难做到的就是"观棋不语"，沙僧同志做到了，是非常难能可贵的。

（案例摘自：唐僧团队［DB/OL］.（2015-12-29）［2021-01-22］.豆丁网.有删改）

📎 **小贴士** ————————————————————

《封神演义》里有姜子牙，《三国演义》里有诸葛亮，《水浒传》里有吴用……有如此深厚的历史积淀，如果说中国企业的领导不知道军师的重要性，那真是冤枉他们了。这年头，点子大师、策划大师、咨询专家多如过江之鲫。企业内部上书献策的也不少，这些人的点子管不管用，只有市场知道。

任务二　众人拾柴火焰高：创业团队的组建原则及风险

团队是企业凝聚力的基础，成败来自整体而非个人，成员能够同甘共苦，经营成果能够公开且合理地分享，团队就会形成坚强的凝聚力与一体感。

团队中没有个人英雄主义，每一位成员的价值表现为其对团队整体价值的贡献。每一位成员都应将团队利益置于个人利益之上，个人利益是建立在团队利益基础上的，因此成员必须愿意牺牲短期利益来换取长期的成功果实，而不计较短期薪资、福利、津贴等，将利益分享放在成功后。这样的团队是不可能不成功的。

一、如何选择创业合伙人

（一）选择理念价值观相符的人

选择一个三观正、理念相符的合伙人非常重要，合伙人创业的初衷和愿景如果差距巨大，两个人未来的合作关系和公司的长期发展一定会出现问题。此外，合伙人的人品也非常重要，创业过程需要每位合伙人做出适当的牺牲、奉献。如果合伙人在创业的过程中总想着为自己谋小利，对公司是非常大的伤害。

（二）选择优势互补的人

互补不仅限于能力上的互补，也包括性格和经历等方面。一个商业嗅觉敏锐、产品能力极强的CEO，如果搭配一个技术背景扎实，具有很强技术落地能力的CTO做合伙人，就很合适；若两个人的性格也有一定的互补，一个更外向，适合对外沟通，一个更沉稳，适合在内部起定海神针的作用，那么对公司的发展非常有利。不同的年龄阶段、性别也会带来思维的差异，互补性能够帮助团队在发展中更具竞争力。

（三）选择学习能力强的人

创业是一个长期持续的过程，选择合伙人不能只看他当前的价值，还需要充满危机感地去判断一个人未来的价值。个人的学习能力是判断未来价值最核心的指标，创业过程也是一个不断学习的过程，管理能力、运营能力、销售能力、协调能力、目标规划能力都非常重要，合伙人需要随着公司的发展一起成长。

（四）选择沟通能力强的人

合作伙伴可以是一个喜好安静的人，但不等于他可以是个沟通能力很弱的人。尤其是在商业世界，能通过及时沟通尽快解决的问题一定不能耽搁；面对顾客、供应商、合作伙伴、投资人，较弱的表达能力会在很多场景卜吃亏。创业中需要接触各种各样的人，处理各种各样的事，选择一个具备优秀的沟通能力的合伙人，能够事半功倍。

二、如何设计创业组织架构

组织实施，就是怎么去设计自己的组织结构和流程。在这个过程中，管理者需要回答下面三个问题：

第一，怎么设计，才能让组织更好地满足客户需求。

第二，怎么设计，才能让员工更好地完成任务。

第三，怎么设计，才能让高层更好地完成任务。

在创业的时候，不需要一个很完整的组织结构，可能是每一个人都要做每一件事情。但是当有了规模的时候，企业通常会按照不同的功能来划分每一个部门，形成一个功能式的组织结构。

当企业经营的产品和领域多了之后，企业应该按产品或者业务领域来划分部门，这种结构会强化每个产品或者业务领域，但对功能的强调弱化了。

再进一步发展，企业可能会采取一个矩阵式的组织结构，它的表现形式是横线是产品，竖线是功能。那么每一件事情都需要两条线的协调。

当然，当企业发展到更高阶段的时候，可能又会把组织结构推倒重来。总而言之，要在不同阶段去寻找适合企业完成任务的组织架构。

大的组织架构完成了，然后怎么把事情具体到个人呢？有一个很简单的办法就是转换矩阵。首先，把任务列出来；其次，设计一些由具体的人来负责的岗位；第三是想办法把要做的事情和这些岗位配合起来。通过这种转换矩阵，就可以把任务与岗位和个人相匹配。

作为管理者，如何判断一个组织是好还是坏呢？实际上一个差劲的组织有很多征兆，要去改变企业的组织架构、业务流程、岗位设置，这样才能够有效地完成任务。具体办法如下：

①不要设置过多的层级。

②不要大量的跨部门协调。

③不要召集大量的人员开大量的会议。

④同一职位上的人员不要过多，否则会造成三个和尚没水吃。

⑤不要让所谓的助手或者协调人增多。

⑥设置岗位要合理。

三、如何构建创业团队制度

所谓"无规矩不成方圆"，对于公司来说确实是这样，创业公司面临着巨大的压力，各个方面都要做到事无巨细，才能够有打败竞争对手的可能。在团队管理制度上确实是不能松懈的，要制定一套管理制度。那么，创业者该如何建立团队管理制度呢？

任何公司一开始创业不可能有完善的制度，也做不到这一点，但不能没有管理战略框架。创业公司第一阶段都是全力以赴做业绩，使公司生存下来，等公司到了一定规模开始抓管理，但是有的转型成功，有的转型失败，纵观下来，转型成功的企业都是开始虽然没有完善详细的制度，但它制定了管理战略框架；转型失败的企业，虽然也制定了制度，但肯定没有制定管理战略框架，结果不是分家就是制度派与自由派天天内部斗争……

其实管理本身是个庞大的体系，它的本质用一句话概括：把企业所有人员组织起来为共同利益而奋斗。归纳起来主要有以下几点：

1.管理宗旨

任何企业都有宗旨和目标，而宗旨和目标的背后是利益，管理首先必须明确公司的宗旨，即各位员工为什么结合，为什么一起来奋斗创业。管理者一定要培训企业所有人员，明确公司宗旨和目标后，如何才能达到目标，实现宗旨。

2.企业文化建设

把员工自身价值的实现和企业目标的实现结合起来；一把手的表率、部门主管的表率、老员工的表率就是企业文化。

3.组织建设

一个企业不管规模大小、不管部门多少，一定只能一个人拍板，企业内部职责一定要清楚，高层之间不能交叉管理部门，中层和基层可以多兼职多管理多干活。要做到职权分明，责任到位，执行力强，效率运作快。

4.人才培训建设

一个企业管理靠人才，一线销售要靠人才，所以企业领导一定要高度重视对人才的选拔和培养。

5.思想建设

在一定的物质基础上，思想掌握一切，思想改变一切，思想的进步过程就是工作的进步过程，就是员工情绪高涨的进步过程，所以每个企业每天都要不断地向员工灌输强化自己企业的核心理念。

6.营运规范建设

商场如战场，非常残酷，由此决定了企业营运必须规范化、正规化、特殊化，不然会直接影响企业战斗力，营运关系到企业的生死存亡，这就要求我们要创造性地制订出一整套行之有效的解决方法，要根据自己的实际情况制订出营运规范。

7.执行力

执行力是任务，一旦交代下去，成员就像接力赛跑一样，一级一级地接下去，又一级一级地接上来，有结果，有交代，有下落，说到做到，不折不扣。执行力是教育出来的，执行力是磨炼出来的，执行力是奖励出来的，执行力是领导带出来的。

四、创业团队组建风险有哪些

近年来大学生创业团体越来越多，但是最终成活的却寥寥无几。观摩成功案例，不难发现，优秀的大学生创业团体往往化风险为优势，他们具有优势互补的团队成员、团结一致的奋斗目标和合理有序的管理机制等要素，这些正是众多大学生创业团队所需要的。组建大学生创业团队面临众多风险因素，如果不能规避风险将会面临解体的危机。创业团队组建主要有以下几种风险：

（一）团队内部人员管理不科学的风险

大学生创业团体往往是由同学、校友构成，他们因为关系好才会组成团队，但是，人情问题往往会让他们不好意思互相指出对方的缺点及问题，出现管理上的漏洞。另外，大学生在投资理财、采购营销、经营管理等方面的实践经验不足，不能科学地管理好整个创业团队，导致多数团队半途而废。

（二）团队内沟通不当的风险

大学生创业团队中创业初期的人员一般来讲都是私下关系很亲密的同学或朋友，他们之间沟通没有障碍，但是，到创业中期，团队逐渐壮大，需要更多的不同方面的优秀人才，势必要招贤纳士，而这些人才都来自不同地区，有着不同的文化背景，来自社会的各个阶层，人生观、价值观也都不同。各种方面的差异可能会造成团队成员之间的沟通逐渐变少，没有沟通，就不会有协作，久而久之，团队凝聚力下降，团队也就面临着解体的风险。

（三）团队内部成员目标不一致的风险

共同的目标能保证整个创业项目方向明确，顺利推进，在大学生创业团队中至关重要。但是在创业过程中，目标可能因为薪水、理想、情感等各种因素而发生变化，从而导致团队内部成员的目标不一致。如果矛盾双方或多方不能及时调整的话，就会造成团队之间的分歧不断扩大，轻则降低效率，重则可能导致团队解散。

（四）团队内部利益分配不公的风险

创业团队内部利益分配是一个比较敏感却又十分重要的问题。企业应用有效的激励体系来保持团队士气。合理的"利益补偿"就显得十分重要。大学生创业团队由于缺乏社会经验和管理能力，没有一套系统完善的利益分配标准，创业期间会有人员出现付出与回报不成正比的心理，从而导致团队内部出现利益分歧，团队凝聚力下降，最终造成团队解散。

【知识拓展】

俞敏洪创业团队

俞敏洪，1962年10月出生于江苏江阴，1980年考入北京大学西语系，毕业后留校担任北京大学外语系教师，1991年9月，俞敏洪从北京大学辞职，开始自己的创业生涯。

1993年，俞敏洪创办了新东方培训学校。创业伊始，俞敏洪单枪匹马，仅有一个不足10平方米的漏风的办公室，他顶着零下十几摄氏度的天气，自己拎着浆糊桶到大街上张贴广告，招揽学员。

"任何事情都是你不断努力去做的结果，当你碰到困难的时候，你不要把它想象成不可克服的困难，在这个世界上没有任何困难是不可克服的，只要你勇于去克服它！"正是凭借着这种不怕困难、勇于克服困难的精神，新东方不断发展壮大，俞敏洪还把"从绝望中寻找希望"作为新东方的校训。

1994年，俞敏洪已经投入20多万元，新东方已经有几千名学员，在北京也是一个响亮的牌子，他看到了一个大而诱人的教育市场。俞敏洪喜欢教书，他曾经说过：我这辈子什么都可以离开，就是不可以离开讲台。对教师职业的热爱和新东方的发展壮大，他决定不仅要做一个教师，一个校长，还要做一个教育家。作为教育行业，师资构成了新东方的核心竞争力，但是如何让这支高精尖的队伍，最大限度地发挥作用，俞敏洪从学员需求出发，秉持着一种"比别人多做一点，比别人做得好一点"的朴素的创新思维，合理架构自己的团队，寻找和抓住英语培训市场。提供别人不能提供或者忽略的服务，使新东方的业务体系得以不断完善。

比如，当时新东方就开辟了一块由一个加拿大人主持的出国咨询业务，学员可以就近咨询，获得一些基本申请步骤、各个国家对待留学生的区别、各个大学颁发奖学金的流程和决策有何不同、读研究生和读博士生的区别在什么地方等必要知识。

1995年，俞敏洪逐渐意识到，学生对英语培训的需求已经不局限于出国考试。比如，1995年加入新东方的胡敏就应这种需求，开发出了雅思英语考试培训，大受欢迎，胡敏本人也因此被称为"胡雅思"。

徐小平、王强、包凡一等人分别在出国咨询、基础英语、出版、网络等领域各尽所能，为新东方搭起了一条顺畅的产品链。徐小平开设的"美国签证哲学"课，把出国留学过程中一个大家关心的重要程序问题，上升到一种人生哲学的高度，让学员在会心大笑中思路大开。王强开创的"美语思维"训练法，突破了一对一的口语训练模式；杜子华的"电影视听培训法"已经成为国内外语教学培训极有影响力的教学方法，新东方的老师很多都根据自己教学中的经验和心得著书立说，并形成了自身独有的特色，让新东方成为一个有思想有创造力的地方。

俞敏洪的成功之处是为新东方组建了一支年轻而又充满激情和智慧的团队，俞敏洪的温厚、王强的爽直、徐小平的激情、杜子华的洒脱、包凡一的稳重，五个人的鲜明个性让新东方总是处在一种不甘平庸的氛围当中。

（案例摘自：创业团队案例：俞敏洪创业团队［DB/OL］.（2012-03-09）［2021-01-22］.道客巴巴.有删改）

🖉 小贴士

新东方的创业团队有些类似于唐僧的取经团队。徐小平曾是俞敏洪在北京大学时的老师，王强、包凡一同是俞敏洪北京大学西语系80级的同班同学，王强是班长，包凡一是大学时代睡在俞敏洪上铺的兄弟。这些人个个都是能人、牛人。所以，新东方最初的创业成员，个个都是"孙悟空"，每个人都很有才华，而个性却都很独立。俞敏洪曾坦言：论学问，王强出自书香门第，家里藏书超过5万册；论思想，包凡一擅长冷笑话；论特长，徐小平梦想用他沙哑的嗓音做校园民谣，他们都比我厉害。最终，我们组成了一支充满激情而颇具智慧的团队。

任务三　人心齐泰山移：创业团队的管理技巧与策略

人心齐，泰山移。团队创业的成功率并不比个人创业高，其主要原因不外乎两点：一是团队失败于决策分歧；二是团队困于利益冲突。有效的创业团队管理要解决决策分歧和利益冲突的问题，而这依赖于创业团队找到适合的结构模式。

一、管理团队最需要的东西——沟通

有人说所谓管理就是沟通、沟通、再沟通。对于创业团队而言，在创业的全过程中，管理最核心的任务仍然是相互沟通。

先看几个例子，沟通出错会带来什么问题？

公司的新高管，面对A部门对B部门的投诉，往往会立即火冒三丈，事后才发现自己变成了傻瓜，A部门、B部门之间的关系变得不可调和。

融资几轮的某创业公司，做大型活动的时候往往成本居高不下，在活动接近尾声的时候还会忽然冒出来许多费用。

某公司高管，对于一个新起步的业务，自己有自己的想法，然而该项目的负责人一直有着不同的思路，他们却相互并不知情。

每一位管理者，管理的每一项经验，都来自痛苦的经历，但一定不能讳疾忌医，要学会解剖自己，将自己获得的经验与教训进行归纳。

（一）沟通的唯一原则——工作目标

德鲁克在他的《卓有成效的管理者》一书中指出过，工作沟通的根本就是目标沟通。当公司高管与项目负责人目标不一致的时候，这个原则体现得淋漓尽致。公司高管的目标是，通过项目早期要快速积累用户；而项目主管的目标是需要通过项目快速赢利。

一个公司一定存在不同利益的人、不同知识结构的人、不同方法的人、不同性格的人、不同喜好的人，甚至个人关系相互独立的人。然而，正是要让这样一个群体去协同并共同完成一件工作。因此，目标沟通就是要让大家对于工作的结果达成一致，对共同的利益达成一致，至于各个分立的小团队，方法并不是最关键的东西。

大部分情况下，管理者都是因为自己在自己的专业工作岗位上表现突出而被提拔的，因此，每个人都对自己的专业技能拥有一种崇拜，而这种崇拜带到管理里面来是毫无意义的。在管理沟通中，矛盾往往是大家对于方法的认识不同而产生的。纠结于方法的对错，对工作的完成其实毫无意义，工作沟通最根本的是要达到什么结果，而不是要采取什么样

的方法。

（二）沟通的三个方式——用态度沟通，用方法沟通，用工具沟通

沟通有一个前提就是双方互相认可，离开这种双方互相认可的态度，所有沟通都是无济于事的，因此态度是沟通的前提。

沟通方法的第二个层面，就是所有沟通凭借的是语言，但是沟通的根本需要传递一种体验，而体验是语言难以表达的，因此在沟通时就需要一定的方法。这种方法就是设身处地换位思考，用对方可以理解的场景去传递信息，例如打比方、讲故事等。

管理沟通中的第三个方式也就是管理中非常重要的东西——沟通工具。为什么一些管理良好的公司会有各式各样的表单，会采用ERP系统？这些表单流程，就是通常所说的管理工具，这些工具将我们的沟通行为规范化，最终达到管理沟通的结果。管理工具也正是一些被管理者在身处较低职位时十分排斥的东西。一个优秀的管理者，一定是一位善于发明并采用管理工具的管理者。

（三）上下级沟通原则——最小化、可执行

管理者是否遇到过勤快的下属拖延工作的情形？

其实，问题的根本未必就是下属的态度、能力问题，很可能是指令有问题。可以暂时抛开这些下属的能力问题，抛开管理者对团队的培训问题，看看在一个水准情况下，管理者应该如何发布指令，来进行上下级之间的沟通。

上级对下级传递命令是需要技巧的，以下这种技巧将解决初任管理岗位者下发命令的方法。

向下传递指令有两个前提，第一个前提是下发指令者对工作任务的分解能力，第二个前提来自传递命令者对被命令者能力与背景的具体了解。下发指令的技巧只有一个，就是"最小化可执行"，其意思就是"你的下属究竟有什么样的能力，能做什么样的工作"。要确保你下发命令的每一个细节都是你的下属力所能及的。当发现下属在你所发布的命令中有部分细节他无法做到，就必须学会将这个环节进行细节分解，一直分解到他力所能及。当你的下属能力提升的时候，你布置任务不必再分解到如此细节。

当新招聘一名编辑，他上岗的第一天，教会他如何发布一条资讯，必须细化到资讯的题目是什么，图片应该如何处理，标点符号的规范是什么。当这位编辑工作一到两年以后，他的能力已经足以策划一些专业内容，这时候只需要告诉他，最近工作的目标是什么就可以。

就像一个大型的公司，董事会只需要告诉他的总经理下一季的任务指标是什么，收入水准是什么。

娴熟利用最小化可执行原则去发布指令的时候，将切实保障指令的完整执行，同时也不会被下属笑话。

（四）会议沟通的核心原则——一切围绕中心展开

部分管理者在主持会议的时候，让下属把已经写在文本上的工作汇报再念一遍。还有许多会议的形式大于实质，仪式感大于解决问题。

不得不指出，会议就是用来协调工作解决问题的！如在互联网领域，销售工作会议就是要切实解决客户服务的问题；编辑工作会议就是要解决如何做内容的问题……离开了这些会议的应有目标，会议将成为浪费团队时间的巨大黑洞。

因此，学会开会，首先要问自己"我要通过会议解决什么问题？达到什么结果？"问自己如何通过会议解决团队的协调问题，解决团队的摩擦问题，解决团队的利益分配问题，最终，将团队的目标统一，细节到位，责任到人。

（五）不同岗位间的沟通原则——找准接口

在互联网公司中经常看到这样的沟通方式，一位程序员会问提出需求的产品经理，数据库将采用A方案或者B方案，你认为应该如何选择？

或者还会看到一位销售员见到客户的时候，反复强调他手上拥有一个什么样的产品，循循善诱地向客户倾注这些新的知识和理念。

处理这些问题其实并不困难，只需要学会换位思考，用对方能听得懂的语言去描述，用对方所关心的利益去引导，对方很容易理解所表达的意思。

（六）部门间的沟通原则——均衡利益

有人的地方就有摩擦，不同的团队拥有自己不同的团队利益。遗憾的是，身处一个环境的时候，经常会为了自己的利益去忽略配合部门，甚至将其他部门的不配合举动归纳到人品问题。

一般而言，高层管理者更容易深受其害，当一个部门很激烈地抨击另一个部门的行为并进行私下投诉的时候，他一旦立即冲动地采取措施，就将破坏这两个部门之间的关系。

因此，部门之间的沟通仍然是目标沟通，沟通就是为了达到这个目标，大家的付出与收益是什么？说白了就是利益的均衡！

正确的做法就是当面说，开会说，不要背后说。高管的方式应当是，对于冲突保持沉默，在公开的情况下对双方进行裁决。

（七）合伙人间的沟通原则——相互理解、相互约束、相互帮助

合伙人会不会对充满热情的一项提议不闻不问，或者保持沉默？这种隔阂来自什么？——知识层面、体验层面、责任层面、分工层面。

可是，一旦合伙人拥有类似的知识背景，在每一项决策面前都高度保持一致的时候，你必须承担公司的另一个风险，也就是有马达无刹车，在这种情况下公司会非常危险！

另一种情况更令合伙人痛苦，就是明明看着合伙人往火坑里跳，你却无能为力。

因此，必须了解合伙人，必须是性格互补、知识互补、能力互补的。

同时，合伙人必须学会相互对对方的工作予以关注与体验，当你不具备对对方工作的

体验时，你无法理解对方提议的重要性，将出现鸡同鸭讲的局面。

当合伙人往火坑里跳的时候，你只需做好最坏的打算，以及做好弥补的准备。

沟通，传递的是一种体验，而沟通凭借的是文字和语言，因此沟通存在巨大的困难。管理就是沟通、沟通再沟通。

二、如何管理创业团队内部冲突

企业领导者，对创业团队所持态度是协调、指导和引导。原则上，不介入创业团队内部事务，一般情况下也不会对创业团队瞎指挥。但当创业团队发生比较重大的内部冲突时，如果可能影响公司项目进度或公司未来效益，则必须进行协调。

当问题发生时，领导需要了解起源、性质和具体冲突要点，才便于采取措施消除矛盾，使团队能够形成合力。

创业团队内部冲突的主要原因可能有以下几点：

①技术理念冲突，表现在最先进技术和最适合市场技术的冲突。

②市场定位冲突，高中低端市场带来的预期效果是不一样的。

③短期长期冲突，是一锤子买卖还是细水长流。

④投入回报冲突，有限研发费用和无限研发资金需求的冲突。

⑤其他冲突。

事实上，从前面几点可以看出，实际上是投资者和技术研发团队对项目的期望认知的冲突。研发者一般对自己的技术有自信，理工男对技术的完美有着执着的追求，而投资者对项目的效益和回报更为重视。所以，投资者对项目款项、项目目标、项目进度、项目回报均有指定目标，团队内部则可能形成两派，一派坚守技术，一派坚守指标。当技术和指标发生冲突时，分歧就产生了。

企业领导者关注的是投资回报和投资效益，而其是通过市场预测、成本分析产生的。在资本社会，创业团队应该认清资本的本质，最佳办法是将两派意见整理，分析各自利弊，提交领导者选择决策。当然，如果能够先做出初级产品，实现收入支出平衡，再做好、做精是最佳方式。

企业领导者对这些冲突的解决办法，需要针对创业团队理想化的市场观念进行辅导，召集其他部门，特别是市场人员和创业团队进行座谈，统一认识。同时，对技术和指标进行检讨，从根源上避免团队因为理念不一致导致工作纠纷。通过这些行动缓解技术流的执着思维，再重申坚守指标或适当调整指标，也许冲突能够缓解和消除。

投资者和技术持有者的理念和取向很容易形成矛盾，双方需要互相理解和妥协。

三、如何进行创业团队的激励

（一）构建科学的绩效考核机制

1.通过目标分解细化考核制度

对组织进行目标分解并划定责任，激励团队成员为完成企业目标而努力奋斗，将企业的整体目标分解成各部门、各员工的小目标，使员工明确自己努力的方向；引入竞争机制，关注团队的工作能力、态度等隐性指标，如在每日提前上交业务报表且零失误的员工可以在周考核中加5分，而延迟工作任务或者质量较差的员工在周考核中会酌情减分，最终的月考核、年度考核以及相关的晋升都将以此为参考依据。

2.关注工作动态形成良性反馈

团队内应形成不定期考核机制，多加关注团队成员的行为动态，及时发现问题，对工作中表现突出或严重失误的员工及时予以肯定或教育，使其继续发扬或及时纠正，也让员工意识到自己的优缺点，从而形成扬长避短的良性循环，不断提高工作能力，刺激工作积极性。

（二）建立合理的薪酬机制

1.优化组织内部薪酬结构

在员工中选取部分成员成立薪酬小组，确定薪酬分配的原则，并负责指导和监督薪酬管理工作，审核各项薪酬管理办法具体的实施细则，帮助和监督建立公平合理的考评指标，不能仅看重业绩而采取"一刀切"的方式，要依据实际情况，包括工作内容、难易程度等方面，来考虑薪酬分配。

2.加强福利激励的效用

福利激励要注重个体需要的差异。对工作表现优异以及员工忠诚度较高的基层员工，可以结合岗位需求与个人发展意愿，带薪外派至有关培训机构进行专业技能培训。同时企业可以鼓励员工开展自我学习和相互学习，例如可以利用部分收益为员工购买网络课程和相关书籍，从而鼓励员工不断提高自身业务能力与综合素质。

（三）实施多元激励机制

1.加强与员工的沟通互动

建立良好的沟通渠道，创造和谐的工作氛围，利用职工微信群、QQ群等形式，为员工创造一个可以自由表达意见和思想的平台，采用平等、鼓励等方式与他们进行沟通。对反映的情况及时予以处理，表达充分的信任。给员工发挥和表现的空间，最大限度地释放他们的潜力，注重语言激励的作用。

2.增强精神激励

精神激励可以增强员工的自信心、对工作的满意度，同时增进他们对组织的认同感。如荣誉激励：通过授予荣誉称号等方式用来表彰先进员工；权力激励：可以适当放权给员工，在可控制的范围之内让他们参与到企业管理中来；学习激励：增加外部培训机会，让员工去同行业的其他公司参观学习，增强员工的业务水平和主人翁精神，让员工对自我、企业、行业的发展有所定位。

四、构建创业关系网

创业者需要处理的事情很多，比如在解决突发事件时首先要清楚竞争对手的状况、学会应用新技术等。如果在应对这些事情的时候都是单打独斗，其结果可想而知。俗话说得好，人多好办事，假如周围有很多能帮助你、而且愿意帮助你、有能力帮助你的人，那么创业就好办多了。

因此，拥有关系资源对创业者来说尤其重要。要比别人做得更出色、更成功、更有效率，能帮助你的人应越多，只有这样，你的竞争力才会越强。

"多年媳妇熬成婆"的时代已经过去，此企业不给合适的发展平台，或者说没有了发展空间，创业者就应毫不犹豫去寻找"明主"。在这个过程中，关系、信息都会成为重要的砝码和资源，你在某个关系网里的"名"都极有可能转化为"利益"和"机会"。

因此可以说，现代创业竞争力的重要砝码就是看你是不是有"关系网"，竞争的就是你的关系资源。既然拥有"关系网"已经成为创业者必备的职业竞争力之一，那么，拓展"关系网"也就成为创业者的必修课。

不停地构筑"关系网"才能让你的创业路越走越宽，也才能最大限度地发挥关系网的功用：人人为我，我为人人，即在你获得利益的同时也给他人带来收获。

五、合伙人及合伙人制度

（一）合伙人

合伙人是指投资组成合伙企业，参与合伙经营的组织和个人，是合伙企业的主体。合伙企业中首先要有合伙人。合伙人通常是指以其资产进行合伙投资，参与合伙经营，依协议享受权利、承担义务，并对企业债务承担无限（或有限）责任的自然人或法人。

合伙人公司是指由两个或两个以上合伙人拥有公司并分享公司利润的企业。合伙人为公司主人或股东。其主要特点是：合伙人享有企业经营所得并对经营亏损共同承担责任；可以由所有合伙人共同参与经营，也可以由部分合伙人经营，其他合伙人仅出资并自负盈亏；合伙人的组成规模可大可小。

合伙人是每一个创业公司不可回避的问题，以前这个问题似乎很简单，你出多少钱和力、我出多少钱和力，合计各占一定比例。如今这个问题似乎变得越来越复杂，又是控制权，又是合伙人制度，又是估值出资，业务还没动起来，已经被这一大堆事儿给牵绊住了，网上又是各种股东纷争的案例，甚至让创业者恐慌。对于创业公司而言，合伙人就三类：资本方、关键人员、核心员工。

（二）合伙人制度

合伙人制度因具有独特的较为完善的激励约束机制，曾被认为是投资银行最理想的体制。

1.根据合伙人类型来确定合伙人制度

很多创始人对合伙人制度头疼不已，其实是把上文所说的三类合伙人混在一块儿思考了，试图通过同一个制度去满足三类人的不同需求，肯定不行。如果把这三类合伙人分开，合伙人制度就很容易制定了。

（1）资本方要的是投资回报率

资本方往往更在意投资的公司能不能升值，他们为了保障自己的投资回报率，会签各类协议，以便保证在最关键的时刻能做出对自己最有利的决策。然而对于创业公司而言，若不是站在风口或者创始人是众人追捧的商业之星，面对资本方经常是被动的，很多时候不得不做出妥协。此时，创始人需要考虑的就是，尽量不要让自己的控制权被削弱得太严重，包括股权比例、董事会结构、公司章程（一票否决权）等。

（2）关键人员是真正的合伙人

在合伙人制度中最应该考虑关键人员。一般关键人员通过有限合伙企业间接持有公司的股权，既确定了合伙人的地位和权利，也为创始人建立了一道防火墙。当然，通过期权或股权代持的方式也未尝不可，关键是让双方反悔的成本不要太高。

（3）核心员工看情况发放股权

核心员工就是非常优秀的一群人，但是这批优秀的人能优秀多久？公司发展起来能否继续优秀？都不确定。因此，公司在创业期间，在股份最不值钱的时候，给这些不确定的优秀者分股，务必考虑清楚。什么时候适合给股权呢？当为了招到、留住优秀的人，不得不发放股权时，可以发放。否则，不建议给股权。尽管如此，核心员工一定要有激励，但是激励方式绝不止股权这一种方式，业绩奖金、激励基金等都是很好的中长期激励方式。

2.根据创业环境来确定合伙人制度

合伙人制度不仅要考虑合伙人类型，还需要考虑不同的创业环境，有的确实是白手起家，有的是依托资本，也有的是公司内部创业。

（1）白手起家

白手起家的创业公司多数存在于实体经济中，由于每一分都是创始人辛辛苦苦做起来的，因此不论是花钱还是放权，创始人都很小心翼翼。这类创业公司的关键人员更多意义上是合伙开公司，所以彼此之间的权益尽量事先约定清楚。剩下更多的是核心员工，要舍得花钱做激励，这样才能制订更高的目标和要求。

（2）依托资本

越来越多的创业公司为了快速拓展，会依托资本方的助力，甚至有些创业公司必须得依靠资本助力。由于资金的需求，会有大量的股权被放出去，公司虽然离上市还很远，但是股权已经在市场上被翻来炒去。此时创始人要保证自己的一票否决权。

（3）内部创业

内部创业一定要懂得放权，否则创业项目发展势必缓慢，因为原公司的烙印太深、桎梏太多，无法打开新局面。因此，实施内部创业的公司，要把自己当作资本方，多花钱少管事，把权力充分下放给关键人员，可以设时间限制、业绩目标，可以指点，但不要指指点点。

六、如何培养创业团队文化

（一）对成功的追求

不仅创业者本人，包括创业团队所有人，都应该把成功当成第一位。什么叫把成功当成第一位？也就是说可能家庭就放在后面了。要想创业成功必须要有这样的心理准备，做创业者可能离婚率比较高，得心脏病的概率可能比较高，跟家人在一起的机会比较少。所以，把成功放在第一位，并且偏执地去追求成功是第一条。

（二）能够容忍创业公司的变化

绝大多数公司没有谁能说最终的成功之路跟它当年设想是全部一致的，所以大部分创业者都经历过迷茫阶段。一旦迷茫以后，你就要做很多工作去测试，但是测试的时候员工就会认为怎么今天叫干这个，明天叫干那个，员工就会抱怨。但是对于创业公司，这是不可避免的，因为没有这样的测试就永远不知道新的方向在哪里。

（三）团队的信任

创业者无论如何都要在创业团队里建立权威，甚至要建立崇拜感。因为创业公司很难用逻辑方法告诉员工哪种做法是对的。因为没有办法推理告诉所有人这样做是对的，既然没有一个严谨的推理，每个人对这件事情就有不同的看法。可能你的一个想法让大家去实施，员工对这个想法缺少信任，在没有信任的情况下实施的结果很可能就跟挖井一样，下面有水，是因为他没有挖到，回来就告诉你没有水，最后你失败就不知道是策略错了还是执行错了。但是如果有百分之百的信任，每一次测试都做到了最好，就也可能找出自己成功的方向。所以创业公司的所有员工都要有这个想法：我的老大不管怎么讲，都是对的。只有这种公司才有可能成功。

（四）高水平的管理

公司管理者面临的问题是当公司不断扩大，就需要高水平管理者跟进。不管公司多么小，一定要做好心理准备不断提高自己，如果你不断提高自己的话，当公司突然找到方向扩大的时候，等于你的职业生涯面临很大的舞台，可能一个人变成带10个人，再从带10个人变成带100个人，如果公司没有做好这样的准备，就不得不从外面找高水平的人来当领导。

【知识拓展】

三个大学生拍毕业照赚钱，两个月入账40万元

大学毕业只有一次，而千篇一律的毕业照，已无法满足现在追求个性的大学生的胃口。当你看到网络上一张张充满创意的毕业照时，你会想起曾有三个小伙子为了这精彩的一瞬间付出了两个多月的努力，而且也收获了巨大的回报。这就是安庆师范学院生物技术专业的大四学生杨凯、姚其义和宋若敏，在毕业之际利用创意毕业照这一商机，仅用了两个月时间就赚得40万元。

4月是高校毕业生集中返校论文答辩和拍摄毕业照片的时候。从这一时间开始，杨凯每天早上都被电话叫醒——毕业班的同学纷纷找他咨询和联系拍照事宜。召集摄影团队之后，从早上七点半开始，按照流程单上的班级逐个拍摄毕业照，摆造型、想创意，每天几乎从日出拍到日落，晚上分类整理完拍摄服装已经快零点，然后整个团队还要商量第二天的工作安排，凌晨才能睡觉。"就这一段时间，整个人像打了鸡血一样在工作。"杨凯说道。

毕业季开始后，安庆师范学院100多个毕业班级中，有73个班级找到杨凯团队拍毕业照。不仅提供服装拍毕业照，他们三个人还负责将照片制作成相册，同时还将其中一些照片制作成纪念品，最后还承担班级毕业聚会的拍摄任务。"整个一条龙服务，忙完一个班级，已经累得不行了。"姚其义说道，最忙的时候他们一天拍了20个班级的毕业照。在安庆师范学院，他们每个学生收费120元，短短两个月不到的时间，他们三个人已经收入30多万元。不仅如此，他们三个人还到黄山学院去拍摄毕业照，挣得10多万元。

"虽然那段时间异常辛苦，但这也是我人生第一桶金。"杨凯说，随着毕业季的逐渐离去，生意也会迎来淡季。去年他给毕业十年后回到母校的思政专业校友做过服务。今年他也从中受到启发，想到了校友服务这一新业务，把业务范围从"在校时"拓展到了"毕业时"和"毕业后"，去做校友们的回校"接待员"，给他们安排衣食住行游购娱一条龙服务。

（案例摘自：三个大学生拍毕业照赚钱，两个月入账40万［EB/OL］.（2015-10-22）［2021-01-22］.腾讯·大豫网.有删改）

✎ 小贴士

要建立一支同心协力的团队，最重要的就是能聆听到沉默的声音，你要问自己团队和你相处有无乐趣可言，你能不能做到开明公平、宽宏大量，而且承认每一个人的尊严和创造力，不过要有原则和坐标。

课堂活动

解决团队矛盾

活动方法： 分小组活动，每组自行创作一个以团队矛盾为核心的情景剧，由其他小组来解决矛盾。

活动形式： 每小组3~5人为宜。

活动场地及道具： 场地为教室，道具由各小组自行准备。

活动规则： 各小组自行设计团队矛盾的情节，然后以情景剧的形式表演。表演时需加入另外一个小组的成员，并由该成员来负责解决团队矛盾，考验其处理方式是否妥当。

注意事项：

1.接受考验的同学不能事先了解剧情。

2.矛盾发生前应该有必要的铺垫，方便被考验的同学了解情况。

3.剧本无须过于注重细节，实际演出需要根据被考验同学的反应即兴发挥。

本章小结

1.团队类型主要有问题解决型团队、自我管理型团队、多功能型团队三种，而创业团队主要有向心型创业团队、网状创业团队、家族式创业团队三种，每种创业团队的特征不一，创业者可根据自身的实际情况，打造自己的创业团队。

2.优秀创业团队的特征有领导者富有魅力、团队具有凝聚力、拥有打败恶意竞争者的经验、团队顾全大局、团队成员相互信任等。投资者青睐的创业团队一定是胸怀宽广的人、执着专注的人、有责任心的人。

3.如何选择创业合伙人非常重要，要选择理念价值观相符的人、优势互补的人、学习能力强的人、沟通能力强的人。当然，组建创业团队有风险，主要体现在：团队内部人员管理不科学的风险、团体间沟通不当的风险、团队内部成员目标不一致的风险、团队内部利益分配不公的风险。

4.管理团队最需要的东西是沟通。当创业团队发生内部矛盾时，要采取正确的方式方法化解。可以通过制订创业团队的激励措施、制定合伙人制度、培养团队文化等来尽量避免团队内部矛盾，真正实现人心齐泰山移。

【课后阅读】

1.创业者——蒋磊

铁血网创始人蒋磊是一个典型的大学生创业者，16岁保送清华大学，创办铁血军事网，20岁保送硕博连读，中途退学创业。如今，铁血网稳居中国十大独立军事类网站榜首，铁血军品行也成为中国最大的军品类电子商务网站，年营收破亿元，利润破千万元。

倒回2001年，16岁的蒋磊初入清华园，计算机还没有在这个普通宿舍出现，他只能去机房捣鼓他的网页，他想把自己喜欢的军事小说整合到自己的网页上，他的"虚拟军事"的网页一经发布，就吸引了大量用户，第二天就达到了上百的浏览量。蒋磊很兴奋。他把"虚拟军事"更名为"铁血军事网"。

2004年4月，蒋磊和另一个创始人欧阳凑了十多万元，注册了铁血科技公司。其间蒋磊还被保送清华硕博连读学习了一阵。2006年1月1日，蒋磊最终顶住了家庭以及学校的压力毅然决定辍学创业，以CEO的身份正式出现在铁血科技公司的办公室里。经过12年的努力，目前蒋磊的公司拥有员工200余人，他创办的网站已成为能够提供社区、电子商务在线阅读、游戏等产品的综合平台。据透露，截至2012年12月，网站已有1000万注册会员，月度覆盖超3300万用户，正处于稳步且高速的增长中。

2.创业者——戴志康

康盛创想创始人戴志康是无数互联网人的偶像，他创建的"Discuz!"开源模板与"Wordpress"成为世界上最伟大的两个开源网站模板，被数以百万级的站长使用，深刻地改变了中国互联网，而戴志康也是一位大学生创业者。

戴志康出生于一个知识分子家庭，父亲是大学教授，亲属中也有很多人是老师。据说，因为这种家庭背景，戴志康小时候开始就一直接触计算机。在计算机性能不断升级的过程中，他的编程技术也日益提高。戴志康从小学刚毕业后的1995年开始初步尝试编制软件。初中、高中时期，他几乎席卷了各类计算机大赛。戴志康2000年考上哈尔滨工程大学，2001年便在校外创业，他在外面找到一间月租300元的房子，一天差不多15个小时都泡在计算机前面，最终他创造的"Discuz!"成为中国最成功的建站开源模板，"Discuz!"于2010年被腾讯以6000万美元的价格收购。

（案例摘自：创业故事人物特辑［EB/OL］.（2019-11-25）［2021-01-22］.搜狐网.有删改）

05

项目五
编制创业计划

【学习目标】

★ 了解创业计划书的作用和目的。

★ 熟悉创业计划书的内容、框架和大纲。

★ 学会分析怎样的创业计划能够吸引投资人。

★ 能够独立或与他人合作撰写一份完整的创业计划书。

【导学案例】

车库咖啡：你离创业也许只差一个车库

从海淀桥向东走100米左右进入北四环西路辅路，路的南边有一条不长的斜街，老北京人喜欢称它为"中国海淀图书城"。如果创业的大潮没有席卷中国，进出这里的更多是来买书的人，梁馨月的名片上印刷的办公地址应该是北京市海淀图书城6号楼上的"车库咖啡"。但眼下这条不长的斜街被称为"中关村创业大街"，"车库咖啡"成了创业者眼中的一块"圣地"，而梁馨月接待来访者的时候，总会开个小玩笑："车库咖啡是一个需要特意'找'的地方。"她现在经常说的一句话，是"你离创业也许只差一个车库，离创新只差一杯咖啡"。

梁馨月是车库咖啡孵化器北京公司总经理，经营着创新型孵化器——车库咖啡。2011年4月7日车库咖啡开始营业的时候，整个中关村创业大街的咖啡店只有寥寥数家，而"创业咖啡"在那时还是个陌生的词汇，车库咖啡注册时被归类为餐饮业，"小伙伴都是拿着健康证上岗的。"梁馨月说。

2014年，创业大潮起兮，很快，中关村创业大街短短220米的街道，创业咖啡馆增加到10余家，创业大军纷纷涌入了这条斜街，一夜之间，中关村大街的咖啡"热了"。

车库咖啡本质是"车库"

"我们经常开玩笑，如果我们当年叫作茶室，可能就会涌现很多的创业茶室。"作为创业咖啡领域的先行者，面对竞争，梁馨月始终坚持着车库咖啡初创时的想法：本质不是"咖啡"，而是"车库"。低成本、允许试错的环境和伸手可及的工具，这些要素是一间车库所具备的，在她心中，车库已经慢慢成为创业的代名词。成功案例有很多：1976年，乔布斯和朋友在车库中创立了苹果公司；1995年，杰夫·贝佐斯在车库中创立了亚马逊；1998年，拉里佩奇和谢尔盖布林在车库里创立了谷歌公司……

"在国外，很多家庭都有自己的车库，创业者想创业的时候，他的第一个办公室就是他的车库。"梁馨月表示，就目前国内的创业环境而言，创业者不可能人人都拥有一间创业的车库，车库咖啡做的事就是给所有人提供一个"车库"，所有人一起去创业，而"咖啡"只是一个载体，"我们不强调咖啡厅功能的存在，更强调创业这件事情。"

800平方米的车库咖啡中布满了可供四人共坐的长条形方桌，创业者来此，点或不点一杯咖啡都可以待一天，兴致上来也可以走到方桌前的讲台上分享自己的创意，寻找合伙人和投资人的进程时刻都有可能在店里发生。

梁馨月说，她们会按照创业者的不同需求对创业者进行划分，针对创业团队在不同阶段的不同特点以及需求，去提供相应的服务体系和内容。"明确自己的服务对象"是她认为做好孵化器的重点。她表示，很多创业咖啡实际是商业咖啡的载体，而商业咖啡的服务对象是喝咖啡的人，创业或创客就变成了一个名字。

陪伴创业者一起成长

或许用"两点一线"来形容梁馨月现在的生活是比较恰当的，家和车库成了她的两个落脚点，而脑袋里的想法更是大半围绕着车库转。有朋友开玩笑："以前你可不是这样的人。""因为这份工作太吸引人了。"梁馨月很兴奋，她说自己能提前一两年使用手机支付，提前知道共享单车、共享汽车，提前体验VR（虚拟现实）和AR（增强现实），"感觉像是先知。"她描述了自己刚加入车库咖啡时的场景。一群创业者每日在埋头研究手机App，那时国内市场上还是以键盘式的手机为主，滑盖或翻盖是主流款式，人们习惯通过敲打键盘输入的模式来完成手机的各项操作。揣着一款老式的按键手机，她怎么也想不明白"那伙人"研究的App有什么价值。令她没想到的是，随后手机市场便风云变幻，智能手机在短短一两年时间就代替了传统的按键手机，App成为智能手机的标配。

她也经常会遇到听不懂的创业项目。"不明白的地方，只好请创始人多讲几次。"每当遇到新兴事物，她就"强迫"自己投身到未知领域中去学习，"第一次接触新兴行业，不懂没关系，第二次碰到还不懂，那就是你不够专业。"每隔两三个月，梁馨月就会做一次"复盘"工作，反思自己过去的工作方式。回顾以往的工作模式，她十分感慨："我一直觉得自己是一个挺笨的人，如果是今天的我，可能会有一个新的方法和模式。"

不断反思，不断学习，不断突破，梁馨月认为这才能够不断进步，"三个月前的我是笨的，但是三个月后的我依旧是行业里最先进的。"她觉得，和创业团队一起成长是她工作的意义所在，只有帮助创业团队成长，孵化器才能延续下去，双方才能形成良好的促进关系。

分析成功比失败更有意义

几年过去了，创业者来了又走，创业咖啡开了又关了。"大浪淘沙是很正常的，存活得好的依旧能够存活得好，这和任何一个行业都是一样的，都会有优胜劣汰。"梁馨月说。她告诉记者，许多孵化器倒下的重要原因是客户定位不清晰，没有真正抓住创业者的需求，没有为创业者做好服务，是为做孵化器而做孵化器。

"分析失败者为什么失败，远远没有分析成功者为什么成功来得有意义。"梁馨月认为，不必把目光聚焦于行业中的失败者，找出行业的痛点，推动行业继续发展才是当务之急。她拿车库咖啡现在正在做的"网络孵化"举例，各个城市之间的资源和服务都存在差异，车库咖啡就线上线下齐开展，尽可能实现无差异的服务和资源共享，"这是我们解决痛点的方法"。

据了解，从2016年起，车库咖啡在全国各地布局设点，截至2017年8月，车库咖啡已经在全国14个主要城市布局开设分公司。2016年1月，仅车库咖啡中关村店就累计服务超过1000个创业团队。梁馨月透露，2017年年底，完成全国20座城市的铺点布局。

"我们是抱着一颗为创业者服务的心，抱着一颗让创业者走得更远的心做事的。"回忆起服务创业团队的经历，梁馨月说："看到一个项目从萌芽阶段走到后期成功的阶段，我们真的很激动。"她反复强调，"不要为了做孵化器而做"，要本着为创业者服务的理念，孵化器才能够发展得更好。

（案例摘自：张均斌，童倩.梁馨月：你离创业也许只差一个车库［J］.科学之友，2017（12）：37-38.有删改）

> **思考与讨论**
>
> 车库咖啡的发展定位是帮助构建大学生创新创业的孵化基地，并以此为核心发展起乌托邦式咖啡文化，在中关村的车库咖啡使许多创业团队完成自己的众筹和投资。那么，根据上述案例，作为大学生创业者，你认为创业团队完成投资最重要的一步是什么呢？

任务一　初识创业计划书：揭秘创业"黑匣子"

对创业计划书的认识历来有不同的看法，有人认为创业计划书既费时又无用，有人则认为创业计划书仅仅是融资时给投资人看的一份材料。不少同学经历过这样的事情，自家开的花店没有做任何形式的创业计划书，但业务经营得却还不错，因此往往认为创业没有必要撰写创业计划书，更没有必要搞形式主义。但真的如此吗？

虽然没有成文的创业计划书，但是开花店的老板肯定清楚每日的客流量、顾客的消费水平、花的供应商价格、门面成本、各项证件办理和税费成本、自己花店技艺等，甚至竞争对手的手艺和价格都会了解，这些其实就是通俗的商业计划。无计划不行动，因为对行业的了解且投资都是自己或者亲朋可以负担的风险，这类小老板往往不需要成文的商业计划。

但作为创业的大学生，若想开花店，因为缺乏相关经验、资金不足，仍旧需要写一份完善的创业计划书。撰写创业计划书的过程，不仅是梳理创业思路、整合创业资源的过程，还是进一步认识创业项目、评估商业机会本质的过程，更是青年大学生创业者培养理性思考、敏锐观察、严谨态度的能力提升过程。通过撰写创业计划书，创业者们可以充分了解创业项目的基本情况和前景，深入思考如何将创业项目进行转化，构建塑造出有效的商业模式，这都是创业计划书所赋予的价值和意义。

在讨论创业计划书的含义之前，有必要先了解"计划"。在管理学领域，计划是一种结果，是对管理进行预先筹划和安排的一项活动，计划职能普遍具有预先性、预测性、评价性、选择性和调整性。在创业领域，计划更是一种追求短期和长期目标的手段，基于这种逻辑框架，创业者们从项目的孵化到成熟直到最终的初创企业成立，都需要准备创业计划，这是至关重要的一环。创业计划既可以是战略层面，也可以是执行层面，不管何种层面，它们都有一个重要的目的，对创业者们在快速变化而又不确定的未来环境中起指导作用。

著名的风险投资家Eugene Kleiner曾说道："如果你想踏踏实实地做一份工作的话，写一份商业计划书（创业计划书）能迫使你进行系统的思考。有些创意可能听起来很棒，但是当你把所有的细节和数据写下来的时候，就会发现该创意其实毫无价值。"

创业计划书，通常也称为"商业计划"，指创业者就某一具有市场前景的新产品或服务向风险投资者游说，以取得风险投资的商业可行性报告。创业计划书犹如创业者们叩响投资者大门的"敲门砖"，在描述目标和衡量进展情况方面有着不可比拟的作用。

【知识拓展】

28岁的马化腾抱着改过66遍的商业计划书跑遍会馆

被誉为"QQ之父"的马化腾，有着传奇的一生。他经典的三问经营哲学理念至今都受用于每一位创业者。

一问：这个新的领域是否擅长？

二问：如果你不做，用户会损失什么？

三问：如果做了，在这个新项目中自己能保有多大的竞争优势？

正是这样一位开创了企鹅帝国的创业者，在28岁的时候抱着改过66遍的商业计划书跑遍整个会馆。1999年，深圳会展中心举办第一届高交会，这一年，腾讯刚成立，不到一年时间就拥有500万用户，这对于当时极度缺钱且负担不起高昂的服务费、托管费的腾讯而言，可谓一大"包袱"。筚路蓝缕，举步维艰，近一年的时间里，腾讯几乎处于"裸奔"状态。

想贷款，但连银行基本的固定资产这一条件都无法满足；想找投资，1999年的互联网创业环境不好，初创型互联网公司要拿上一笔投资更是难上加难。马化腾瞄准1999年的高交会，打算在这个全球投资者聚集的大会放手一搏。

28岁的马化腾抱着修改过66遍、共20页的商业计划书跑遍了高交会的所有会馆。经历一次次碰壁后，终于，慧眼识珠的IDG和盈科数码出现，一下给腾讯投资220万美元。直到QQ用户达到2000万时，这笔投资都还没用完。

不得不说，没有马化腾拼命抱着修改的商业计划书不懈地去宣讲，就没有这笔风投，也许就没有今天的腾讯。

（案例摘自：28岁的马化腾抱着改过66遍的商业计划书跑遍会馆［EB/OL］.（2015-11-22）［2021-01-22］.新浪博客.有删改）

任务二　了解创业计划书：打开创业大门的金钥匙

对于初创企业和刚刚组建团队的创业大学生们而言，项目的酝酿是在撰写创业计划书的过程中一步步清晰。就创业团队内部来说，创业计划是产品、市场营销、财务、生产、人力资源等职能计划的综合，可以设计出实施创业团队战略和计划的"路线图"；就创业团队外部来说，创业计划书用于面对不确定的外部环境，同时用于向潜在投资者及其他利益相关者介绍创业团队试图追求的商业机会。可见，撰写一份创业计划书绝非浪费时间和金钱，更重要的是在撰写的同时可提前预测所需的资源、面临的问题，以便想出对策，减少失败的可能性，从而达到效益最大化。虽没有百分之百完美且面面俱到的创业计划书，但制订过程当中获得的知识、风险意识和危机处理能力无疑是无价之宝。

一、创业计划书的作用

杰弗里·蒂蒙斯说过："创业是一个漫长的努力的过程，这个过程可以将一个思想的雏形变成一个商机，就像把一条毛毛虫变成一只美丽的蝴蝶，创业计划本身就是这一过程的顶点。"如此，作为一个大学生创业者，一份好的创业计划书不仅能吸引投资，更能指导未来公司的运作，这是至关重要的。那么，创业计划书究竟有哪些作用呢？我们一一解读。

（一）指导创业实践

一份完整的创业计划书，相当于整个创业的纲领性文件，具有战略指导性作用。"做什么""怎么做""如何做"等方方面面在创业计划书中向人们呈现，一个项目的孕育，往往经历从无到有、从模糊到清晰的过程，制订创业计划书，逐条推敲打磨，能帮助你认清前进的方向。

许多创业者都会和自己的雇员分享创业计划书，原因在于能使创业团队深刻地理解自己从事的事情。正如管理领域中的目标导向，清晰地向创业者、创业管理团队和企业雇员们提供一份关于初创企业发展目标和发展战略的说明书，能引导企业在不同阶段进行不同的创业实践。

此外，长期的推敲打磨和探讨也是许多成熟的大公司仍旧在实行的方法。通过周期性的反复讨论，最终确定组织未来的行动纲要和行动计划，并让组织上下的思想和行为得到统一，朝着共同的目标前进，便于后期实施运行，这就是创业计划书潜在的魅力。

（二）整合创业资源

资源整合概念起源于经济学领域。自19世纪30年代以来，不同的学者对资源整合众说纷纭。就企业而言，众多学者认为企业的资源整合是识别有用资源要素的基础上获取潜在资源要素，并对已有的资源要素进行整合利用创造价值的过程，是一个复杂的动态过程。

创业计划书最根本和最重要的就在于整合作用。在创业的过程中，行业前景、产品类型、服务、市场营销、人事、财务、运营、策划等各方面要素都是分散且凌乱的。但在撰写创业计划书的过程中，经过前期调研、挖掘信息、梳理思路、厘清逻辑，最终可找到各资源之间的连接点，将各类信息和资源有序地整合起来，为创业的实践提供参照。

（三）获取创业资金

快速获得投资的最关键因素就是创业计划书。马化腾带着修改过66遍的创业计划书跑遍会馆终于拿下220万美元的投资，可见创业计划书不仅是说服创业者自身坚持下去，更是说服创业投资人的重要文件。

资金是所有创业的血液，企业唯有获得资金支持才能快速发展和崛起。但能获得资金的支持，必定拥有一份使投资人眼前一亮的高质量创业计划书，内容翔实、数据丰富、体系完整，才能获得投资人的认可，使融资成为现实。

好比推销员一样，此时的你正在向投资人推荐产品，而你的表达却并不是最重要的标准，手中的创业计划书则是潜在顾客、商业银行和风险投资家最关注的部分。往往一份质量上佳的创业计划书会为项目的融资发挥不可估量的作用。

（四）聚集创业人才

创业活动往往需要一个强有力的创业团队支持。人力资源作为重要的资本，关乎着企业未来的发展走向。

新东方创始人俞敏洪，致力于创造全新的事物，于是毅然辞去北京大学老师一职，开始自己的创业生涯。在创办新东方培训学校之初，他独自承担宣传、授课等所有的工作，但毕竟人的精力是有限的，他逐渐意识到，需要更多的合作伙伴帮忙把控英语培训各个环节的质量，这样才能创造更大名气，才能把公司做大，在同类学校中脱颖而出。

什么样的人是俞敏洪所期望的团队成员呢？过硬的专业知识和能力。想到这里，俞敏洪首先想到自己在北大时期的同学和好友，相同的思维共性，能很好认同并理解办学理念，合作起来必定事半功倍。远在美国的王强和加拿大的徐小平等人在俞敏洪的邀请下站在了新东方的讲台上。1997年，俞敏洪的另外一名同学包凡一也从加拿大回国加入新东方，团队成员逐渐增多。此外，在一次偶然的会面中，俞敏洪遇到和他有着共同梦想、惺惺相惜的朋友——杜子华，在谈及创业，谈及新东方后，杜子华改变其单打独斗实现教育梦想的生活，最终也选择加入新东方。就这样，新东方犹如一块磁铁一样，聚集起年轻人的梦想，也给俞敏洪带来丰富的人力资源，创业团队不断扩展，年轻人身上积蓄的力量在新东方得到释放和爆发。

创业团队的重要在于其中丰富的人力资源，而优秀的创业计划书犹如一份招贤纳士的招聘启事。一是可以吸引创业人才进入，通过创业计划了解并熟悉企业，方便快捷加入志趣相投的创业项目。二是引入潜在的投资者，吸引新股东加盟。三是吸引有志之士加入创业团队。和俞敏洪一样，创业团队中不仅需要领袖，更需要充满兴趣，致力于从事该工作的员工们，所以创业计划书对于新员工的招聘和吸引很有帮助。四是吸引对创业计划感兴趣的组织赞助和支持。资金的支持不仅来源于风险投资人，还存在于其他组织，好的创业计划书会吸引各方组织给予帮助和支持。

总而言之，创业计划书是创业者创业的通行证，也是迈向成功的第一步，这就是创业计划书所拥有的价值。

✎ 小贴士

有个年轻人去微软公司应聘，而该公司并没有刊登过招聘广告。见总经理疑惑不解，年轻人用不太娴熟的英语解释说自己是碰巧路过这里，就贸然进来了。总经理感觉很新鲜，破例让他一试。面试的结果出人意料，年轻人表现糟糕。他对总经理的解释是事先没有准备，总经理以为他不过是找个托词下台阶，就随口应道："等你准备好了再来试吧。"一周后，年轻人再次走进微软公司的大门，这次他依然没有成功。但比起第一次，他的表现要好得多。而总经理给他的回答仍然同上次一样："你准备好了再来试。"就这样，这个青年先后5次踏进微软公司的大门，最终被公司录用，成为公司的重点培养对象。

为什么水能穿过硬石？坚持不懈而已。也许，我们的人生旅途上沼泽遍布、荆棘丛生；也许我们追求的风景总是山重水复，不见柳暗花明；也许，我们前行的步履总是沉重、蹒跚；也许，我们需要在黑暗中摸索很长时间，才能找寻到光明；也许，我们虔诚的信念会被世俗的尘雾缠绕，而不能自由翱翔；也许，我们高贵的灵魂暂时在现实中找不到寄放的净土……然而，我们为什么不可以以勇敢者的气魄，坚定而自信地对自己说一声"再试一次！"

再试一次，你就有可能达到成功的彼岸！

二、创业计划书的目的

在撰写创业计划书前，创业者往往会这样询问自己：

我们发现的是什么问题？有什么方案解决呢？

需要哪些资源，如何才能实现？

需要怎样的团队才能成功？

剖析上述问题，不难发现，他们是创业的三大根本问题。前一部分我们提到创业计划书就像一种自我推销的文件，是新创企业向潜在投资者、供应商、商业伙伴和应聘者发出的信号，这也暗示创业计划书一个非常重要的目标——吸引各种各样的利益相关者。

好比在进行故事的叙述，创业者们用主线和副线丰富故事，而故事的读者是千变万化的，面对不同的读者，创业计划书的目的也不一样。下面根据创业计划书的不同使用者，对撰写创业计划书的目的进行介绍。

我们知道创业计划书的作用在于指导创业实践、整合创业资源、获取创业资金和聚集创业人才。创业计划书强调如何把具备可行性的市场机会转化成盈利产品和服务，涉及各个层面的计划。创业计划书的用途之一是向潜在员工、现有员工、资助组织、服务商等传递和展示企业的愿景和使命以及文化和理念。

（一）读者一：企业内部员工

就内部员工而言，创业计划书是他们所必需的文件。市场的快速变化、环境的动荡，使创业计划书具有和计划本身同等的价值。这是一份创业团队内部经过所有成员们相互探讨、解读现状、分析前景制定出的企业发展规划，最终在反复讨论中形成统一的企业发展目标和愿景，起着指导作用的文件。

内部员工更能从创业计划书中了解到企业的发展方向，明确自身的角色定位。假若你是初创企业中的普通员工，表述清晰的创业计划书有助于你协调工作，积极主动地安排，同企业共奋进；若是初创企业的负责人和职能部门的负责人，获得一份分析企业各个方面和未来战略与目标的正式创业计划书，能够确保你所做的事情与企业整体计划和方向一致。这是创业计划书对于企业内部员工的意义。

（二）读者二：企业外部人员

外部人员包括投资者、供应商、商业伙伴等。创业计划书最显著的作用在于获取创业资金，募集外部的资金，但创业活动与传统的商业活动最大的区别在于，创业活动始于创意而非资源。因此，当作为创业者的你拥有一份好的项目计划的时候，你本身是不具备资源的，故获取资源也是创业计划书所隐藏的市场价值。

投资者、供应商、商业伙伴、应聘者等都是创业计划书的第二读者，撰写创业计划书的第二目的就在于吸引这类读者。吸引这类读者，创业计划书究竟需要从哪些方面入手呢？

①切合实际，不能过分乐观。

②明确显示商业创意，并论证商业创意的可行性和资金回报。

③对有竞争力的独特商业模式进行描述。

④深刻阐释竞争环境。

⑤可行性分析的结果。

创业计划书是一种书面文件，它解释了创业者的愿景，以及这些愿景如何转变成为一家营利的、切实可行的企业，这些都是第二读者想看到、需要的信息。初创企业寻找投资者的主要原因，就是为筹集资本，用来雇用员工，进一步开发产品或服务，租赁办公地或作其他运营费用等，而一份好的创业计划书往往能够使投资者清晰看到创业项目的价值，进而主动对初创企业实施帮助。

任务三　编制创业计划书：看紧投资人的钱袋子

明确创业计划书的含义和目的意义后，初创企业即将开始撰写创业计划书。尽管在市面上的创业计划书类型各异，但看似千篇一律的格式中总有核心且有价值的信息，这些都是投资者等相关利益人在速读中最感兴趣的地方。核心部分内容如下：

一、创业计划书的框架

一般而言，创业计划书的基本框架内容如下：

封面、执行总结、目录、公司概述、创业团队、产品或服务介绍、市场概况、竞争分析、商业模式、市场营销计划、生产运营计划、财务计划、公司管理、企业文化、风险预测及应对、资本退出和附录。

关于创业计划书的撰写，清晰简练尤为重要。篇幅不宜过长，但又必须确保信息充分。最后需要强调的是，撰写创业计划书之前必须明确目的。

二、创业计划书的基本内容

创业计划书是由创业者准备的全方位的项目计划，一份完整的创业计划书所涵盖的基本内容如下：

（一）封面

封面的设计要求简单、美观大方，富有艺术感。和心理学上的首因效应一样，好的封面会给读者良好的体验感，留下好印象。除去基本的美观，封面还需要包含这样几个大的必要信息。

首先是企业的名称，若有企业的Logo，可以融合到封面中去；其次是需要有创业者和创业团队的联系方式，包括地址、电话、邮箱等，方便投资者能联络到创业者；最后是警示阅读者保密等事项信息，知识产权的保护既是对自身知识财产的重视，也是每个人应当遵循的基本要义。

（二）执行总结

执行总结是最为精简的创业计划书，同论文的摘要有异曲同工之妙，往往是创业者在所有文字都撰写好后进行的综述性文字，但却是投资人们最先看到的内容。

执行总结需要高度提炼和总结整篇创业计划书的内容，用100~150字说清楚文章框架内容，阐释清楚商业描述、行业概要、目标市场、竞争优势、经营模式、盈利模式、团队及资源支撑等几个方面。说清楚为什么要做这个（WHY）、想要做什么（WHAT）、从哪里做（WHERE）、谁做（WHO）、什么时候做（WHEN）以及如何实施（HOW），也就是由美国陆军首创的5W1H。

【知识拓展】

5W1H法在社会治安管理中的运用

沈阳市某住宅区社会治安不好，入室盗窃案发量一直居高不下。虽然住宅区也采取了夜间值班、巡逻措施，但入室盗窃仍时有发生，弄得居民人心惶惶，严重干扰本区的社会治安和社会和谐。物业管理委员会主任通过应用5W1H法，使本地区社会治安得到根本好转，近年来，再没有入室盗窃的问题了。

经检核、分析，发现问题出在何人（Who）、何时（When）、如何（How）三个方面。

何人（Who）——根据以往作案人的脚印、指纹分析，是几个作案团伙，初步判断是外地流窜于本市的无业游民，形成了以盗窃为"业"的犯罪团伙。

何时（When）——基本上借着夜色、三更半夜，以窗户的铁栏杆防护窗为攀登物，再通过厨房窗户、厕所窗户入室盗窃。窃贼有明确的分工：有望风的、有专门转移巡逻人员视线的、有传递赃物的。

如何（How）——①住宅区四面全有出入口，实施半封闭管理；②专业保安与"业余"保安相结合，所谓"业余"是指由正义感强、年轻力壮的青年组成，家中有报警器，一有情况，保安闻风而动，迅速奔向出事地点或守候在盗贼必经的出口线上；③一旦有事，区内亮起强光；④装上电子眼用以监控。三个月之内，相继破获了三个盗窃团伙。半年之后，入室盗窃案在这个住宅区绝迹，社区呈现出安乐祥和的气氛。

（案例摘自：刘红宁，王素珍.创新创业通论［M］.北京：高等教育出版社，2012.有删改）

（三）目录

创业计划书一般采用二级或三级目录，投资者可以采用"查找式"进行阅读，对内容一目了然。目录的详细程度与创业项目及创业者所要达到的目标密切相关。表5.1为某创业者创办青春在线旅游公司所做的创业计划书目录部分，仅供参考。

表5.1　青春在线旅游公司创业计划书目录

（案例摘自：孙洪义.创新创业基础［M］.北京：机械工业出版社，2016.有删改）

（四）公司概述

在创业计划书中，公司的概述包括这样几个部分：公司名称、注册时间、公司规模、公司性质、技术力量、项目介绍、员工人数、组织结构等。若创业者还只是处于创意阶段，未有落地的注册公司，则应当将未来公司的愿景和使命写进公司概述中。此外，总体框架上应当言简意赅，向读者展示公司的优势或取得的成果，这些往往都会列入投资者衡量的标准。

小贴士

2020年由赵又廷、白敬亭、乔欣主演的都市职场剧《平凡的荣耀》讲述了万年不升职的投资公司经理吴恪之和初入职场的新晋菜鸟孙奕秋在金融投资领域的职场故事。剧中有无数关于投资人和创业者之间的经典台词，揭示出投资人和创业者之间的关系，也在进一步告诉我们哪种创业者、何种创业计划书能够得到投资者的青睐，在此分享给各位创业大学生们。

"投资没有捷径，要想有好的结果，必须要和创始人一同前行。"

"我们做的是风投，没有创始人的梦想，我们要投什么？"

"作为一个投资人，必须要沉得住气。"

"我们做投资，投的不仅仅是项目，更是投资人。"

（五）创业团队

许多相关利益人在翻阅创业计划书时，会特别看重团队人员的实力，这会直接关系到团队能否胜任创业项目。有创意固然重要，但创业项目的成功更在于创业团队是否为开发创意做了充足的准备。

创业团队由创始人和关键管理人员组成。创业计划书中创业团队部分应当充分提供团队内部每个成员的个人简介，包括个人经历、贡献、个人特征以及能够胜任的要素。

投资者更喜欢曾经一起共事过的团队成员，这通常意味着他们之间融洽、彼此信任，所以打造一个优秀的创业团队也是创业者们需要好好考虑的事情。

（六）产品或服务介绍

你的卖点是什么？产品或服务介绍这一部分着重强调创业项目的卖点。产品或服务的特色从以下几个方面入手。

针对不同的类型有不同的介绍方式：若是服务类，陈述服务流程即可；若是科技类产品，创业者应注重描述产品或服务所处的发展阶段，并提供后续的进度安排。

（七）市场概况

一般而言，当需要开发一项新的创业项目时，首先需要从宏观的背景和环境思考，找到突破口：所提出产品或服务的行业变革的驱动因素是什么？政治和社会环境因素又是什么？当从宏观环境进行分析后，再从微观的角度进行市场规模、市场增长速度、行业和产品在成长周期中所处的阶段、购买者的数量和规模、竞争对手的情况等方面的分析。此外，市场概况中还应当包括客户分析，毕竟创业是问题导向的，分析客户、解决客户的问题是创业者必须重视的一环，也是创业的价值所在。客户分析可围绕人口统计、心理统计、行为特征等，从而判断出消费动机和消费心理。

（八）竞争分析

创业计划书中，一般创业者会对竞争对手进行细致全面的分析，从如下几个方面入手：

第一，你的竞争对手有哪些？主要竞争对手有哪些？最大竞争对手是谁？

第二，和竞争对手相比，你拥有哪些优势和劣势？优势如何发挥？劣势如何消除？

第三，你能否承受竞争带来的压力？

第四，你将采取什么营销策略胜过你的对手？

信息搜集是进行竞争分析的第一步，第二步则是使用不同的方法进行竞争分析，本书将简单地描述三种方法。第一种是组织环境分析法，也就是经典的PEST分析；第二种是SWOT分析法；第三种是波特五种竞争力模型分析，这是由麦克尔·波特（Michael Porter）于20世纪80年代初提出，主要用于行业竞争结构分析以及竞争战略分析。

1.组织环境分析法（PEST分析）

组织环境通常由宏观环境和组织具体环境构成。初创企业的发展必定离不开外部环境的影响，对组织环境的分析对初创企业来说至关重要。一般而言，会从政治（Political）、经济（Economic）、社会（Social）和技术（Technological）这几个方面进行分析，也就是俗称的PEST分析（图5.1）。

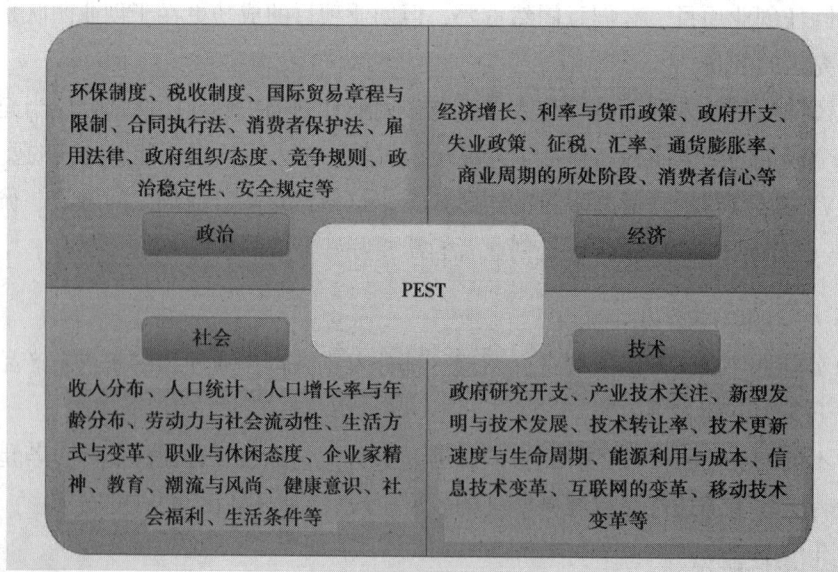

图5.1　PEST分析图

（案例摘自：黄远征，陈劲，张有明.创新与创业基础教程［M］.北京：清华大学出版社，2017.）

2.SWOT分析法

SWOT分析法自形成以来，就成为企业战略管理和竞争分析的重要工具。SWOT分别表示优势、劣势、机会和威胁，从初创企业自身到外部环境进行分析。大学生创业者在进行竞争分析的时候可利用SWOT分析法直观地认识到优缺点和机会以及威胁，这种方法不需要非常严密的数据支撑，故广受大学生创业者的青睐。但也正是这个原因，使得SWOT分析法带来不可避免的精度不够的缺陷现象。

3.波特五力分析模型

麦克尔·波特于20世纪80年代初提出了波特五力分析模型，用它来分析竞争战略和竞争环境。这五力分别是：供应商的讨价还价能力、购买者的讨价还价能力、潜在竞争者进入的能力、替代品的替代能力和行业内竞争者现在的竞争能力（图5.2）。

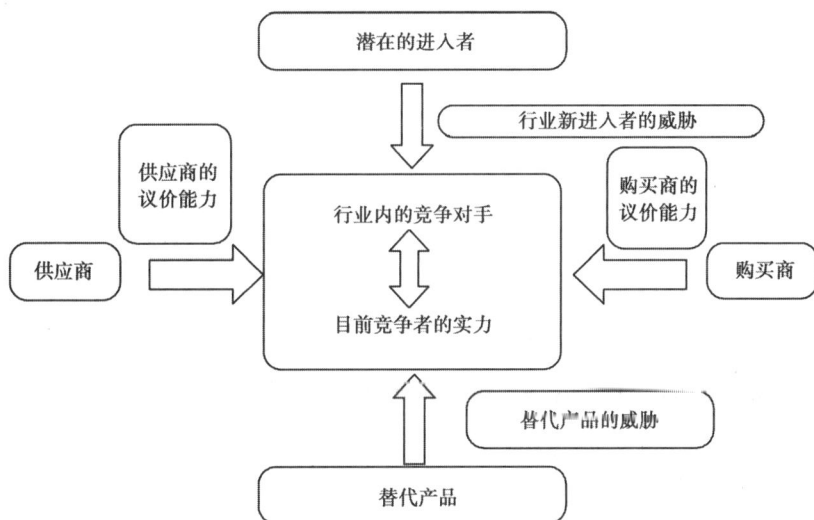

图5.2 波特五力分析模型

有学者认为该模型的理论建立在以下三个假定基础之上：制定战略者可以了解整个行业的信息；同行业之间只有竞争关系，没有合作关系；行业的规模是固定的，因此，只有通过夺取对手的份额来占有更大的资源和市场。大学生创业者在撰写创业计划书时，波特五力分析模型无疑是一种基础且有效的竞争分析方法。

（九）商业模式

商业模式是整个创业计划书中最重要的部分，也是投资者最关注的部分。何为商业模式？就是用简洁的语言描述创业项目从开始到经营再到赢利的一个商业逻辑。若照搬传统的商业模式，则会缺乏创意和创新点，很难融到资金，所以商业模式的撰写是个非常关键的点。

（十）市场营销计划

市场营销是整个创业计划书里最富有挑战性的一环。和销售不同，销售属于营销的一部分，营销则是一个庞大的系统，营销的关键是使产品或服务和消费者之间产生联系，获得持续的顾客和销售额，这是初创企业获得利润的途径，所以营销计划至关重要。

市场营销计划主要包括：市场机构和营销渠道的选择、营销队伍建设和管理、促销计划和广告策略、价格决策等。值得注意的一点在于，上述的所有内容都必须建立在市场调研的基础之上。

通过产品构思及设想、市场调研、市场定位、用户选择、营销策略制订和销售预测几个步骤，构思出完整的市场营销计划，达到高质量发展水平，也便于使不同发展阶段的企业有独特的营销策略。

（十一）生产运营计划

生产运营计划在创业计划书中属于灵活的部分，这是一个关于选择厂址、购买原材料、组织生产产品或服务的过程。不同的创业类型，在进行生产运营计划撰写时内容也不尽相同。

在生产运营计划中，对于工业类企业，生产运营计划包括的具体内容有厂址选择、工艺流程、设备引进、生产周期标准和生产作业计划的编制、物料需求计划及其保障措施、劳动力供求、库存管理以及质量控制方法等。对于创意服务类企业，生产运营计划则包括创意本身、自身优势和员工特点等。

大学生创业者在撰写生产运营计划这部分时，应当从以下几个视角进行思考：新产品或服务的成本结构是怎样？如何保证产品或服务的质量？如何保证原材料或物料的供应？

（十二）财务计划

财务计划是针对创业项目的发展制定的一系列动态的、可靠的、全面的财务规划。财务计划是从财务的角度对创业计划书进行的支持和说明，以反映企业预期的财务业绩。风险投资人会把这份财务业绩作为判断自身投资风险的依据，如若做的财务业绩不对，可能降低初创企业的估值，同时增加经营风险。

一般而言，财务计划是需要花费大量的人力和物力进行整合以及制订的，主要包括资产负债表、利润表、现金流量表（表5.2）和盈亏点分析。类似于销售收入、销售成本、管理费用、销售费用、应收账款、应付账款、存货周期和资产利用率等具体的数据，这些数据是十分重要的。

表5.2 现金流量表（模板）

项　目	行　次	金　额
一、经营活动产生的现金流量：		
销售商品、提供劳务收到的现金	1	
收到的税费返还	3	
收到的其他与经营活动有关的现金	8	
现金流入小计	9	
购买商品、接受劳务支付的现金	10	
支付给职工以及为职工支付的现金	12	
支付的各项税费	13	
支付的其他与经营活动有关的现金	18	
现金流出小计	20	
经营活动产生的现金流量净额	21	
二、投资活动产生的现金流量：		
收回投资所收到的现金	22	
取得投资收益所收到的现金	23	
处置固定资产、无形资产和其他长期资产所收回的现金净额	25	
收到的其他与投资活动有关的现金	28	
现金流入小计	29	
构建固定资产、无形资产和其他长期资产所支付的现金	30	
投资所支付的现金	31	
支付的其他与投资活动有关的现金	35	
现金流出小计	36	
投资活动产生的现金流量净额	37	
三、筹资活动产生的现金流量：		
吸收投资所收到的现金	38	
借款所收到的现金	40	
收到的其他与筹资活动有关的现金	43	
现金流入小计	44	
偿还债务所支付的现金	45	
分配股份、利润或偿付利息所支付的现金	46	

续表

项　　目	行　次	金　　额
支付的其他与筹资活动有关的现金	52	
现金流出小计	53	
筹资活动产生的现金流量净额	54	
四、汇率变动对现金的影响	55	
五、现金及现金等价物净增加额	56	

（案例摘自：黄远征，陈劲，张有明.创新与创业基础教程［M］.北京：清华大学出版社，2017.）

（十三）公司管理

公司的性质、管理制度、组织结构、股权划分、薪酬制度等都会影响风险评估，所以创业者在进行撰写的过程中，要将公司相关要素一一说明，包括组织结构、功能职责、主要成员、薪酬激励制度。

更重要的是需要凸显创业者和创业团队良好的素质和能力，投资人在翻看创业计划书的同时，也是在考察创业者，往往投的不仅是项目，更是投创业者，良好的创业团队可以保障项目的良性运作，投资人会综合考虑各方因素，选择合适的投资项目和创业团队。

（十四）企业文化

企业文化又叫组织文化。任何一个组织都离不开组织文化的影响，这种组织文化是由组织内部的价值观、企业愿景、信念、意识等共同构成的文化形态，是长期发展并内化到企业内部每一位员工心理的一种文化状态。

微软的企业文化是诚信；网易的企业文化是正直、责任、合作和创新；腾讯的企业文化中最关键的一条就是"坚持用户第一"理念……不同的企业文化都有着同样的功能，规范、约束、凝聚和激励企业内部所有员工。在一个企业的愿景和核心价值观引导下，企业的使命感油然而生。

因此，在撰写创业计划书时，需将企业文化写入，同时要明确于企业文化下产生的企业使命，在彰显企业特色的同时，使投资人认识到企业存在的价值。

（十五）风险预测及应对

风险的承担是各类创业公司都必须清楚意识到的一点。人们普遍会认为创业者都富有冒险精神，是冒险家，但往往真正的创业者不喜欢风险，而且也会尽最大可能将风险降至最低。

风险和回报是成正比的，风险越高回报也就越高。所以大学生创业者在进行创业计划书的开始撰写阶段，就应当把遇到的风险和可能获得的回报进行评估，只有风险是在可承受范围内才会进行创业实践。

进行风险预测和评估后，大学生创业者可根据各类要素选择最有效的风险管理技术进行防范和预防。常用的风险应对方法有风险避免、风险自留、风险预防、风险抑制和风险转嫁等。

（十六）资本退出

创业是商业行为，创业计划书的实施在于获得创业资金的支持，但投资人会在合适的时机退出，因此，创业计划书还需要向投资人呈现在什么时候他们的投资将退出，且能够获得的回报是多少？这也是投资人极为关注的问题。

创业者在撰写这一部分的时候，需要注意以下几个问题：

企业面临的风险及其带来的影响是什么？面对风险，企业应采取怎样的应对方案？初创企业首选的退出方式是什么？每一项的投资回报率是多少？

（十七）附录

附录的作用在于把各种相关文档和数据列出来，给读者和投资者提供相应的数据支撑，以便作出最终的决策。在创业计划书中，附录必须分开撰写，且附录的作用是给创业计划书提供补充材料。

三、写好创业计划书的要点

在上述板块我们对创业计划书的内容作了详细的梳理。创业计划书根据内容维度，分为两个版本，一是报告版创业计划书，侧重于对未来业务的详细阐述；二是路演版创业计划书，侧重于在报告版的基础上对相关格式的突出性处理。了解创业计划书的框架并不等于可以写出有吸引力的创业计划书，因此本节我们重点掌握创业计划书会用到的一些商业思维和分析问题的方法。

我们从目标受众（投资人或潜在合伙人）的角度分析，一份吸引眼球的创业计划书至少应该回答9个核心问题：

第一，你是谁？——如何让我相信你？

第二，团队有谁，如何分工？——管理团队是否稳定？管理模式是否靠谱？团队成员是否互补，有共生效应？

第三，你是做什么的？——产品和服务能否快速让我理解？

第四，为什么要做这个？——是否对焦市场痛点，有市场前景吗？

第五，相较于市场，你什么地方强于对手？——你研究过竞争对手吗？优势相较于其他公司在什么地方？

第六，这些优势如何守住？——你的优势竞争对手无法复制吗？

第七，你的"优势"和"需求"如何对接，才能产生经济效应？——市场渠道如何，产品、供应链和市场如何连接？

第八，满足市场这些需求可以赚多少钱？——你的成本和盈利模式成立吗？

第九，你能给我的回报以及可能产生的风险？——投资的成本和收益。

我们写创业计划书的框架应暗扣上述9个核心关键问题，基本思路如下：公司基本情况—管理模式—市场前景—竞争对手分析—产品、服务优势—市场运营思路—财务状况—风险评估—投资需求。

下面我们就围绕9大核心内容介绍写作技巧。

（一）介绍自己的团队和公司

投资人看创业团队，想看的是团队成员有"能力"做好创业项目。

1.阐述成员经历

内容展示有取舍，精简且有重点，不展示与团队专业无关的成员内容。团队介绍的重点在于团队优势，体现公司组织框架，凸显公司团队专业性，挑选对项目有利的重点经历进行阐释。着重阐述成员经历，具体可以阐述团队成员在相关行业的经历和已经有的一些经验，挖掘团队成员的优点，以此作为主要介绍内容。

2.阐述与项目相关的能力

除了相关经历，还可以阐述团队成员与该项目匹配的能力有哪些。投资人只会投资有前景的团队，能力与事情相匹配，才能使项目成功率提高，投资人也会更信赖你们。

3.阐述你们的成就

可以说说你们在这个行业已有的一些成就，充实你们的相关履历。此外，可以说说这个项目上目前你们取得的成果，以此证明你们的实力。

团队介绍对初创企业来说至关重要，因为团队是创业的核心，优秀的团队才能让投资人看到希望。因此，在介绍时千万不能马虎。

公司信息虽是企业向投资者展示的基本信息情况，但直接关系到投资者对企业第一印象的好坏及日后融资是否顺利。同时，企业也可以通过这些信息更了解自己。

（1）尽快让投资人熟悉你，把公司的具体信息说清楚

求职者去面试时，姓名、年龄、学历等基本信息是面试官迫切想知道的，同理，在创业计划书上，投资者同样也会注意企业的基本信息。企业的基本信息包括公司类型、股份占比情况、注册资金等。

企业类型是自己必须要知道的，一般情况下不会出现太大的问题。比如重庆×××有限责任公司，一般不会有人把自己企业误会成重庆×××股份有限责任公司。

股份占比对于企业的重要性不言而喻，毕竟股东在企业中的权力地位基本上是依靠股份占比大小来支撑的，股东占有越多股份，其在企业中的权力也就越大。因此，在创业计划书中，股份占比情况也是需要着重考虑的问题。企业在划分股份时，需要合理分配。

除此之外，企业还可以在创业计划书中简单介绍企业的创始年份、经营状况、企业前景等内容，让投资者对企业更熟悉。

（2）你的目标是投资人投资的风向标

在撰写创业计划书的时候，企业目标是企业发展的核心，对投资者的决定具有重要的指导意义。

撰写创业计划书要提前设定发展目标，那么就要预测一个季度、一个年度甚至是五年之内的计划，从而达到企业发展的目标。在撰写过程中，企业需要思考实现目标的细节措施：应该如何实现目标？雇用怎样的员工？生产怎样的产品？如何将产品推向市场？等等。这些都是企业需要深思熟虑的问题，同样也是投资者所关心的。

目标可以以时间表的形式呈现给投资者，将时间表细化，每一步目标都一目了然。但前提是企业必须要确定自己的短期目标以及长期目标，这样才能制作出一个完整的时间表。

虽然说企业制订的目标不一定能完全实现，但是企业却可以根据确立的目标明确发展思路，而投资者也可以通过企业的发展目标判断企业的发展潜力等。因此，企业目标不仅对企业具有重要的推进作用，同时对投资者也发挥着风向标的功能。

（3）分享经营成果，给投资人信心

企业的经营成果是指在某段时间内，企业生产经营活动创造的所有效益。在一般情况下，实物量和价值量是反映企业经营成果的最佳因素。

实物量，顾名思义，就是企业的实物或服务产品的三方面要素：数量、质量以及品种。这三个要素没有谁重谁轻的说法，要同时做到产品数量多、质量好、品种全。而价值量同样包括三个方面，即总产出、净产出、纯收益。

在创业计划书中，企业的经营成果是让投资者了解企业的重要方面，也是投资者判断企业前期发展状况的重要参考因素。如果是一家较为成熟、大有名气的企业，那么其经营成果可以只做一个简单的叙述，毕竟投资者对于大企业的经营成果从来都是不会错过关注的。相对而言，初创企业、小企业等的经营成果的意义就要更大一些，因此描述起来也更为详细一些。

（4）没有愿景的公司不是好公司

如果说企业的经营成果是在讲述企业的发展历史，那么企业的发展愿景就是企业的未来。相比已经发生过的事情来说，投资者同样看重企业对于未来的规划，毕竟那不仅关系到企业是否有前途，同时还关系着投资者的直接利益。

如果一个企业连发展愿景都没有，投资者也不会对这种"没有前途"的企业进行投资。因此，在创业计划书中，企业的愿景必须要清晰地表达出来，包括企业发展规模、人员管理状况、企业发展领域等。通过表达企业的发展愿景，让投资者看到企业是具备发展潜力的，其资金投资出去是可以得到回报的。

此外，介绍团队和公司，可用以下具体操作方法：

①模板法。

如果是一家初创公司，不知道怎么介绍自己的公司，我们可以先尝试模板法，公司介绍模板如下：

××公司成立于××××年××月，是位于××的一家以提供××的××（创新、高新技术、专业服务型公司），公司注册资金××万元，营业额达××万元。现有员工××人，平均年龄××岁，技术骨干均为××博硕士，博硕士人数占比××%以上，本科学历××%以上。公司开发、推广及服务团队占据企业××%员工比例，是典型的哑铃型企业（研发市场重，行政管理轻）。员工专业背景主要有××等，和企业未来战略契合度高。

②标杆法。

如果初创公司的行业性特征非常明显，可以采用标杆法，去网站搜索本领域内或者本行业内多家领先公司的介绍，分析其框架，模仿其结构，加以综合。

如无人机领域行业独角兽企业——深圳大疆创新：

深圳市大疆创新科技有限公司成立于 2006 年，如今已发展成为空间智能时代的技术、影像和教育方案引领者。成立14年，大疆创新将业务从无人机系统拓展至多元化产品体系，在无人机、手持影像系统、机器人教育等多个领域成为全球领先的品牌，以一流的技术产品重新定义了"中国制造"的内涵，并在更多前沿领域不断革新产品与解决方案。大疆创新以创新为本，以人才及合作伙伴为根基，思考客户需求并解决问题，得到了全球市场的尊重和肯定。目前，公司员工 14000 余人，在 9 个国家设有 17间分支机构，销售与服务网络覆盖全球一百多个国家和地区。

大疆创新在品牌建设与质量管理上追求极致，先后入选国家技术创新示范企业及全国质量标杆企业；2018 年被认定为中国驰名商标，2019 年荣获中国品牌强国盛典十大年度新锐品牌。大疆创新重视发展自主知识产权，2015—2019 年多次获得国家级知识产权奖项，包括"中国外观设计金奖"和"中国商标金奖"，被评为国家知识产权优势企业。截至2020年5月，大疆创新累计申请专利 12900 余件，其中 PCT 国际申请 4260 件，连续四年 PCT 专利申请量国内前十；全球内，商标布局 57 个国家和地区，注册 1500 余件。

（案例摘自：深圳大疆创新官网。本书对此进行了适当修改和整合。）

（二）介绍自己产品和服务的卖点

已有运营数据证明你们产品或者服务流程得到市场认可的，更能够得到投资人的认可。

一般来讲，谈到融资这一步，说明你已经解决了产品运营或者服务的缺陷漏洞，那么接下来需要解决的是如何在最短时间内让投资人理解你推出了一款怎样的产品或者服务方案。

和公司介绍不同，你的产品和服务如果不能挖掘独特的卖点，最好用一句话抓住别人的注意力，给人留下深刻的印象，否则很容易被忽略。

【知识拓展】

王老吉的成功"卖点"

王老吉是如何从少数人喝的凉茶，接"地气儿"，成为大众消费品的？

通过市场调查发现，很大一部分消费者选择王老吉的原因是看中了其具有"预防上火"的功效。

如何做大做强"预防上火"的概念？

上火的原因，大概有五方面：季节、饮食（如吃火锅）、户外、熬夜（如加班、看球赛）、心火，公司针对每个方面进行情境化概念输出。

以季节为例，针对不同季节构建场景，引导消费者使用"王老吉"。

比如"春暖乍寒，怕上火，喝王老吉""炎夏消暑，怕上火，喝王老吉""秋高气燥，怕上火，喝王老吉""干冷冬季，怕上火，喝王老吉"。

（案例摘自：王老吉启示录：如何让产品的卖点接上"地气"［EB/OL］．（2020-10-15）［2021-01-22］．搜狐网.有删改）

要写好产品的服务和卖点，首先我们得尝试用一句话把卖点总结出来，如：

这个世界有一群这样的人……需要另一个……

我们只做好一件事情……

我们通过移动互联网卖……解决物流环节的关键问题是……

这是一个全新的行业……

（三）合理分析市场容量

市场容量是指在不考虑产品价格或供应商的前提下，市场在一定时期内能够吸纳某种产品或劳务的单位数目。市场容量是由使用价值需求总量和可支配货币总量两大因素构成的。市场容量可以自然拉动企业投资和经济发展；没有市场容量，只依靠企业效率来推动经济增长，就蕴藏着经济失调的巨大风险。

那么如何预测一个行业的市场容量呢，我们建议分四步走。

第一步，需要了解的是同类产品在目标市场中销售的具体数字和品牌、规格、来源、生产厂家、价格，并根据当地的有关统计人口、社会经济统计数据，找出过去和现在发生的变化情况，预测将来可能发生的变化。

第二步，要了解当地市场有关产品的消费变化。主要查清当地同类产品的生产数量和可能发生的变化、当地产品的就地销售数量、当地的工资收入水平、消费习惯等，运用定性分析和定量分析的方法，综合地分析产品今后的消费变化趋势。

第三步，查明同类产品在当地的年消费量、消费者数量和产品的消费方式、产品消费范围的大小、消费频度、产品用途，以及具有什么竞争性替代品等因素。

第四步，为了对产品今后消费情况的变化趋势进行预测，还应查明产品在当地市场上的生命周期状况，并结合其他因素进行综合分析和推断。

产品的生命周期状况分为五个阶段，并总是以某种形式在流通中反映出来：导入期，产品刚进入市场，销售增长缓慢；增长期，产品销路渐开，如果产品适销对路，在今后一定时期内销售将会迅速增长；成熟期，产品销售增长势头不明显，并有迹象表明产品销售即将下降；停滞期，产品销售已达峰点，并逐渐发生缓慢下降；衰退期，市场表现出对产品的需求减少，产品销售量也持续下降。几乎所有的产品都以某种形式经历生命周期的五个阶段，但不同类型的产品或同类产品中不同品牌产品的变化速度是各不相同的。因此，查明产品在市场周期中所处的阶段是重要的。此外，还必须注意的是，产品销售利润的下降通常要比销售量下降得早，也下降得快些。

市场分析过程中，常见的创业市场分为三种：

①零和市场：市场本就存在，你能用更好的产品或者服务来和竞争对手竞争，不需要论证市场的存在，关键在于如何从对手中争夺市场。

②抑制市场：市场客观存在，但是被某个因素抑制了，如有的行业属于被管制行业，或者政策限制性行业，或者技术限制性行业。

③潜在市场：没有人意识到这个市场的存在，要引导需求开创新的市场。如苹果公司生产的iPad电子产品，让消费者意识到有这方面的需求。难点在于说服投资人，使他们同样相信市场的存在。

【知识拓展】

滴滴打车是如何打开市场的？

我们出行的时候，会遭遇堵车，因此上班迟到，和朋友的聚会一再推后。很多时候打不了车，很不方便，消耗了很多时间。

移动互联网带给人们最大的改变就是不再受时间、地域限制。滴滴打车的创始人张博，以移动互联网让出行更美好的愿景让中国多个城市的人们工作便捷。一起来听他分享：从一开始做滴滴打车，如何打磨服务和乘客体验。

出租车司机很辛苦，他们所在乎的是不够用的时间。大多数时候空载，消耗的时间与乘客打不了车的时间形成了对比，滴滴打车让司机能大大降低空载率，帮助他们赚到更多的钱。

越传统的行业，破冰的过程越难，张博说一开始司机听他们说这事儿都觉得他们是骗子，好在线下团队很强，人与人之间的交际最重要的大概就只能是真心换真心，一遍又一遍简单的5分钟之内的言语让司机明白，帮他们装好App，教他们怎么操作，怎么完成抢单、接单。

从滴滴打车中所了解到的O2O模式，将线下信息整合到线上，对线下的信息，司机与乘客之间，用简单的、标准的模式去整理。最难的大概就是如何破冰？比如，司机在抢单中，会注意手机屏幕，可能对交通安全有一定的影响，于是他们使用了语音播报，这只是其中一个很小的细节，但却是破冰的关键点。打通了线上线下信息流，相当于重新构筑。同时，能为社会创造价值的这一想法实施后，一定会创造商业价值。

张博提升线下的服务质量，滴滴打车与司机之间的关系，以及司机如何服务于乘客，线下用约束性的制度去管理。这些都帮助滴滴打车打开市场。

滴滴打车很关键的是，他们的线下团队、线上团队、运营团队都很厉害，相信未来他们能服务得更好，产品体验更出色。

（案例摘自：滴滴打车是如何快速占领市场的？［EB/OL］.（2018-07-17）［2021-01-22］.搜狐网.有删改）

（四）分析你的核心竞争力

通过创业团队访谈发现，创业团队一致认为影响他们发展的关键是"创业核心竞争力"。它既是无形的，又是存在的；既是可感知的，但又是难以产生和抓住的。不论公司大小，团队是竞争力的塑造者，核心竞争力的强弱很关键，就像一名武林高手，功力深厚程度决定了实战中的胜败存亡。同时创业团队核心竞争力又像一个无形的"杠杆"，调节着企业年终的盈亏业绩。

剖析核心竞争力，就是回答为什么这件事情你能做，而别人不能做？你有什么与众不同的地方？关键不在于所干事情的大小，而在于你能比别人干得好，与别人干得不一样，有自己的亮点，只要有一点比对方亮就行。刚出来的产品肯定有很多问题，那么你的优点在哪里？

一个创业公司其核心竞争力存在于以下四个方面：

1.初创团队形成团队竞争力

初期的创业团队需要经历从松散到规范的成长过程，团队是创业项目的基础，能否快速形成战斗力，决定了企业能否安全通过初创阶段"高死亡率"的危险区。团队竞争力体现在团队成员承担职能的多样性、团队成员之间的沟通能力、团队成员与多样化人群的有效沟通能力、团队成员学习新知识的能力、团队成员应用新技能的能力、团队成员的创新能力、团队的整体表达能力、团队的整体撰写能力、团队整体解决问题的能力、团队成员整体的人际关系发展能力、团队成员对风险和不确定性的容忍度等。

2.初创企业形成市场竞争力

创业初期能否快速获得市场订单，严峻地考验着这个新生企业。有数据表明，一年内无法获得足够订单的企业死亡率达95%。要快速形成市场竞争力，建议从以下几点入手：①快速指导创业，推出拳头产品或服务；②建立完善的市场销售制度，促进销售人员的积极性；③快速沟通产业链上下游企业，建立相关利益链，形成战略同盟：④利用微博、淘宝、团购等网络推广营销手段，建立低成本高效率的传播战略；⑤研究、学习同行的市场优势，建立差异化的创新战略战术等。

3.初创项目的资源整合能力

创业中能够支持项目成长的资源是散乱无序存在于社会中的，整合社会资源，为创业项目所用，是每个团队的必修课，资源整合能力的强弱也决定了企业的成长速度。这些资源包括 "外脑"资源、政府扶持政策、同行业人脉、跨行业人脉、客户信息资源、行业信息资源、人才储备资源、资金资源、场地办公资源等。

4.核心技术门槛能力

一个好的创业项目，必然是有门槛的，项目的壁垒建设能力将让企业发展保持一定的发展优势，阻止模仿、竞争者出现，让企业长期获得收益。壁垒的建立途径可分为技术壁垒、品牌壁垒、专利壁垒、人才壁垒、战略壁垒等。

（五）构建产品渠道

老话说，酒香也怕巷子深，光有好的产品或者服务，没有好的市场推广，也可能导致市场竞争的失败。

在市场推广领域，已经成熟的理论有经典的 "4P"营销理论，即产品（Product）、价格（Price）、渠道（Place）、促销（Promotion），见表5.3。

表5.3　渠道模式

渠道模式	代表行业
直销	大项目，公关行业、广告行业
分销	快速消费品、农产品
代理	烟酒行业、工业品
口碑营销	化妆品、教育培训
电话销售	保险、电信、金融
邮件订阅	报纸
电视购物	礼品、保健品
网络销售	自建平台和入驻大平台两种

（资料来源：乔辉，张志.大学生创新创业入门教程［M］.北京：人民邮电出版社，2020.）

成功的企业，往往建立多种营销渠道，如果过于依赖一种渠道，一旦市场格局发生了变化，就会给企业带来巨大的经营风险。随着互联网时代到来，互联网营销成为热点，也成为企业转型的风口，那么互联网营销是否适合初创企业需要考虑以下几个问题：

①产品适合做电商吗?

②是自己操盘做电商,还是利用经销商来做电商?

③产品适合淘宝、天猫、京东商城、唯品会、微信商城哪个电商平台?

④如果做电商,是跟淘宝天猫等现有平台合作还是自营电商网站?

⑤线上渠道和线下渠道之间的差价如何摆平?

【知识拓展】

格力空调的渠道变革

近日,格力电器发布公告称,预计今年上半年,完成营业收入695亿~725亿元,同比下滑26%~29%;归母公司净利润63亿~72亿元,同比下滑48%~54%。根据公告,格力电器上半年收入、利润双降的主要原因,一方面是疫情期间,空调行业终端市场销售、安装活动受限,终端消费需求减弱;另一方面是"格力董明珠店"在全国范围内推广新零售模式,公司稳步推进销售渠道和内部管理变革,继续实施积极的促销政策。

董明珠二季度开始的"直播带货"备受关注,这一渠道的改革也引发了热议。粗略估算,董明珠4月以来的六场直播共计带货销售收入230多亿元,约为格力半年总收入的三成。董明珠还表示,格力电器将在今年启动全国巡回直播,7月10日的赣州之行是第一站。

值得注意的是,由核心经销商组建的河北京海担保投资有限公司近期减持格力电器股份,市场对董明珠直播和经销商减持之间的关系充满猜想。

一位格力电器区域二级经销商对时间财经表示,经销商并不乐意董明珠采取这种巡回直播的方式,因为这种方式是打鸡血式的,并没让经销商挣钱,反而把后几个月的客户挖掘完了。

另一位总代则透露,董明珠直播的第二、三场,销售额基本上是代理商打的款,"抖音平台里的数据基本来自全国经销商的钱"。

家电行业分析师梁振鹏告诉时间财经,格力电器的渠道改革肯定会对线下渠道造成冲击,但格力已经到了不得不改的地步了,此前奥克斯和美的都已完成渠道扁平化,格力电器的多层批发经销的制度早就落伍了,毫无疑问,中间层不直接面对消费者的批发商最终会被格力电器干掉。

(案例摘自:格力空调的渠道变革[EB/OL].(2019-06-28)[2021-01-22].道客巴巴.有删改)

(六)设计盈利模式

任何一个创业项目都要认真思考何时才能让项目进入盈利状态,这也是创业的初衷,更是直接博取投资人眼球的法宝,对于创业实践来讲,越早能收到钱的项目是越好的。

在弄清楚你的项目靠什么盈利之前，要先弄明白付费模式的三个W，即Who（谁来付费）、When（何时付费）、How（如何付费）。

【知识拓展】

哪种付费方式好?

小向开办一家教育培训公司，她想到了4种支付方式，你认为哪种最好，请分别说说理由。

方式1：先培训，满意后再付款。

方式2：先付全款，享受课程赠送，再上培训课。

方式3：预付一定比例定金，完成一个周期培训后支付剩余款项。

方式4：按年付费，分档缴费，每年参与对应年级的培训课程。

分析：上述4种付费方式为常见的付费方式，每种付费方式各有利弊，现金流和赢利能力各有差别。

采取方式1收费，容易说服顾客成交订单，满意是一种主观指标，遇到不满意的客户会浪费大量的业务时间和成本，且容易吸引爱贪便宜的客户，造成运营成本增量的不可预估性。

采取方式2收费，现金流较好，成本控制稳定，但是顾客成交疑虑大，如果对于产品和品牌没有信心，会导致业务量急剧萎缩。

采取方式3收费，是目前最常见的，通过预付定金锁住客户，通过后期产品或者服务变现。

采取方式4收费，可以一次性预支未来收入，从而给客户较大的产品总价折扣，但是牺牲单品价格，同时也需要客户对产品和品牌拥有高信任度。

✎ 小贴士

互联网对很多传统商业模式的颠覆是依赖免费模式做成的，360则正是互联网商业模式的典型：免费+增值服务，通过开放免费服务平台的战略吸引用户，在此基础上获取增值服务收入。

奇虎首先推出360杀毒软件作为一项免费服务，快速迭代获取海量用户，同时打造互联网入口级的产品和服务，包括360安全浏览器、360软件管家等，获得用户黏性。在迭代更新过程中，将用户流量以广告等形式变现，提供数据信息服务、黄金广告位等，进一步在平台上为用户提供各种游戏和应用服务从而获得收益。

（案例摘自：奇虎360如何做活免费商业模式？［EB/OL］.（2020-06-10）［2021-01-22］.搜狐网.有删改）

对于创业团队而言，现金流永远是最重要的，涉及盈利模式，因此需要好好设计收费模式，争取创业的成功。

课堂活动

创业计划书的展示

活动方法： 全班同学分组成立创业团队，每个创业团队成员之间相互配合，撰写一份完整的创业计划书，最终呈现出一份效果较佳的创业计划书。

活动形式： 分组撰写，每组7~8人为宜。

活动规则： 每个创业团队进行为期一周的前期调研、文献查阅，确定出合适的创业想法和项目。通过分工合作，完成一份完整的创业计划书。

创业计划书要求：

1.每个创业团队都需要选出一个领导（组长）。

2.按照本章节知识点进行撰写。

3.每位成员都必须参与其中，并将分工写进创业团队部分。

4.前期调研时间为一周，撰写创业计划书的时间为一周。

注意事项：

1.每个创业团队都需要进行分工合作。

2.老师作为指导教师，指导每个创业团队进行创业计划书的撰写。

3.本次课堂活动在两周内完成。

本章小结

1.对于大学生创业者来说，创业计划是一份复杂的工程，但撰写创业计划书，不仅是梳理创业思路、整合创业资源的过程，还是进一步认识创业项目、评估商业机会本质的过程，更是青年大学生创业者培养理性思考、敏锐观察、严谨态度的能力提升过程。总体而言，创业计划书指创业者就某一具有市场前景的新产品或服务向风险投资者游说，以取得风险投资的商业可行性报告。

2.一份好的创业计划书能指导创业实践、整合创业资源、获得创业资金、聚集创业人才。对企业内部员工和企业外部人员有着不一样的用处。

3.创业计划书包括封面、执行总结、目录、公司概述、创业团队、产品或服务介绍、市场概况、竞争分析、商业模式、市场营销计划、生产运营计划、财务计划、公司管理、企业文化、风险预测及应对、资本退出和附录几个部分。写好一份创业计划书，需要从团队建设、产品和服务的卖点、市场容量、核心竞争力、产品渠道和盈利模式出发，构建出符合大学生创业者特色的创业计划书。而创业计划书的撰写，也是我们走向自主创业的一个重要环节。

【课后阅读】

创业计划书模板

第一部分:封面设计

把你的产品的一幅彩色图像放在首页，但需留出足够的版面排列内容。

> 创业计划书
>
>   A.公司名称
>
>   B.公司性质
>
>   C.公司地址
>
>   D.邮编
>
>   E.公司负责人姓名
>
>   F.职务
>
>   G.电话
>
>   H.E-mail
>
>   I.公司网页（www）

第二部分：目录

> 目录
>
> （完成创业计划书后，注意确认目录页码与内容的一致性）
>
> - 概要
> - 公司概述
> - 产品与服务
> - 市场分析
> - 竞争分析
> - 市场销售战略
> - 财务分析
> - 附录

第三部分：创业设计的具体内容

1.概要

一个非常简练的计划及商业模型的摘要，介绍你的商业项目，作为这个创业计划的写作大纲，引起投资人的青睐，一般100~150字。

2.公司概述

（1）公司的宗旨。

（2）公司的名称、结构。

（3）公司经营理念。指出公司的远景目标，在追求和实现目标的同时，要报答那些关注我们发展的人士、客户、公众。描述所追求的荣誉和目标。描述各有关团体和人士如何受益。

（4）公司经营策略。用最简洁的方式，描述你的产品、服务；你准备解决什么样的困难；你准备如何解决；你们的公司是否是最合适的人选。

（5）相对价值增值。说明你的产品为消费者提供了什么新的价值。

（6）公司设施。需要对计划中的公司设备进行详细描述。公司的生产设备及厂房主要集中于×××。

公司认为到××××年×月止，为了达到×××的产量和销售额，我们需要×××。

回答为什么需要这笔钱。

建立开发、生产设备，并努力提高生产和研究能力以便满足日益提高的客户需求，借助大规模的促销攻势提高公司产品、服务的销售量。

增加分销混道：网点零售、区域销售、公司销售、直邮式的销售等。

录用新的员工以便支持在新的市场计划下可持续发展。

提高研发能力，创造领导潮流的新型产品，提高竞争能力。

3.产品与服务

在这里用简洁的方式，描述你的产品、服务。注意不需要透露你的核心技术，主要介绍你的技术、产品的功能、应用领域、市场前景等。

（1）产品优势。说明你的产品是如何向消费者提供价值的，以及你所设计的服务方式有哪些。你的产品填补了哪些急需补充的市场空白。可以在这里加上你的产品或服务的照片。

（2）技术描述。独有技术简介，技术发展环境，研究与开发，将来产品及服务；说明你的下一代产品，同时说明为将来的消费者提供的更多服务是什么；服务与产品支持。

4.市场分析

简要叙述公司处于什么样的行业、市场、专项补充区域，市场的特征是什么，你的分析与市场调查机构和投资的分析有什么不同。分析是否有新生市场，你将如何发展这个新生市场。

（1）市场描述。我们计划或正在××行业竞争。这个市场的价值大约有×××，我们相信，整个行业的主要发展趋势将向着……（如环境导向型、小型化、高质量、价值导向型）发展。

市场研究表明（引用源）到20××年该市场将（发展/萎缩）到×××。在这段时期里，预计我们力争的细分市场将（成长、萎缩、不发展）。改变这种情况的主要力量是（例如电脑降价、家电商业的蓬勃发展等原因），这个行业最大的发展将达到×××。你的公司可能独一无二地将你的产品/服务和×××公司/同级别的公司的现行业务合并。而当今的类似××公司正面临着逐步提高的劳动力成本等困难。

（2）目标市场。我们将目标市场定义为X、Y、Z。现在，这个市场由a个竞争者分享。我们的产品拥有以下优势：高附加值、出色的表现、高品位，为企业量体裁衣突出个性。

（3）目标消费群。什么因素促使人们购买你的产品？你的技术、产品对用户的吸引在何处？人们为什么选择你的产品、服务或公司？

（4）销售战略。我们的市场营销部门计划动用不同的渠道销售我们的产品。我们之所以选择这些渠道是因为：消费群特点、地理优势、季节变化引起的消费特点、资金的有效运用。可以根据市场上现有产品的销售渠道，针对每一个分销渠道，确定一个五年期的目标销售量以及其他假设条件。

5.竞争分析

根据产品、价格、市场份额、地区、营销方式、管理手段、特征以及财务力量划分出重要竞争者。

（1）竞争描述。

（2）竞争战略和市场进入障碍。

请在这里研究进入细分市场的主要障碍及竞争对手模仿你的障碍。

6.营销策略及销售

（1）营销计划。描述你所希望进行的业务是怎样的，以及你所希望进入的细分市场，还有曾经使用的分销渠道，如零售、直销、电子媒介等。还要描述你所希望达到的市场份额。

（2）销售战略。描述你为了销售所采取的策略，包括如何促销产品；通过广告、邮件推销、电台广播、电视广告等方式。

（3）分销渠道及合作伙伴。

（4）定价战略。

（5）市场沟通。你的目的是加强、促进并支持你的产品更好地满足消费者需求的热点。唯一的原则就是寻找一切可能的有利的途径进行沟通：促销展出、广告、新闻发布、大型会议或研讨会、网络促销、捆绑促销、媒体刊登、邮件广告。

7.财务分析

（1）财务数据概要。财务分析是对投资机会进行评估的基础，它需要体现你对财务需求的最好预估。

（2）收入预估表。利用销售量的预估和已产生的生产和运营的成本，准备至少三年的收入预估表。重点说明主要几项风险，比如，导致销售锐减20%的风险，以及在当前的生产力情况下，为了达到曲线增长，采取缩减方式所带来的不利影响。这些风险都将影响销售目标和盈利的最终实现。还要说明收益随之而变化的情况。收入状况是财务管理中可盈利计划的一部分，它可以显示出新资金的潜在的投资可行性。我们建议前两年以月为单位统计，再往后以季度统计。

（3）资产负债表。对任何重大的事项，或不寻常的事项作出标注，比如流动资产、其他应付账款、到期的债务。

（4）现金流和盈亏平衡分析。这比资产负债表和收入报表更重要，在阶段性时间节点你将会有多少现钱，是投资者很关心的问题。

第一年按月做一次统计，以后两年至少每季要做一次统计。现金流入、流出的时间和数目的详细描述，决定追加投资的时间，对运营资本的微弱需求，说明现金是如何得到的，比如获得净资产、银行贷款、银行短期信用或者其他，说明哪些项目需要偿还，如何偿还这笔钱。重要的是建立在现金的基础上，而不是加上利息的计算。

计算盈亏平衡点，准备盈亏平衡图展示何时将达到平衡点，以及出现后，将如何逐步地改变。讨论平衡点是很容易还是很困难达到，包括讨论与整个销售计划相关的平衡点处的销售量、毛利润的范围以及随之变化的价格。

8.附录

请列出以下材料：

（1）公司背景及结构。

（2）团队人员简历。

（3）公司宣传品。

（4）市场研究数据。

（案例摘自：刘红宁，王素珍.创新创业通论［M］.北京：高等教育出版社，2012.有删改）

80后创业故事：创业从5个U盘开始

中国大学生创业网举办的第三届创业大赛中，西南林学院毕业生贺靖闯入全国前十强，荣获中国大学生创业奖。早在2009年年中，中国校友会网和21世纪人才报联合发布"2009中国大学生创业富豪榜"，贺靖就以30万资产挤入全国百强。夹着公文包，走起路来风风火火的贺靖，从卖5个U盘开始，把公司一步步带成"云南省校园第一品牌"。并且得到了中国青少年基金会、"青春彩云南，创业促成长"共计10万元的创业支持。越来越多的支持让这个"创业富豪"有了新的目标：5年内解决100人就业，带动1万学生创业。

创业从5个U盘开始

2008年3月，西南林学院首届大学生创业大赛，让贺靖真正开始了创业之路。有了学生会平台的锻炼，贺靖联合平时一起做事的几个兄弟开始写创业计划书，内容就是如何利用大学平台进行创业。"在写完创业计划书之后，大家都激动得睡不着觉。"第二天，拿着计划书，贺靖开始找商家"借钱"。贺靖坦言："没有营销策略，没有运作方式，现在看来，当时的计划书很幼稚。"但策划出来后，还是得到了校方老师的支持。

"只要你们能够给我们货，我保证给你们卖得很好，我有至少10种途径帮你去卖。"那时候，贺靖每天拿着计划书游走于各类商家之间，给他们描绘合作前景。终于，有一个商家被贺靖的耐心打动了，给了他5个U盘去卖。为了卖出这5个U盘，贺靖和几位同事摆起了地摊。"拿货的价格是50元，市场价是90元。"贺靖清楚地记得，当时他们定这5个U盘的"销售价格"是70元。比市场上便宜，加上同学之间的信任，U盘很快脱手。带着赚到的100元钱，贺靖铺了更多的货，开始向自己班上、学院的同学宣传，更低的价格让学生们纷纷选择从他那里买货，甚至有的班级开始团购产品。一个月后，整个数码城的人几乎都知道了贺靖这个名字，更多的商家开始给他们铺货，他也赚到了"职业生涯"的第一桶金。

"我们将把精力更多地放在开发适合大学生创业的项目，让更多的大学生去运作。"贺靖计划在5年内解决60~100人的就业问题，提供勤工助学岗位200~300个，通过"昆明大学生创业联盟"影响和带动1万名有创业愿望的大学生实现就业，真正让"赢在携诚"成为云南省校园的第一品牌，成为大学生最爱的品牌。

（案例摘自：80后的创业故事：5个U盘起家创业变身大富翁［EB/OL］.（2017-11-13）［2021-01-22］.职场指南网.有删改）

项目六
规划创业模式

【学习目标】

★ 了解商业模式画布的绘制方法，熟练商业模式画布的绘制运用。

★ 掌握成功创业模式的特征，指导创业模式运用实践。

★ 学会选择创业模式、设计创业模式、评估创业模式。

【导学案例】

刘超：打造属于粉丝自己的媒体

我们正处于粉丝时代，那你是否想过去建立一个属于粉丝自己的媒体呢？为追星打造一条更为便利的快速通道，让粉丝与爱豆亲密互动，让爱豆收获更多正能量粉丝，让一些品牌因为明星的代言而更有价值。

一句反问点醒"梦中人"

刘超与"粉丝网"的结缘是在观看一场韩国"少女时代"演唱会的时候。当时，刘超十分诧异，旁边的女生看演唱会居然哭花了眼。"你为什么要哭啊？"刘超不解。然而女生却反问他："你为什么不哭啊？"正是这句反问点醒了刘超。他心想："每个明星的粉丝团有着共同的信仰和行为规则，如果我把他们都聚集到一起，会不会产生巨大的经济价值与社会效应呢？"由此，刘超开始了他的创业之旅。

2014年，刘超从工作三年的盛大网游离职，放弃令人艳羡的职位，追寻自己的"最新幻想"。手握1500万元启动资金，刘超收购老牌娱乐门户粉丝网，并创立北京粉丝时代网络科技有限公司。此时，原粉丝网公司只剩下3个人，这是在粉丝网原有基础上进行的一次创业。

一个战略决定"方向性"

2014年正是网络直播井喷式发展的时期，在这样的背景下，刘超提出了十分清晰的战略："粉丝网只做明星直播，不做网红直播。"因此，粉丝网将品牌从之前的PC"第一娱乐门户"转型到"明星互动直播平台"，以明星为核心拓展了粉丝网直播间（直播综艺节目）、明星个人直播频道、专业外采PGC频道和前线粉丝UGC频道4个维度的直播，还打造了国内首档明星互动直播栏目——粉丝网直播间。随后的半年时间，中、韩、日、泰10多个城市的娱乐记者、100多家娱乐公司、1万多个粉团入驻粉丝网直播平台，平台网罗中日韩以及东南亚大小娱乐资讯，并与"超级女声""世界旅游小姐"等达成直播战略合作，成功直播广州卫视和东方卫视跨年晚会。

一种定位成就"综合体"

前期的创业难免有失败的时候。虽然直播打开了公司的局面，但刘超后来推出的两大产品——"粉丝焦点"和"粉丝团"却相继失败。试错的经历也让刘超更加明白，离开了媒体谈社群或是离开了社群谈媒体，都是错误的。因此，2016年，他将粉丝网的定位升级成"第一社群媒体"，将粉丝矩阵与媒体矩阵良好地融合在了一起。

媒体矩阵： 粉丝网利用当下互联网快速实时的特性，大力发展直播功能。至今为止，粉丝网一共直播了154146场，其中综艺直播1363场，外采直播4512场，明星直播636场，粉团直播147935场。它一共签约了147位明星，6849个粉团。为了适应新媒体时代的需求，粉丝网制作了多个个性化图文推送，并且能够根据粉丝的个人喜好，精确推送内容到用户端。它将海量的粉丝UGC（用户原创内容）与粉丝网PGC（专业生产内容）相融合，做成了最懂粉丝的娱乐版今日头条。线下，粉丝网获得了30万块大屏的永久运营权。独家线下大屏覆盖了27个省、278个城市，由华数战略合作授权资质。

粉丝矩阵： 粉丝网注重粉丝运营，据统计，它连接了全国超1.5万个粉丝团，并且通过粉丝团辐射超2亿狂热粉丝，为粉丝的热情找到了出口。粉丝网每月推出粉丝大事件，例如"这次应援要上天""为你霸版一座城""全国公益总动员"。这些大事件的官网浏览量均达到5000万左右，微博话题观看量超过1亿人，甚至曾突破1.5亿人。"这次应援要上天"霸占当日微博话题排行榜TOP1，"为你霸版一座城"连续2日位于微博话题排行榜TOP1，"全国公益总动员"更是新浪微博话题公益榜TOP1。

在大数据时代，粉丝网通过研究粉丝的活跃数量、团结度、传播率、付费率等，与新京报、娱乐资本论、36氪等联合权威发布中国粉丝报告。除此之外，基于粉丝的关注点的大数据，粉丝网鼓励粉丝自己决定剧本的走向，从而定制粉丝喜爱的影视作品以及偶像组合。"我们要打造第一粉丝生态圈，把粉丝的力量充分聚合起来，让他们共建、共享、共治自己和偶像的家园。"刘超这样说道。

创新模式下的未来可期

未来，粉丝网将拓展"时间合伙人"这一新业务创新模式，实现用时间交易系统嫁接起明星与粉丝之间的桥梁。目前已签约多位知名艺人。"我们希望可以打造以数据为驱动的社群媒体，形成娱乐消费的自循环体系，成为体验经济时代的领军企业。"对于粉丝网的未来，刘超充满期待。

（案例摘自：学霸刘超创业两年估值超5亿元［EB/OL］.（2017-01-17）［2021-01-25］.创业教育网.有删改）

思考与讨论　创业思路千千万，创业模式选择多。不同的抉择规划铸就创业的发展，是石沉大海还是璀璨如星，关键在于创业模式的灵活运用。以上的创业案例中，刘超是如何步步为营，抓住粉丝群体的力量，将"粉丝网"做大做强的？我们得到了哪些可借鉴的创业经验呢？

任务一　用好决策工具：教你绘制商业模式画布

这是一个包罗万象、沟通互联、万众创新的商业时代，商业搭起了商品交换流通桥梁。伴随市场需求的日益清晰、资源环境的现状界定、经济结构的调整升级等，商业创意不断涌现。在岁月长河中演变发展、丰富沉淀、逻辑清晰，终而形成固定的商业模式，也是诠释企业价值创造、价值传递、价值获取过程的方式方法。如何更好地将系统概念体系化地展示，就运用到商业模式画布，它是商业模式构成的探索成果，辅助企业精确定位，摆正"船陀"方向。

一、商业模式画布概念

商业模式画布（Business Model Canvas，BMC），系统地分析且反映商业模式；就好似梳理成体系的头脑风暴，以需求为导向来绘制形成清晰可观的企业发展策略，注重商业模式中的元素标准化，并强调元素间的相互作用；帮助创业者催生创意、降低猜测、灵活计划，确保他们找对了目标用户、合理解决问题、突破发展困境，是可视化的决策工具。

二、如何绘制商业模式画布

商业模式画布通常由一面大黑板或一面墙来呈现，使用者需要通过版面设计、式样选择、战略定位、流程规划等绘制方式，讨论且描述适宜于企业发展的新型商业模式。我们该如何系统地规划、设计、实现商业模式？该基于何种形式思考、分析、转换陈旧的商业模式？又该如何将富有远见的想法、具有创新的点子、积累沉淀的理论等择优定向、合理运用、展现活力？

目前商业模式领域被广泛应用的商业模式画布由奥斯特瓦德和皮尼厄等人提出。商业模式画布聚焦九大要素（客户细分、价值主张、渠道通路、客户关系、收入来源、核心资源、关键业务、重要合作、成本结构），以九宫格的形式展示商业模式的思想。正如哲学家路德维希·维特根斯坦说道："事态的存在是事实，事实形成了逻辑图像，而这个图像就是思想。"初学者可以从四个视角着手（提供什么？为谁提供？如何提供？成本多少？收益多少？）来进一步衔接九大要素，绘制商业模式画布，如图6.1所示。

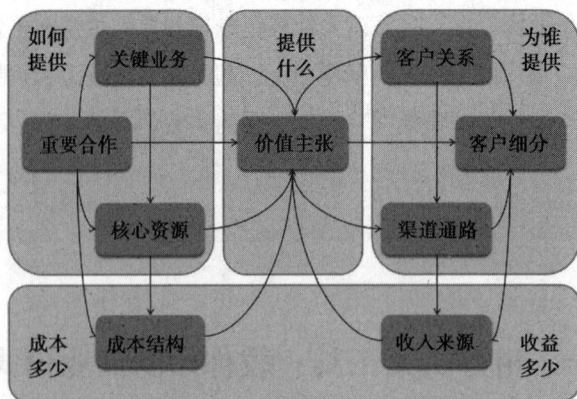

图6.1　商业模式画布框架

商业模式画布框架让使用者方便且快速地描述和使用商业模式，通过综合的系统构建来实现新的战略性替代方案落地。纵向来看，关键业务、重要合作、核心资源共同构成你的成本结构；客户关系、客户细分、渠道通路是你收入来源考虑的因素。横向来看，成本结构和收入来源是管理层重要的抉择依据。

（一）客户细分（你的重要客户是谁？）

1.概念

用来描述一个企业想要接触和服务的不同人群或各类组织。

2.要点

以客户为中心的业务开展，需要我们思考：正在为谁创造价值？谁是我们最重要的客户？可以是普遍有需求的各个年龄段的客户，也可以像供应商、采购商等有明确目的的客户，因而客户细分重要的是定位目标用户群。

3.案例

以动漫交流起家的哔哩哔哩为例。从小众的ACG视频网站转型为年轻学生爱不释手的B站，加上B站的粉丝文化，再配以高频互动及无贴片广告的优质体验，满足了当代学生对信息获取的快速性、及时性、多元化的需求。可以说B站的成功来源于对客户定位的准确把握，深入挖掘了客户需求，并主动与合作者进行捆绑，打造利益共同体，构建了综合开放的营销平台。

（二）价值主张（你到底卖的是什么？）

1.概念

用来展现一个企业吸引消费者的主导思想或方向定位。

2.要点

所有的产品或者服务都是给客户提供一种价值，客户需要的产品或服务是什么？消费者为什么会选择你而不是你的竞争对手？当客户选择并接受，也就实现了价值的成功，然后在创造价值的过程中来不断实现商业利益。

3.案例

顺丰快递致力于快速、安全、准确地传递客户的信任，核心是诚信、正直、责任、服务、团队，愿景是成为速运行业持续领先的公司。作为消费者来说，有重要的急件必然是马上想到顺丰速运，即便是较高的价格，在事出突然时也会显得没那么重要，可见顺丰快递给人切实的感受是值得信赖和尊敬的，常年如一日的价值品牌已经深入人心。

（三）渠道通路（你的客户在哪里？）

1.概念

用来体现一个企业与目标用户群体的互联互通方式。

2.要点

瞄准了目标用户就需要通过恰当的连通方式来对接，你和客户如何产生联系？如何相互接触发展？通过哪些渠道最为有效？最容易实现？投入产出比率最高？是实体、网店、还是中介？这些是亟待解决的连通渠道问题。

3.案例

快速经济发展下的快餐文化已成为生活常态，部分快餐店积极联系各大公司，低价定点配送饭菜，一来快餐店拥有了固定的客源，二来公司员工就餐方便，节约了外出就餐的时间，双方受益。我们常见的还有健身房的低卡轻食健康餐配送，购买商品后为商家好评加微信好友返现的卡片信息，其中包括各类人工咨询服务等，都将为公司与人、公司与公司、公司与各类资源搭起桥梁通道。

（四）客户关系（你的客户资源建立了吗？）

1.概念

用来说明一个企业与目标客户及潜在客户的长期或短期关系建立。

2.要点

客户关系是一个不断加强客户沟通，不断了解客户需求，不断提升客户服务，以满足客户需要的全过程联系。客户接触你的产品后，你们之间应建立怎样的关系，是一锤子买卖，还是长期合作？这需要结合价值主张来定位。

3.案例

各大商业平台的会员系统，以天、周、月、季度、年为单位来界定，个别还有会员、超级会员、资深会员的权限区分。这些都是绑定消费者的手段和方式，当下还有通过平台抢券、平台优惠、平台返现等方式吸引消费者，甚至还有充值或达到购买额度免费入驻店铺粉丝群的策略，可见只有绑定用户你才能更好地变现。

（五）收入来源（你有多少种让客户付钱的方式？）

1.概念

用来展示一个企业从每个客户群体中获取的现金收入。

2.要点

公司的运营离不开资金链的循环，什么样的价值能让客户愿意付费？他们愿意如何支付费用？是广告收费、租赁收费、授权收费、经济收费、订阅收费、服务收费，还是产品收费？你怎样从你提供的价值中取得收益，是一次性收益还是多次累计收益？每个收入来源占总收入的比例是多少？

3.案例

互联网的盈利模式包括流量变现模式、佣金分成模式、增值服务模式、收费服务模式。浏览网页时弹出的腾讯广告、百度广告、360浏览器广告等都采用了流量变现模式；而佣金分成模式是直接为客户服务的各类直播平台通过与平台主播收入分成获得收益；增值服务模式则是基础功能免费，高级功能收费，典型的如QQ会员；收费服务模式就非常简单粗暴，如卖软件、付费邮箱、付费阅读等。

（六）核心资源（你的资源有多少？）

1.概念

用来证明一个企业为了提供并销售这些价值，让商业模式有效运转所必需的重要因素，如资金、技术、人才资源等。

2.要点

企业的能力和资源有哪些？是实体资产的丰厚使得客户信赖，或是知识资产的雄厚吸引客源，还是人才资源的服务面面俱到？是带来了品牌影响力，还是技术发展潜力？总的来说，企业的资源成效就是竞争力。

3.案例

微信的发展离不开腾讯多年累积下来的社交经验，没有前期QQ的关系链打通，如果只是一个小的创业公司，那么很容易被替代或被合并。纵观两者虽均具有可以发送语音和纯文字消息的功能，但社交权限有所差异，不同的是，微信主要针对手机App客户端，而QQ主要针对电脑PC端，其次才是手机客户端。

（七）关键业务（你最该做的事情有哪些？）

1.概念

用来明晰一个企业在商业运作中必须要从事的具体业务。

2.要点

我们的渠道有哪些关键业务？我们的价值主张有哪些关键业务？那我们应该如何具体地做业务，从哪里入手，如何详细展开，如何做好具体业务来保证商品的准时上线？

3.案例

腾讯是建立在社交的基础上的，百度是建立在搜索的基础上的，京东是建立在电商的基础上的，这些都是它们的关键业务。如聚美优品的关键业务就是护肤品的电子交易、自建仓库、售后服务等，都是为了保证商品的全球化快速流通，让爱美人士可以在家购买到各国爆款护肤品。

（八）重要合作（你的商业伙伴在哪里？）

1.概念

用来指明一个企业哪些人或机构可以给予战略支持。

2.要点

企业发展需要的必要性支持，分析企业缺哪一类合作伙伴，是技术支持，是包装设计，还是宣传营销？思考判断我们应该从哪里获取执行关键任务的合作伙伴，后期需要怎样磨合共进？

3.案例

当实体经济分线上线下模式运行后，线上店铺和线下物流就形成了互为辅助的合作伙伴，也就像我们购买车票总会看到推荐保险项目的服务一样，车站和保险便是合作伙伴，如唯品会和太平洋保险进行合作，推出了"正品担保"服务，让消费者买得放心，用得踏实，两者同为合作伙伴。

（九）成本结构（你的付出成本需要多少？）

1.概念

用来考量一个企业的项目付出成本是否符合预期。

2.要点

成本结构的类型分为成本驱动和价值驱动，前者专注于经济实惠，后者关注价值创造。那么，你需要在哪些项目付出成本？是时间成本还是精力成本？需要以怎样的成本进行项目的推新上市。

3.案例

如某电商公司，在企业发展中需要考虑场地成本、人力成本、进货成本、仓储成本、物流成本、销售成本等，再结合各类成本的费用来评估项目的可行性。我们目前所接触的任何产品的更新迭代，都是经过对固有成本估算，对核心资源花费及关键业务花费预算后的上新。

三、商业模式画布的用途

（一）针对普通职务人员

深入了解企业的运营全貌，清晰企业的发展方向，了解企业的关注点，提升自身工作价值。

（二）针对中层管理人员

了解企业现有的业务流程，结合企业未来的战略目标，评估现有的模式是否能有效地实现企业战略和发展定位。

（三）针对高层管理人员

根据目前环境、资源等的变化，来调整目前企业的战略，更好地实现企业的愿景目标。

【知识拓展】

抖音的商业模式框架分析研究

抖音踏着短视频的浪潮，以个性化方式开启了新颖的文化传播。据报道，抖音日活跃用户数已突破4亿，全年增幅高达60%，无疑是移动互联网成长最快的产品，同时也带来了拉动就业等的商业价值。运用商业模式画布分析探究其商业价值所在，为其他App发展提供价值参考。抖音的商业模式框架分析见表6.1。

表6.1　抖音的商业模式框架

元素框架	实施要点	具体成效
客户细分	针对的是以"90后"为主的新生代	为有强烈社交需求和表达欲望的年轻人开辟的娱乐化社交平台
价值主张	以记录美好生活为目标	平台关注用户需求，强调用户个性化体验，实现了平台与用户共同创造价值的主张
渠道通路	客户端App工具	通过网络红人、流量明星的使用，赞助综艺节目，开始被大众熟知
客户关系	与用户建立合作关系	用户利用平台资源进行视频创作，平台为其宣传推广，形成互惠互利的双向受益关系
收入来源	广告变现、直播打赏抽成、定制挑战赛、电商等	广告变现，信息流广告和开屏广告提升客户接受度；直播打赏抽成，抖币和人民币的兑换比例为7∶1；定制挑战赛促销产品；电商的抖音一键跳转，实现买卖畅通
核心资源	拥有庞大的用户量，活跃度极高的用户是抖音最核心的资源	作为新兴的短视频平台，在内容上以视频为主，涵盖超过19大类文化内容
关键业务	购买音乐版权，拥有自己内置的音乐库；还有多种滤镜、贴纸、特效可以选择，充实素材库；开通直播功能，带货销售	粉丝线上互动，关注喜好的视频和个人。企业利用抖音平台的广大用户可以很好地进行品牌宣传
重要合作	拥有大量粉丝的网红用户、明星大V、企业广告商、政府机构	网红用户可以连续不断地生产很多优质视频来吸粉；明星流量担当，圈粉无数；企业广告商促进品牌宣传；政府机构宣传政府工作报告
成本结构	音乐的版权购买，AI等技术的加持，腾讯云服务费，网络加速技术（CDN）服务费，App团队的研发费、运营团队费等	推广成本：举办线上线下营销、推广活动；多方资源服务支持，服务的费用换来的是更大的互益

抖音所形成的商业模式被称为"平台型商业模式"，这类模式最大的特点就是能够让平台上的用户与商家之间、与其他用户之间，形成一种"正反馈机制"，也就是让平台建立者和使用者相互依存、相互加强、相互发展，只要这种正反馈性足够强大，用户的密切

联系也就会很大，所以完善这种模式，采用多样化盈利模式、丰富化视频内容、加大化视频审核，有利于抖音这类短视频的继续发展。

（案例摘自：刘慧峰.短视频平台商业模式研究：以抖音为例［J］.商业文化，2020（26）：24-25.有删改）

📎 小贴士

　　新手可以按照一定的逻辑框架，步骤化地思考绘制商业模式画布：首先要了解目标用户群，是一个还是多个集合；再确定他们的需求，也就是价值定位；接着思考如何与客户联系，找到接触他们的渠道；反思如何与客户建立长期有效的合作关系；怎么从合作中赢利，产生收益流；凭借什么筹码实现赢利，拥有核心资源；具体的业务需要怎么做；业务发展能向你伸出援手的机构或人有哪些，谁适宜做合伙人；最后思考项目付出的成本，根据综合成本定价。

任务二　抓住成功秘诀：成功创业模式的特征有哪些

　　如何能够更快地创业起步，需要的不仅是创业知识的积累，更重要的是前车之鉴的顿悟。那成功的创业模式有规可循吗？答案是有。创业模式是创业者根据自身要素禀赋及外部创业机会，发挥相对优势，选择合适的创业方式和创业领域进行创业活动。成功的创业模式紧紧抓住企业战略与企业运营之间的规律，形成系统模式，这些企业文化特征，便是成功创业模式的赢利要素。

一、创业盈利模式知多少

　　《科学投资》通过大量的研究，提出八类创业盈利模式，分别为鲫鱼模式、专业化模式、利润乘数模式、独创产品模式、策略跟进模式、配电盘模式、产品金字塔模式和战略领先模式。每种模式都具有可把握性、可学习性、可仿效性、可借鉴性，当然也具有一定的风险性（表6.2）。

表6.2　创业盈利模式评估指数

创业盈利模式	评估指数		
	模式安全指数	持续盈利指数	创新能力指数
鲫鱼模式	★★★★★	★★★☆☆	★★★☆☆

专业化模式	★★★★★	★★★★★	★★★★☆
利润乘数模式	★★★★☆	★★★★☆	★★★★☆
独创产品模式	★★★★★	★★★★★	★★★★☆
策略跟进模式	★★★★☆	★★★☆☆	★★☆☆☆
配电盘模式	★★★★☆	★★★★☆	★★★★☆
产品金字塔模式	★★★★☆	★★★★☆	★★★☆☆
战略领先模式	★★★★☆	★★★★☆	★★★★★

（一）鲫鱼模式

1.概念

源自大海深处的鲫鱼专门为鲨鱼驱除身上的寄生虫，因此鲨鱼捕猎过的地方，残留的碎食便是鲫鱼的食物，更因鲨鱼的保护，其他鱼类不敢攻击它。这就是鲫鱼依附于鲨鱼的生存方式。

2.要点

正是基于"适者生存"的自然启示，当找到大企业或者大行业的共同利益，可以主动示好，积极结盟，将彼此的竞争关系转化为依存的伙伴关系，借船出海，在协助大企业或者大行业获利的同时，使自身企业快速成长。对于中小企业来说，弱者依附强者生存的模式，不但是可借鉴的，还是明智的盈利模式。

3.案例

温州立峰摩托车集团的前身是一个生产摩托车车把闸座的配件厂，其配件以独特的表面防腐性能填补了国内空白，从而成为摩托车生产企业国外进口原件的替代品。具有一定知名度后，立峰与大企业共同出资建立摩托车配件公司，注册资金600万元，立峰占股70%，这家企业占股30%。由此，立峰成为依附于"大鲨鱼"的"鲫鱼"，短短几年时间产值就翻了三番，规模与效益较之前扩大了10多倍。后来立峰利用赚到的钱，不断扩充业务范围，从轮毂、油箱，到整车生产、贴牌、独立运作，最终获得了国家颁发的摩托车生产许可证。时机成熟后，立峰脱离了与大企业的合作关系，成为独立打造成摩托车整车生产企业，"鱼战术"大告成功。

（二）专业化模式

1.概念

即专精一门技术，也就是俗话说的"一招鲜，吃遍天"。专业化生产也称为独占性生产，是企业发展壮大重要的技术性途径。

2.要点

专业化的能力在于"精"，在于"深"，它提高了竞争者的门槛，是难以复制、可以产生较大利润的。强大技术支撑，必然适应于企业发展的攻坚需求。研究数据表明，专家型员工要比普通员工给企业多带来10%~15%的利润，这就是专业化的利润点。

3.案例

在将一个单品做到极致这方面，Zippo无疑是最成功的商业案例之一，突破原本30~50岁的消费者定位，通过细节设计、质量把关、创意包装吸引18~24岁的年轻时尚人群。当下各国开始实施严格的控烟行动，丝毫不影响Zippo打火机的市场前景，它因独到的专业性，已成为爱好者的收藏之物。

（三）利润乘数模式

1.概念

公司利用自己的产品、服务、形象、商标、品牌等，在不同的细分领域中重复获取利润的方式。

2.要点

成功的核心是公司的强大消费品牌，拥有持久的客户忠诚度。客户会对公司系列的产品、服务都关注、认同，甚至购买，这就需要极力提升公司品牌的价值及内涵。

3.案例

海尔公司在冰箱行业拥有强大的品牌效应，在模式调整升级后，又把它复制到彩电、洗衣机、酒柜、冷柜、手机等行业，而且获得成功，销售利润倍增。这就是充分利用公司的品牌效应，在各个细分领域获得逐个突破，利用自己的形象，重复地获取利润的典型。

（四）独创产品模式

1.概念

这里的独创产品指具有独到的、特色的、不可替代的生产工艺、原料配方、核心技术等，具有长期市场需求和市场活力的产品，也可以理解为独占性模式的一种。

2.要点

拥有独创产品并不意味着就可以自然地拥有市场，独创产品研发成本高、消耗时间长、市场知名度低。因此，这类模式需要前期对市场深入调研，有受众群体，得到较大的认同感，当然，突破阻碍后的利润也是非常可观的。

3.案例

陶华碧老干妈牌风味豆豉油制辣椒是贵州的风味食品，几十年来一直沿用传统的炒制技术工艺，精心酿造，具有鲜香细腻、香辣爽口、回味悠长的特点。1996年批量生产后，风味豆豉在全国迅速成为热销产品，深受大众喜爱，是居家必备、馈赠亲友之良品。如今"老干妈"已开发出10余种品种，已经成为中国美食的代名词之一，广销海内外。

（五）策略跟进模式

1.概念

策略跟进即强者跟随，综合判断自身价值能力后，敏锐发现强者经营中哪里有发展势头，哪里有盈利点，就往哪里钻，不断积累，逐步壮大。

2.要点

需要企业和经营者能够对自身作出正确的评估，认清自己的优势和劣势，掌握企业发展方向和商业动态，在强者背后不断学习、不断提升，善于观察和捕捉商机，顺势而为，一举超越。

3.案例

一则国内外媒体报道的欧元即将于2002年元旦流通的新闻，引起了海宁一位企业家的注意。通过调研，他发现新版的欧元比欧洲传统的旧钱高了两厘米，也正是这小小的两厘米，导致原来的钱包装不下新欧元。他看准了商机，马上和欧洲商人联系，按照新尺寸做了1万个新版钱包，受到欧洲人的极大欢迎。后来企业每天的产量超过一万只，供不应求，远超其他同行企业。

（六）配电盘模式

1.概念

综合供应商和顾客的需求，为双方搭建适宜于沟通交易的平台，降低买卖双方的交易成本，以中介的方式获取较高的回报。

2.要点

吸引供应商和消费者两个群体的关注目光，为两者搭建交易的中介平台，在两者交接中不断获取升值的利润。这个模式对于经营者来说前期投入成本较大，风险也较高，十分考验眼界。

3.案例

以重庆为例，目前重庆设立了较多专题性购物街区，如渝中区解放碑商圈、江北区观音桥商圈、沙坪坝三峡广场商圈、南岸区南坪步行街、九龙坡杨家坪商圈等，这些商圈街区的建立，为创业者提供了一个配电盘。商圈购物拉动区域潮流，使街道游客络绎不绝，商圈生意非常火爆。选择这类市场，会大大缩短客户认知的周期和创业者开拓市场的周期。对于初创者，选择一个配电盘加入进去，通过配电盘模式有效运作，可以降低创业者的成长风险，加速其成长过程，是不错的反向思维选择。

（七）产品金字塔模式

1.概念

等级化"高、中、低"档次分类，满足各层次客户需要，靠薄利多销和精益求精来获取超额利润。

2.要点

建议在企业形成相对系统的产品制造后，逐步进行分类产出，靠低价产品占领市场，靠中端产品吸引客户，靠高端产品赚取利润，形成循环的产业链，稳定受众客户的需求，占据市场。

3.案例

各大世界知名奢侈品牌，最初以高端路线起步，如香奈儿主营高端皮包及香水品牌；纪梵希主营高级服装定制；迪奥主营炫丽高级女装和香水品牌；范思哲主营高级服装品牌；阿玛尼主营高级男装品牌及香水品牌；等等。这类高端产品大众消费是可望而不可即的。企业在逐步发展中为爱美人士拓展的彩妆，符合大众消费需求，从包装精致的礼盒产品到配件小样，满足不同经济收入群体，圆爱美人士品牌梦。

（八）战略领先模式

1.概念

企业审时度势，不断寻求企业发展空间，适时调整模式状态，保持市场活跃度，才能保证利润永恒。

2.要点

创业不易守业更难，起步领先不代表永远领先，大浪淘沙，后浪居上的比比皆是。企业应适时改变竞争策略，确保领先价值不息，拉开与后来者的距离，才能保证客户源的稳定和利润的长存。

3.案例

沃尔玛近年来大力开拓中国市场，其低成本的核心竞争战略加上独有的企业管理和文化是成功的关键要素。在敏锐挖掘地大物博的中国市场时，将采购物流的高效运营作为主攻战略来支持规模化采购，不仅加强了基础物流的配送能力，更降低了开拓中国市场的成本，这也成为后崛企业的样板。

【知识拓展】

抓住先机才能战略领先

有一天一个小伙子坐火车去另一个城市。当火车要绕过一座大山的时候，车速慢慢地减了下来。这时候他看见了一栋光亮亮的水泥平房，就把它记在了心里。在办完事回来的路上，他中途下了火车，走了一段山路，找到了那座位于高山上的房子。他向房主提出想买下这栋房子。房子主人很痛快地答应下来，以2万元成交。小伙子回到家后，很快写好了一个方案，复印了很多份，递交给许多知名的大公司。3天后，可口可乐公司迅速与他取得联系，并专程派代表开车驶往房子所在地，经过一天周密的考察和分析，当场和他签订了一年18万元的广告合同。试想，为什么2万元的投入可以换来18万元的收入？原来房子有一整面墙正对着铁路，每天都会有数十趟火车经过这里，因为是上坡，每当火车经过这里时总要减速，这时就会引起许多好奇或无聊的"眼光"向窗外张望，而在这个前不着村后不着店的荒凉地方，唯一能长时间吸引他们目光的就是那幅可口可乐的巨型广告。不过这已经是很多年前的事情了，现在你再坐火车经过这个地方时，就会发现山坡上的农舍已经被各种各样的广告遮满了。这也证明了一点，只要有人做出了第一，就会有蜂拥而至的追随者去争抢剩下的空间。

这个故事告诉我们，对于创业者来说，开创第一虽然是件好事，但领先永远只是暂时的。如果你在领先的时候不抓紧时间赚到钱，就会被抢占先机而获少利或不获利。上述故事中的小伙子，在他还是第一的时候就抓紧时间将广告位卖出去，就赚到了这笔财富。

目前，创业者要做到战略领先已经越来越不容易了，这种时间战的竞争对创业者的综合素质要求也越来越高。如果你准备运用这种模式，不妨从下面三个方面动动脑筋。

第一是主业领先。创业者在决定企业核心主业时，千万不要贪慕虚荣，非选风华正茂的"绝代"佳人不可，不妨寻求市场竞争和挑战暂时不大但有发展前途的领域，抢在他人前面，摘个大苹果。

第二是技术领先。有新鲜的技术，企业才会有生命力。李守亮凭借空调专用清洗剂，在绕开一直困扰他的恶性市场竞争的同时，还抢占了一个新领域的利润。

第三是人才领先。同样是做服装行业，别人请国内知名设计师，我请国际知名设计师，哪一个更胜一筹呢？湖南圣得西开始时只不过是个小型的个体服装加工企业，后来一步步壮大，成为全国有名的服装品牌，它的成功经验就是其决策者懂得运用人才领先的战略领跑盈利模式。他们请来了意大利著名设计师，有了世界一流的设计师，当然就会有一流的品质、一流的品牌，圣得西顺利进入利润区也就顺理成章。

（案例摘自：创业不易守业更难［EB/OL］.（2016-11-30）［2021-01-25］.学优网.有删改）

二、成功创业模式的特征

成功的创业模式无疑为健康的盈利模式。由于各行业在宏观和微观经济环境下处于不断变化的状态中，没有任何一个单一的特定盈利模式能够保证在各种条件下都产生丰厚的利润。参考美国埃森哲咨询公司对70家企业的盈利模式所做的研究分析，我们将成功创业模式的共同特征归纳为提供独特价值、极具与众不同、富有长效积累。

（一）提供独特价值

市场上需要什么？我们能创造什么？如何体现企业价值？纵观成功企业的王者之路，不难发现，独特价值的提供可能是新的思想，也可能是新的创造，共同打造产品和服务组合模式，给客户提供额外的价值，为企业赢取更多的利润。独特价值的存在必然引起独特价值效应，在运用中产生的独特价值效应充分体现在购买者对某种产品的特色评价越高，对价格的敏感性越低。如相同功能类型的产品，不同的工艺细节或成品质量也会给消费者不同的体验，就降噪蓝牙耳机推广模式来说，有网站数据统计，2020年最受关注的有：联想的击音x6，连接快、续航久，颈挂线采用爱马仕同源硅胶，以及记忆钢丝，随意折叠都能复原；华为的荣耀xSport，重量轻，中低音流行派系音质适合身心放松；索尼的EX750BT蓝牙耳机，颜色绚烂，硅胶项圈设计，不仅佩戴稳固，还舒适度高；森海塞尔cx275s入耳式耳塞，麦克风内置，耳塞性能好，灵敏度高，是年轻人追捧的火爆产品，但价格不菲也是事实。可见音色还原的高质量把控、人体工程学技术的入耳式设计等带来不少的销售量，别人达不到的你能够出色完成，这就是独特的价值。在技术的攻坚克难上，声智科技是全球人工智能交互领域的开拓者，从终端到云端，提升行业的智慧化程度，释放智能的个性化体验。作为联合创始人的常乐表示，创业用终身学习及远见谋略来抵抗不确定性，每一份独特创造的背后都需要新视野和大格局，才能在不断变幻的互联网时代孕育出具有独特价值的成果。

（二）极具与众不同

企业的与众不同，能够在瞬息万变的市场环境中崭露亮点，体现在生产能力或者销售能力，抑或管理能力上。企业通过打造自己的特色产业，如对客户的悉心服务、产品的优良体验、技术的价值成效来提高行业的进入门槛，从而保证利润来源不受侵犯。比如太阳神推出的"智慧新零售"模式，全面融合了"社交零售""平台电商""会员直销""实体经营"四大主流商业模式，擎着智慧力量，不仅为太阳神直销的未来注入了时代活力，更让亿万消费者放心购。另外，个性化产出也是与众不同的创新工程。19世纪末的美国加利福尼亚州被发现富有黄金，消息传出后，便出现了淘金热。有一位17岁的少年来到加州，也想加入淘金者的队伍，可看到金子没那么好淘，而且淘金的人非常野蛮，他感到很害怕。这时，他看到淘金人在炎热的天气下干活口渴难熬，于是就自己挖了一条沟，将远处的河水引来，经过三次过滤把河水变成清水，然后卖给淘金的人喝。他认为金子不一定能淘到，而且淘金有一定的危险性，但卖水却十分保险。很快他就赚到了6000美元，回到家乡办起了罐头厂，这个少年就是后来被称为美国食品大王的亚尔默。可见，与众不同的前提是需要具备独到见解，从不同的角度看问题、思考问题、分析问题，从而发现新的需求，产生新的思路。与其追随潮流，不如关注市场需求，注意事物联系，另辟蹊径。

（三）富有长效积累

成功不是偶然，势必要付出较大努力，就如《荀子·劝学》所说："骐骥一跃，不能十步；驽马十驾，功在不舍。"的确，没有量的积累哪有质的飞跃？对于发展中的企业来说，要做到量入为出，收支平衡，需经历日复一日、年复一年的发展积累。根深于祖国大地的各大企业，哪个不是拥有几十年上百年的沉淀，即便是近年火爆的短视频等，也是需要长期的打磨积淀，适应市场发展而转型升级的产物，必然要不断思考如何做品牌营销、市场宣传、媒体沟通、知识标准落地。36氪（36Kr）是一家科技创新创业综合服务集团，从一家创业媒体转型为新经济服务品牌，帮助并见证了如滴滴、新氧、字节跳动等各大新经济公司的成长。36氪CEO冯大刚认为打好基础、练好内功、抓住时机，才能更好地服务企业、壮大企业。亦如万通集团创始人冯仑说道："一个企业都是从小到大的，别着急，突破瓶颈期，控制组织，做好调整。"每日优鲜合伙人兼CTO李漾曾提出打造盈利性增长、产地供应链、技术驱动，为企业发展方向。他认为坚持做长期有价值的事情是有意义的，产业发展也是不断积累运用的循环过程。认知决定布局，行动决定终局，创业更像是一群人的集体修行，在创业过程中，本身的情绪和经历就能让自己的人生更加丰富，也能为之创造更丰厚的产出。

✎ 小贴士

　　分众传媒的创始人江南春曾说："我认为世界上有四种壁垒，第一叫制度壁垒，比如中国移动，别人干不了，需要有牌照；第二是资金壁垒，动辄要几百亿美元，一般人干不了；第三是技术壁垒，有专利保护，别人也不能干；第四是稀缺性资源的占有，这就是我这个行业的壁垒，比如说整个写字楼我把它都占了，签了独家的协议，别人就很难干。"

任务三　匹配创业模式：设计并评估自己的创业模式

　　创业者就好比迎风奔跑的勇者，自强且敏锐，闪耀着时代的缩影，为企业的发展铸魂发力，塑造企业独有的发展模式。国美电器注重线下的客户扩张，偏向实体端的发展；盒马鲜生着重网络零售转向线下零售的发展；永辉商场是传统的线下零售，与各类物流企业合作发展线上零售。这些企业何尝不是在摸索中成长，在积累中更新，在设计企业创业模式中评估反思。

一、适宜于大学生的创业模式

　　大学生是新兴创业的主体，在创业活动中具备朝气活力、独特视角、个性突出等特征，在市场上发挥着重要的后浪力量。但大学生创业受诸多因素的影响，如创业能力大小、创业素质高低、创业资源多少、创业环境氛围、创业政策把握和创业动机选择等。因此，大学生应发挥自身优势，结合自身条件，认识自身能力，调整自身资源，合理调动安排实现创业。在创业模式的选择上，应秉持传统创业模式基调，着手创新创业模式。具体如下：

（一）传统创业模式

1.自主经营模式

自主经营模式主要指自筹初始资金，建立小型的股份制企业，主要经营传统的商品零售、食物批发、餐饮服务、图书、服饰等行业，通过长年自身积累、自主经营、自负盈亏。这种模式可根据自身能力综合判断后保守经营，对创新要求及技术性能要求不高，具有保守、风险小、可把控的特征，因此利润也相对较低，是当代大学生创业采取的主要传统模式。

2.孵化器模式

孵化器模式特指拥有创新意识的大学生通过参加各类创业比赛对创业项目进行发掘培养、模拟创业、自我评估、积累经验，再有效地借助地方政府和各个高校为创业大学生提供孵化项目的科技园、创业园等创业项目孵化器进行创业实践。这些基地不仅为大学生提供免费的场地，还提供充足的创业培训、项目咨询、技术指导等服务，帮助优秀突出的项目进行深层次的孵化和催熟。这种模式为初创大学生提供了非常有利的平台，深受大学生青睐，有技术转移型、技术服务型、产业链型、投融资型四大类专业孵化器运营模式选择，具有成本低、风险小、可操控的特点，能较好地保证项目的发展运营步入正轨。

3.网络营销模式

网络营销模式是指企业借助互联网平台进行的各项营销活动，从而实现企业营销目标的营销模式。互联网发展的不同阶段，客户需求的内容形式的不同，网络营销的手段、方法和工具也有所不同。我们常见的有各类线上网店、小程序、电话销售等，项目涉及商品面广，服务于线下销售，具有进入门槛低、成本投资少、可推广性等特征，对产业规模及技术需求较低，但对服务能力要求较高，不足的是规模小，经营方式较为局限。

4.创意服务模式

创意服务模式可以理解为创意、亮点、特色的服务模式，大学生可以充分发挥自己的创意思维和技术才能，通过创新的点子、新颖的策划、有趣的构想等进行创业。这种模式主要集中于设计、策划、婚庆、装饰、教育等领域，具有较高审美、思维活跃、富有艺术感的特征，需要注意的是模式运行务必考虑创意实施的综合成本，也需要不断优化项目的亮点。

（二）创新创业模式

1."互联网+"创新型创业模式

信息技术是刺激创业新模式出现的关键因素，而互联网则是信息技术的关键一环，对经济走势、市场发展及产业结构有变革性导向作用。创新型企业，消费者更加细分，更为注重产品链的每个环节，善于省去中介环节，直接与客户沟通互动，挖掘潜在客户需求，为客户提供相应的服务。大学生可以充分利用大数据、云计算、物联网、人工智能等技术工具，培养互联网思维，对传统创业模式进行升级改造，适应时代发展潮流。这种模式具有远瞻性、技术性、思维性的特征，虽然初创者难以把控，但为新时代乘风破浪的思维型创业者提供了难得的机遇。

2.科技成果转化型创业模式

对大学生来说，这种模式需要识别市场的需求，并依托自己所在的高校、实验室、研究所等科研组织机构，创造出具有科技成果的核心技术，再将其打造成为能够满足商业服务的核心产品，不仅可以有效带动就业，而且能够促进高科技成果再次转化，具有特殊价值，赢得市场认可，促使产业结构优化，技术不断升级。这种模式具有创新性、科技型、独特性的特点，是难以复制的、更换的和仿造的，因此具有较高的技术壁垒。但初始资金投入较大，承担的风险也相对较高，也需要大学生具备扎实的专业技术及敏感的市场探知能力。

3.公益服务实践型创业模式

开展公益服务实践型创业要以公益性为目标，需要大学生们在创业时针对社会存在的某种普遍性问题进行立项，并开展解决这一问题所需要的服务计划，如慈善事业或培训创业。该类项目具备人文关怀，需要商业化及市场化的运作，保证项目能够健康稳定地自我造血式发展。这种模式具有公益性、创业性、实践性特征，需要企业团队拥有较强的奉献精神和牺牲精神，更需要较强的创新能力、公益使命和符合社会认知的实施能力。

二、如何设计自己的创业模式

新科技、新技术、新发展带来了新的机遇和挑战，在自我综合素质能力判断的基础上，设计自己的创业模式需要选准行业和时机，打造独特性与差异化，且要与资源匹配度高，再设立进入壁垒，融合产业与互联网，实现价值创造。具体设计需要考虑客户洞察、创意构思、视觉技术、原型制作、故事演绎、情景推测6个方面。

（一）客户洞察

客户洞察是创业模式设计首先要解决的问题。采用客户视角是整个商业模式设计过程的指导原则，应该站在客户的需求上、角度上、行为方式上来指引企业关于价值主张、渠道通路、客户关系和收入来源的选择。

英国有一个名叫丽贝卡的23岁女孩，她巧妙地发现报纸上所登的那些肩负着社会道义的传统新闻因无法令人感同身受，所以不受青年们喜爱。作为新时代青年人，她在思考，如果能在报纸上刊登属于自己的信息，那必会引起大家的密切关注，于是她创办了英国首家个性化报社"你上报了"有限公司，不仅将客户名字等个人信息刊登在报纸上，还能把个人的新闻故事照片登在头版头条，除了节日祝福、生日庆祝等普通主题，更多的是年轻人喜欢的搞怪内容，深受客户喜爱。

（二）创意构思

设计新的创业模式需要有大量的模式创意，应秉持人无我有、人有我优、人优我精的原则，从众多较好的创意中筛选出最好的创意来定案，这个富有创造力的过程称为创意构思，更多考虑的是独具特色。

江西信丰瓜农刘新女种植了4亩西瓜，等到西瓜长到八成熟时，她将写有"吉祥如意""生日快乐"等词句的纸剪成空心字贴在西瓜上面，经过阳光的照射作用，几天后，西瓜便"长"出清晰的文字来。"长"字的西瓜果然吸引了一批瓜商前来抢购。刘新女将创意巧妙地运用到农副产品生产上，西瓜由此销路大开，而且还卖出了好价钱。

（三）视觉技术

视觉化将外在信息转化为图样，吸引人的多感官交互体验，从而达到传播效果。视觉化技术赋予了创业模式生命力，并能够促进人们的共同创造。创业模式可视化，将容易捕捉到它的全貌，有利于研判分析。我们可以通过图片、草图、图表和便利贴等视觉化工具来构建项目和讨论。

视觉中国是全球摄影创作的社交平台，拥有大量优质正版的图像，资源丰厚。在图像识别、搜索算法、智能大数据分析、云服务等方面不断创新，将内容和科技结合，建立了以大数据和人工智能为核心技术的独特商业模式，也构建了简单粗暴的盈利模式，即拿图、销售、收钱。而这一模式的背后是最初身为普通图片编辑的柴继军的视觉化技术整合。

（四）原型制作

创业模式原型制作可以用商业模式画布简单描绘已完全深思熟虑的概念形式，也可以采用故事板、电子表格形式。它是一个工具，具有交互设计清晰思路的作用，帮助我们探索不同的方向，拟定最终、最优的选择。

在构图分析时需要注意哪些呢？首先，简洁清晰，能一眼了解页面布局和元素构图；其次，规整统一，能高效分辨不同类型模块；再次，准确到位，原型的布局与元素表达准确；再次，线框图中选用的示例需完全；最后，重点突出，在不影响后续设计分析的前提下，突出页面重点。完整的原型制作为创业的模式选择打开更为广阔的清晰通道。

（五）故事演绎

有效且可实施的创业模式是完整的系统闭环，而故事讲述是以形象的语言表达方式将新创想、新模式、新思路梳理清晰，不再抽象，给人以足够思考的空间，通过可理解的层面、易分析的方式，调动员工的认知度，提升客户的认可度。

故事演绎，通俗易懂，人人都是主角，我们可以站在多个角度聆听故事、找寻问题、分析困境、解决延伸。需要注意的是我们需要主角设定，或是公司员工，抑或是消费者，主角的立场各不相同。公司员工视角主要是从核心资源、关键业务、重要伙伴等方面来演绎体现创业模式实现价值主张的效率；消费者视角主要是从渠道通路、客户关系、客户细分等方面演绎体现创业模式实现价值主张的大小。另外，还要注意故事的讲法，有导入式、直接式、间接式等，重要的在于沟通表达能力的提升。

（六）情景推测

情景推测是把抽象的概念变成具体的，它的主要作用就是通过细化设计环境，帮助我们熟悉创业模型设计流程，促使我们去思考创业模式在特定环境下的演变趋势，更好地帮助我们及时调整，适应未来的商业环境。

情景推测分为两种类型。第一种描述的是不同的客户背景，如客户是如何使用产品和服务的，什么类型的客户在使用它们，客户的顾虑、愿望及目的分别有哪些，这些情景推测建立在客户洞察之上，也更为细致化、具体化、形象化。第二种描述的是创业模式是否适宜于发展需求，用形象的设计及分析来探讨在未来市场竞争中的多种可能性，再总结回顾。

三、设计创业模式后的评估方式

自我评估的目的就在于验证设计的创业模式是否具有可行性，一般我们通过倒置方式，也就是反向推演的方式步步核验。通常从成本核算开始推演至价值主张，我们也可以利用三大板块细化要素：能力评估，从客户要素、产品要素、运营要素着手；资源评估，从渠道要素、经营者要素着手；发展评估，从管理要素、竞争壁垒要素着手。

（一）能力评估

1.客户要素

客户要素就是市场，是最关键、最核心的。你的市场在哪里，市场定位越细化，就越能找到匹配的客户。你是专门为他们而量身打造的，久而久之他们也会成为忠诚的客户。

2.产品要素

产品要素判断产品中的质量、功用、价格、品牌、价值是否有前瞻性，是否具备独特性，是否能满足客户期许。产品要素的设计标准在客户那里，站在客户的角度去感受、去评价、去反思。

3.运营要素

运营要素关键是项目产品和项目服务是怎样打造出来的，也就是需要探讨内在的价值。运营要素包括资金、技术、原料、工艺、供应链、信息系统、资本运作、品牌价值的打造，运营要素的设计关键是优化资源整合，优化运营成本。

（二）资源评估

1.渠道要素

渠道要素评估企业通过何种产品和服务与客户联结，具体是怎样进行分销和传播的。如分销的方式有经销、代理、直销或三者兼有；如传播的方式有网络、活动、媒体、代言、形象大使、企业文化等。哪种是最有效、最节约成本且最容易出成果的方式。

2.经营者要素

经营者可以是企业领导人，也可以是决策班子。首要是经营者眼界的开拓性，关键在创业模式的设计、抉择及对企业经营活动的决策。很多创业模式都是经营者考虑自身兴趣、爱好、能力、经验、资源等直接设计运用的，因此要充分考虑经营者是否具备可驾驭性。

（三）发展评估

1.管理要素

管理要素关键在创业模式的执行，包括对企业文化、组织架构、管理机制、规章制度、工艺流程、各类标准的制订和执行。法国古典管理理论学家亨利·法约尔提出了管理的五个要素，分别是计划探索未来、组织建立结构、指挥人员协作、协调内外联合、控制信息传递。管理要素可以说是创业模式运作的保证，政策决定了，执行就是关键。

2.竞争壁垒要素

竞争壁垒要素就是创业模式的保护要素，以市场为主导，由版权品牌、创新产品、客户关系、领先技术、领先成本、领先速度的无形资产组成。要防止客户源和企业价值流失，就要加强竞争基础，一个完整的产品竞争战略实施过程包含5个连续不断的基本阶段，包括产品投放阶段、市场扩张阶段、市场垄断阶段、市场收缩阶段和撤退阶段。竞争壁垒就是要建一道很高的进入门槛，品牌成功、受众群体广泛、财务实力雄厚等让别人想超越都很困难。

【知识拓展】

从猴子择食故事反思创业模式规划

一只猴子在四处寻找食物，它从一个岩石的间隙中看到在岩石那边有一棵结满果子的果树，于是拼命想从岩石狭小的间隙中钻过去。对于猴子来说，如果岩石那边的果实是它渴求的利润，猴子会怎么做呢？

它选择的是意志坚定地一直使劲钻，身体都被岩石磨破了好多处。因为劳累和饥饿，猴子瘦了。就这样，在第三天时，它竟然很轻松地钻了过去，并美美地吃上了果子。等树上的果子全部吃完后，猴子准备继续寻找食物，这时他才发现，因为太饱了，它又钻不出来了。这只可怜的猴子因为没有找到盈利模式，结局一定是很悲惨的。因为，当它终于饥饿、疲惫地从岩石的间隙中钻出来后，它甚至已经无力再去寻找新的食物了。其实它可以选择这样的盈利模式：在自己辛苦钻过去后，把果子先搬到岩石的那一边，然后再钻出来，边吃边寻找下一棵果树；它也可以叫一只小一点的猴子钻过间隙，把果子运出来一起分享。显然，寻找到了盈利模式，结果就会有天壤之别。

数据统计，在创业企业中，因为战略因素而失败的只有23%，因为执行因素而夭折的也只不过是28%，但因为没有找到盈利模式而走上绝路的却高达49%。从上面的故事中可以得出结论，国内大多数企业之所以境遇艰难，都是因为没有找到适合自身发展特点的创业模式，如果能成功地找到一个盈利的创业模式，并根据企业自身的情况进行改造，企业就可以找到自己的突破点，摆脱僵持挣扎的局面，创业活动也就容易成功。具体我们需要把控创业模式成功的五个"命门"，包括进入高利润区、没有致命短板、占领产业制高点、构筑竞争壁垒和超越客户价值。重视企业利益相关方的排序，依次为客户、员工、社会、股东、老板。

（案例摘自：快消品经销商16种盈利模式［EB/OL］.（2019-11-06）［2021-01-28］.百度文库.有删改）

✎ 小贴士

蒙牛乳业集团创始人牛根生说过这么一段让创业者深思的话——股东投资求回报，银行注入图利息，员工参与为收入，合作伙伴需赚钱，父老乡亲盼税收。只有消费者、股东、银行、员工、社会、合作伙伴六者的"均衡收益"，才是真正意义的"可持续收益"；只有与大多数人民大众命运关联的事业，才是真正"可持续的事业"。

✎ 课堂活动

绘制"英雄联盟"竞技网游的商业模式画布

活动方法："英雄联盟"简称"LOL"，是英雄对战MOBA竞技网游。调研并分析"英雄联盟"竞技网游的商业模式，完成"英雄联盟"商业模式画布绘制。讨论为什么"英雄联盟"已推出十余载，还如此受欢迎，还能吸引这么多的玩家？国内其他竞技网游企业是如何应对的？

活动形式：分组活动，5~8人为宜。

活动规则：运用四个视角、九大要素的思考方式来完成"英雄联盟"商业模式画布绘制。采用A3大小白纸，纸张方向及绘制工具不限，要求内容丰富，页面布局美观。

注意事项：

1.在绘制"英雄联盟"商业模式画布前，需要对选题做充分的调研，分析并整理"英雄联盟"竞技网游的商业模式。

2.讨论国内其他竞技网游企业是如何应对问题的，需要举例说明。

✎ 本章小结

1.绘制商业模式画布从四个视角着手，衔接九大要素。分别是：提供什么？衔接价值主张。如何提供？衔接关键业务、重要合作、核心资源。为谁提供？衔接客户关系、客户细分、渠道通路。成本多少，收益多少？衔接成本结构、收入来源。

2.成功的创业模式是健康的盈利模式。八类创业盈利模式，分别为鲫鱼模式、专业化模式、利润乘数模式、独创产品模式、策略跟进模式、配电盘模式、产品金字塔模式、战略领先模式。成功创业模式的共同特征为提供独特价值、极具与众不同、富有长效积累。

3.创业模式的选择，应秉持传统创业模式基调，着手创新创业模式。传统创业模式包括自主经营模式、孵化器模式、网络营销模式、创意服务模式；创新创业模式包括"互联网+"创新型创业模式、科技成果转化型创业模式、公益服务实践型创业模式。在设计创业模式时需充分考虑客户洞察、创意构思、视觉技术、原型制作、故事演绎、情景推测6个方面。设计创业模式后的评估方式，通过三大板块分七类要素细化评估，分别是：能力评估——从客户要素、产品要素、运营要素着手；资源评估——从渠道要素、经营者要素着手；发展评估——从管理要素、竞争壁垒要素着手。

【课后阅读】

"85后""流量小生"李良华的乡村致富经

在"大众创业、万众创新"的大潮下，"85后"李良华"触网"破土，打造出乡村致富经。2009年开启创业之路的他，没有多少启动资金，只能借助山里废弃的农舍，自己购买建筑材料，修建养鸡场，就近乡镇赶集，购买鸡苗。为了扩大养殖规模，他将位于九天镇的养鸡场搬回老家岭北镇，不幸的是搬运途中山路泥泞导致骑行的摩托车滑倒，摔落的鸡苗死伤大半。转场后，他在网上不断找寻鸡苗的供应信息，学习相关养护的知识，虽然其间不乏天灾人祸，鸡苗折损，但他总算在补救下、学习中有了试养成效。随后他从农村信用社贷款2万元，引进3000羽鸡养殖，结果鸡苗在3天之内，因保温工作未做好而折损过半。经历重重困境后，终于等到鸡出笼上市，他利用网络平台尝试网络营销。他将土鸡蛋、绿鸡蛋做成礼品卖，让消费者耳目一新。接着他又向银行贷款10万元，引进了5000羽纯母系鸡苗，为了让客户有更好的体验感，他将养鸡场向公众全方位开放，让山外的客人们到养鸡场参观，体验亲手抓鸡，感受草丛捡蛋。不料，因忽略了鸡场的疾病防控，5000羽纯土鸡很快全军覆没。面对重创，李良华内心翻江倒海，经过1个月的苦苦思索和学习探究，他决定调整状态，改变策略，更新模式，从头再来。这回，他加大了品牌营销方面的宣传费用，加大了让合作社发挥养殖优势的改革力度，将再次购买的5000羽鸡苗分发给合作社社员一起来养殖，实行分散化养殖，精细化管理，风险共担，利益同享。为了让产品"眼见为实"，他创立联合共享品牌"季实庄园"，升级优化标准VI系统、官网分销系统和云直播溯源系统，采用O2O模式全程监控、直播土鸡生长过程，打造可视化农业销售模式，让消费者能够身临其境感受到农业生产的现状，才能买得放心。为了持续吸引消费者，有了"触网"经验的李良华开始瞄准"流量"市场。从开设淘宝、京东店铺，到开发

"季实庄园"农产品销售小程序，再到现在抖音及快手等平台直播，他将网店的静态销售模式打造为直播动态销售模式，如今他的网上直播平台已拥有30万流量。2017年，"触网"致富的李良华被聘为岭北镇政府扶贫顾问，他利用互联网技术的渗透性、融合性，整合产销链资源，设计"合作社+品牌+农户"模式，劳动与农户抱团发展。如今他的生态蛋鸡专业合作社已有员工100多人，带动100多户土鸡养殖农户增收。他还将自己从养殖事务中解放出来，成立了蜂蜜合作社，增加农特产品品种，同时积极指导农户和贫困户进行网上销售，帮助贫困户直播带货，助力消费扶贫。在最近的一场助农扶贫直播活动中，土鸡蛋、客家米酒、腐竹等吸引了4000多买家，土产品瞬间成了走俏货。在采访中，他提到合作社将进一步深耕"互联网+"经营模式，积极引进零下196 ℃的液氮速冻保鲜技术，开发生鲜鸡肉产品，破解电商销售过程中的物流难题，让更多农民"触网"增收，共同致富。

曾经，他还是一个创业"愣头青"，如今，他是江西定南县鸡卿寨生态蛋鸡专业合作社理事长和"季实庄园"品牌创始人，成为电商创业领头羊、全国农村致富带头人、全国乡村振兴青年先锋。他用了12年的时间成为当地农产品互联网销售的"流量小生"，为振兴乡村和产业扶贫做出新时代新农民应有的贡献。

（案例摘自：两位年轻人的互联网创业故事［EB/OL］.（2020-09-25）［2021-01-28］.光明网.有删改）

项目七
准备创业路演

【学习目标】

★ 了解创业路演概念和创业路演战略布局。

★ 分析创业投资人心态与路演策略。

★ 掌握创业路演的技能提升方法。

【导学案例】

一带一路 "路演中国"

2014年9月22号，凤凰网刊登了一篇标题为《习近平访亚洲四国为"一带一路"进行路演》的文章。这是最早用"路演"一词描述中国建设"一带一路"政策的报道，那么大家想一想，为什么这篇报道不用"演讲""宣传""推广"这样的词，而是用了"路演"这样一个词呢？说明"路演"所包含的主动性、全面性和系统性是其他词不可替代的。

如何理解"一带"，无论是海上丝绸之路还是陆上丝绸之路，都是战略核心地带。所谓"一路"，我们可以理解为路演。用这样的维度来重新理解"一带一路"就是在战略核心地带做好我们的路演，做好中国的路演，形成战略同盟，从而共创人类命运共同体。

人民网2015年年度报道《习近平路演中国》非常详尽地阐述了习近平主席在2015年的各类外交活动，总结出"路演中国"。习近平主席讲述"中国故事"，阐明"中国机遇"，提出"中国方案"，表达"中国态度"，在国际社会刮起一股"中国风"。习近平主席向国际社会展现出大国风度，开拓外交新格局、深化务实合作、分享发展机遇，圆满完成了2015年让世界印象深刻的"路演中国"。

如果我们把中国类比成一个大企业，这四个内容就是一套商业计划书内容。"中国故事"是我们曾经做过什么，"中国机遇"是我们未来有哪些规划，"中国方案"是我们如何去实现，"中国态度"则是我们的观念与主张。这完美地呈现出一份国家商业计划书，习近平主席就是中国路演人。大到国家，中到城市，小到企业，微到个人，都在以路演的方式传递观念与价值。在2016年的6月，《环球》杂志发行了《路演中国》的特刊，特刊以习近平主席的照片作为封面，里面有这样一句话：通过习近平主席的全球路演，中国登上观念与价值引领的至高平台。这句话为路演的定义赋能，这是一个路演的时代，对于路演的学习或应用已经很大程度地影响了我们的软实力与话语权。酒香不怕巷子深的时代已经过去，路演的时代已经到来。

（案例摘自：1.习近平智慧讲述"中国故事"让世界读懂中国［EB/OL］.（2015-12-23）［2021-01-23］.人民网.2.马强.路演中国［M］.北京：中国财富出版社，2016.有删改）

> **思考与讨论**　生活之中处处存在路演，在这个路演的时代，路演不失为一种展现自己实力强而有效的方式，就像影片上映前，导演都会做好宣发工作，带着他的团队去不同城市举办路演，从而增加电影的票房和排片率。生活中还有哪些活动属于路演的范畴？路演只是用作汇报一次性的商业介绍活动，还是周期内的持续性活动？

任务一　认识路演前世今生：追根溯源　不打无把握之仗

如果投资人在看过商业计划书后，邀请你做路演，就是对你的产品有了一定的认可。路演，既是为商业项目寻找投资人，说服他为你投资，也能运用在课堂活动中，对学习内容进行阐述。两者有很多的相似点，不同之处是，一个是商业选择，一个是学术方法。所以学习路演知识是当代大学生的必修课。

一、路演的前世今生，讲好中国故事

（一）源起股票

路演最早指国际上广泛采用的证券发行推广的方式，是证券交易所在股票发行前对投资者进行的推介活动，这种活动常常在证券交易所大门外的路边进行兜售叫卖，所以路演的英文roadshow也就源于此。路演是投融资双方在充分交流的条件下促进股票成功发行的重要推介与宣传手段，促进了投资者与股票发行人之间的沟通和交流，保证股票的顺利发行，并有助于提高股票潜在的价值。

（二）创造价值

现代路演的含义和应用更广泛，具有时代意义，不限于证券领域。路演是指现场演示的方法，引起目标人群的关注，使他们产生兴趣，最终达成销售的目的；在公共场所进行演说、演示产品、推介理念，向他人推广自己的公司、团体、产品、想法的一种方式。

路演带着价值属性，无论路演应用到哪个领域都要取得价值。路演延展到了企业发展的全生命周期：从一开始吸引合伙人，阐述企业未来的愿景；到在招商合作中讲述品牌的故事与达成合作；再到扩展应用到广泛的行业领域中。

（三）心在双创

从2014年9月份开始的"双创"国策——大众创业、万众创新，"双创"掀起了全民创业创新的浪潮。把商业计划书转化至技术或产品上同时还需要通过商业项目路演，一方面让创业者把创业想法全面地传达给更多人，募集创业资金；另一方面让投资者从商业项目路演了解一家初创公司的整体经营状况，评估企业投资价值的重要渠道。归根结底，路演是创业者精心计划的宣传活动，不仅影响企业的融资情况，也为投资者带来不少有价值的情报。

应该说路演已经成为这个时代的高频词，总结起来，路演的发展可以分为三个阶段：第一阶段是资本证券阶段的路演；第二阶段是商业领域的全周期路演；第三阶段覆盖到企业、机构，城市、国家各个维度，各个领域的路演正在讲述着中国故事。

【知识拓展】

具有代表性的路演事件

"大家镇定一下情绪，我准备出来了。"

2010年，海淀剧场，这是罗永浩的演讲《一个理想主义者的创业故事》。或者说，它更像一则超长广告。

在十年前，罗永浩的标签还不是"锤子"，而是"老罗英语培训的创始人"。在这个分享中，他讲述了自己创业中面临的难题、窘迫和各种"急中生智"的故事。为什么选择英语培训领域创业？因为当时的他，发现了一系列"歪风邪气"："神奇派""不不不派"和"N天搞定派"。基于这个初心，老罗创办起了自己的英语培训机构，并讲述了他们是如何在坚持原则的情况下，做好服务和教学品质，一步步将"老罗英语培训"运营起来。比如：不会营销，就自己硬着头皮啃《消费者行为学》《消费心理学》；找不到合适的设计师，便自己自学平面设计，花一年半的时间设计出了有"口碑"的海报。

从英语教师到创业者，从新东方到老罗英语培训，角色在变，环境在变，但他的"理想主义"却从未动摇过。这场路演虽然是为老罗自己的英语培训机构做宣讲，但无论是演讲中穿插的小故事，还是一字一词的安排，都可见他的用心和路演功力之深。

（案例摘自：罗永浩十年前的演讲，现在依旧推荐！［EB/OL］.（2019-06-24）［2021-01-23］.搜狐网.有删改）

二、不打无把握之仗，力求胜券在握

路演已经成为企业家的必修课，路演是一种高效、快速地与资本进行沟通的语言、方式与技巧。不管路演人口才有多好，对行业知识了解有多深，领导决策力有多强，没有事先针对性地准备路演内容和材料，就无法呈现路演的效果。

虽然大学生创业者不是身经百战的企业家，也可能不具表演功底，但对于大学生创业者来说学习能力是最大的优势。如果说现在大家一提到路演就心生畏惧，其实是没有对路演做好充分的准备。通过对路演的学习和训练，深入地磨合自己的创业项目，就会发现紧张感随之被兴奋感而取代，我们会渴望去分享我们的创业计划，登上路演的讲台。所以，没有不会路演的人，只有不做准备的人。

✐ 小贴士 ——————————

1947年9月，毛泽东在《解放战争第二年的战略方针》中讲道："必须注意不打无准备之仗，不打无把握之仗，每战都应力求有准备，力求在敌我条件对比上有胜利之把握。"

（一）不打无准备之仗

路演虽然只是一场创始人阐述，但是从路演的角度却可以窥探出企业的全貌，这就是路演需要系统学习的地方，它教会大家从路演的角度来重新梳理商业逻辑，让路演活动价值充分、仪式感强、精准度高，让大学生创业者用资本的思维去重新审视战略布局。

1.充分呈现价值

我们常说对于结果而言过程更重要，路演就是这样一个过程。不同于普通的商务沟通，路演对内容的准备要求会更高，企业也会针对性地演练。在准备的过程中，企业会梳理出有价值的内容，沉淀大量的价值素材，路演让项目价值输出更为清晰。

2.创造商业仪式感

仪式感是最近几年的一个热词，大家晒朋友圈常常会说："生活需要多点仪式感，这样才能拥有一个有趣的灵魂。"其实路演也是如此。路演过程中，严谨的态度、彼此信任的氛围具有很强的感染力，特定的空间完成的路演，商业信息的接收度会更高，比普通的会谈更具有感染力，投资方或者评委更容易接受。所以路演的过程就是创造仪式感的过程。

3.投放精准内容

路演在商业领域中的规格很高，需要对商业计划书的内容与投资方或创业项目赛事要求进行比对，认真把握路演的逻辑，在路演过程中要有的放矢，不要泛泛而谈。

（二）力求胜券在握

目前，仍然有很多企业对路演的重视度不高，团队中缺少对路演人的培养，导致路演内容枯燥乏味，路演活动无价值、无体验、无结果。所以大学生创业者只要弥补这些缺点，就能在路演这条道路上走得比竞争对手更快，拉出"敌我"差距，取得胜利。

1.思想上重视路演

创业者对路演的认知还不够重视，觉得路演不重要、不需要，如果有路演项目就临时抱佛脚，路演意识很淡薄。很多优秀的国外案例表明在项目路演中幻灯片的应用、阐述价值的角度、个人魅力的打造都非常重要，好的路演会给人带来深刻的印象。所以我们应该从思想上重视路演活动，并在行动中打磨一场完整而精彩的路演活动。

2.培养优秀的路演人

专项发展要靠硬科技，沟通还需软实力。企业理解和重视路演之后，就会面对没有路演团队的窘境，主要体现在培养路演人才没有一个标准，培养完之后没有机会去实践。虽然创始人是路演的陈述者，但后面其实需要整个创业团队来参与协助完成路演中的内容。我们在第四章讲到了创业团队的选择，团队成员在组建团队的时候就需要明确各自在路演活动中具备的角色关系。培养优秀的路演人其实也是在打造一支会路演的团队。其中，团队的文化建设就显得非常重要，使命、愿景、价值观、价值主张，这些都需要有明确的落地事项。

3.体现路演呈现力

呈现力是路演软实力中最重要的组成部分，大部分企业在路演时缺乏逻辑，路演过程没有意思，路演完成之后没有记忆亮点。这是一个普遍性的问题，所以在后面的章节中，提升呈现力是我们学习的重点之一。

4.高效进行路演活动

高效进行路演活动需要有价值、有体验、有结果，如果我们对路演没有整体格局的把握，路演活动结果的高效性就不能体现，创业者、投资人、主办方三者都不能得到充分的价值呈现。

任务二　深入了解投资人：分析投资人心态　制订路演策略

对于创业者来讲，寻找投资是商业活动的开始，而投资人也在寻找资本增值的机会。所以，一次商业路演就是两个寻找者相互认识、认同而取得共识的过程，是一个寻找者去说服、征服另一个寻找者，大家共同去走一条创业之路的活动。

一、项目的评分权重

参加路演时，主办方都会有评分系统，作为投资人或者裁判打分的参考依据。有些路演主办方会公布评分标准，有些不会公布细节。总结路演中的评分标准，评分框架可以大致分为三个部分，一是项目基础，二是路演呈现，三是投资价值各自占比。如果以一个百分制来划分，分别是项目基础占30分，路演呈现占40分，投资价值占30分。

（一）项目基础分

项目基础分指的是企业的工商、税务、技术、专利、财务管理、劳动合同、经营范围等是否合法合规，这是刚性要求，也是一个企业被选择的基础，一个规范的企业本身就在向社会传递良好的信号。

（二）路演呈现分

路演呈现并非仅仅靠路演技巧，而是通过路演时所表现出的商业逻辑、创新能力、资本思维、呈现效果的综合评判。这些正是我们要考察或强调的部分，没有这些能力，企业是没有办法良好地运营和同谋发展的。

（三）投资价值分

投资价值一般从企业的五个方面展开：第一是做什么？第二是如何做？第三是凭什么做？第四是做得怎样？第五是业绩增长能否持续？

五个方面分别对应的是企业的业务范围、商业模式、核心能力、经营效率、管理水平。

【知识拓展】

路演的指数与公司估值

2016年以斯坦福商学院为主要研究机构的美国学者们发布了一个商业研究成果，一家公司在路演中给投资者们留下的印象，会实实在在地影响这家公司的估值，那么影响究竟有多大呢？路演指数只需要提高5%，公司的估值就会提高11%，他们的报告非常明确地指出，路演给人的感觉越好，公司的估值就会越高。

这个研究是怎么做的呢？过程非常有趣，研究者把2011—2013年一共224个实际公司的路演，分别制作成了30秒的短视频，保留了能够传递情绪状态以及呈现画面信息的一些表达行为因素。随后，研究团队招来了对企业估值有经验的志愿者来观看这几百段视频，对路演者的竞争力、吸引力和可信度进行打分，从而判断这个公司的估值。这个研究对于很多的机构投资者来说，影响特别大，因为现在有了量化，被评估的实验性数据对路演水平的判断就成了一家公司价值的体现。

（案例摘自：马强.路演中国［M］.北京：中国财富出版社，2016.有删改）

二、分析投资人的心态

（一）注重投资安全

众多投资人和投资机构把对投资安全的关注排在第一，他们认为投资安全的重要性是远超于投资体验和投资回报的。

投资人通常会关心这三个方面：

（1）所投资的企业的管理能力、抗风险能力与风控体系、信用等级等核心要素之间的关系是良性的，才能保障投资的安全。

（2）能够确定资金损失可接受的范围，需要多少数额的资金作为投资专用资金，这就是你的投资"安全垫"，以此来保障投资风险在可控范围内。

（3）在分散投资时，能够找到安全性和收益平衡点，一定程度上规避风险，在个别投资发生风险时，保障整个投资体系不至于全盘瓦解。

（二）注重投资体验

投资体验是发生于资金进入和资金撤出之间的全过程。很多投资机构非常享受与投资项目一起成长的过程。

他们通常会关心以下两方面：

（1）项目本身是否具有吸引力，它能够带来经济价值的同时，还能实现哪些社会价值。这与投资人的喜好息息相关。

（2）在投资过程中，对产品的认识、市场的变化、技术的研发和创新、管理团队之间的沟通是否良好，项目是否能够按照计划如期完成等，方方面面都影响了投资人在投资项目的体验感。

（三）注重投资回报

投资机构认为，投资回报是投资安全和投资体验做好了之后的一个自然结果，同时产生了一个很有趣的现象：一些成熟的机构会认为没有回报也很正常。

他们通常关注这三个方面：

（1）什么时候进行投资操作，是由企业内在价值和所处的阶段决定的，一般投资人会选择一个处于创业初期的好项目。这由资产的内在价值高低决定，以低于内在价值买入，高于内在价值卖出，从而获得收益回报。

（2）在财务预期上，初次收益、再次收益、长期收益的周期是多少，是否能获得增加资金的使用弹性。

（3）在持续投资上，判断项目是否可持续，是否能够通过长期且稳定的投入追求更高的投资效益回报。

三、路演策略

路演不是一次传统的演讲或报告，挑战在于它要求用短短几分钟时间来完成你的表达意图，展示你的项目，并回答别人的提问。正因为如此，学习和掌握路演的策略显得十分重要。具体的策略有以下几个方面：

（一）知己知彼

比尔·盖茨说："搜集、处理和应用信息的能力，决定着企业的未来。"

首先，我们需要做好功课，了解对方，知己知彼。融资前对投资方进行调研。

其次，我们一定要想办法了解这个机构的投资取向、投资历史，投资人有什么喜好，是什么专业背景，他之前创过业吗，他投过什么项目，获得过什么收益。

掌握投资人的需求是双方合作的基础。知道得越多也就越有利于我们站在投资人的角度去思考，在与投资方交流时就越容易达成共识，双方就可以很快同频，快速切入到进一步的核心话题洽谈当中。

关于前期深入做好功课，可以通过各种渠道了解投资人以前对其他公司投资的合作案例。通过这些项目的创始人或关键人物，看看他们怎么评价这个投资人，他们与这个投资人打交道的经验在哪里，进一步地还可以与投资机构接触。有了这些沟通，就获得了更充分的信息。通过分析思考，知道共同的需求和利益点，更能胸有成竹地作出自我判断，对怎样去准备这些内容，怎样表达想法和打消投资人的顾虑，以及怎样跟他们长期相处有了更深一步的认识。

（二）直奔主题

路演重要的是一个人的本色讲演，突出个性，争取第一句话出口即言少意深，主题鲜明，语句紧扣，目的清楚。表达的语言专业而简洁，用科学的、职业的态度去路演，不需要刻意表演。

（三）抛出亮点

一个商业项目包括许多方面：产品开发、营销策略、市场客户、成功前景预测、不确定性、收益与风险、机会与挑战等。但是在路演的短短几分钟时间里，不可能一一陈述，投资人也没有时间和精力听冗长的项目介绍。所以我们有必要精选出自己的主题词，而对主题词内容（如独特的产品、创新的市场营销模式、从没有人关注的市场销售渠道、颠覆性的顾客体验方式）的阐述将紧紧吸引住在场的投资人的目光。充满激情地从正面表达，先吸引住众人的眼球，让人产生兴趣，又或将信将疑，等待向你提问，期盼你的答疑。

📎 小贴士

创业者需要规避的描述：

1. 投资人已经熟悉的商业知识。
2. 表达不清楚和表达不确定的描述。
3. 敏感的或涉及竞争对手的信息观点。

（四）有效引导

我们讲述了项目的亮点，实际上我们为投资人之后的提问作出了一个方向性的引导，他们需要听到我们对这些激动人心的项目予以解释，会提出他们的观点和问题。例如：我们说项目研究的产品一旦进入市场将迅速地赢得市场，投资人提出产品有什么市场吸引力；我们说项目的优势在于推动新产品的周期上会超越其他竞争对手，投资人会关注研发组织能力。如果项目推出的是一个季节性的产品，投资人会想知道全年销售收入的波动性和相应的经营策略是什么？等等。所有的问题我们都将进一步拿出理论和数据来支撑我们的观点。希望将双方的沟通讨论的话题带入到充分准备的卖点上。

要在路演阐述项目时留下空间，以便在回答对此有兴趣的投资人的问题时，给予他意外惊喜。这是一种征服犹豫者的有效手段。

【知识拓展】

出乎意料的申奥路

1996年，美国亚特兰大市成功举办了奥运会，那是奥林匹克的百年庆典之年，在之前几乎所有人都认为这是不可能的事，因为全世界有许多更有实力和名望的城市排在前面，国际奥委会不可能通过亚特兰大市举办奥运会的预案。在1988年4月29日的美国奥委会执委会议中，亚特兰大一举击败美国的其他城市，并在全球范围推广宣传，因为当时世界上很多人都不知道这个新兴的城市。全世界并不看好它，仍然认为希腊、雅典是最佳的选择，后面还排着世界级的大都市多伦多。然而，亚特兰大在最后时刻向国际奥委会和世界亮出了他们早已准备好的、致命的、不可抗拒的两张底牌。他们向世界宣布：亚特兰大东道主可口可乐公司，将成为奥运会历史上最大的赞助商。可口可乐公司为所有因经济问题不能参加的国家提供所需费用，可口可乐公司与国际奥委会续签了当时为期最长的奥林匹克全球合作伙伴协议，使可口可乐对奥运会的赞助计划延长至2008年。同时亚特兰大的有线电视CNN，在拥有全球转播权后，会给予奥运会全力支持。最后，本届奥运会是奥林匹克大家庭的全家福，197个会员国全部出席。亚特兰大奥申委一步一步地把不可能变成可能。

（五）正面回答

投资人的大部分提问都是围绕路演的几个方面进行的，所以我们对这些问题应有所准备。即使准备不充分也要面对，如果不正面回答问题，会让投资人感到你的商业计划存在问题，而且还会对项目的可行性和执行者的能力、诚信感到担心。

明明问你一个问题，你却不正面回答，总是顾左右而言他，答非所问。经过几个问题，当投资人发现你不是因为理解偏差，而是故意用这样的方法回避时，会给投资人留下不好的印象，浪费投资人的时间，也显得你不诚实，这就严重影响了创业者和整个公司形象，非常减分。所以就算一个问题问得十分尴尬，你也需要正面回答。

正面回答不意味着你一定要回答这个问题的详细情况。当你回答不了，或者问题涉及隐私及核心机密时，你可以这样说："这个问题暂时还不能确定，但是我们的团队正在关注"或者"这个问题比较敏感，如果您感兴趣我可以稍后向您作进一步的沟通"，回答要在情理之中。当问到你的项目有什么不足，或被投资人戳到了你的要害、痛处时，比如你的数据出现错误，方法上有偏差，市场调查不充分等，你必须实事求是，真诚为本，虚心坦诚，而不要试图去掩盖。

（六）简明扼要

面对投资人的问题，采取一问一答，更要在有效的时间里，直击要点，运用"1…2…3…"3条罗列法则，按照事情的重要性分别罗列清晰，强调逻辑的连贯性。

📎 小贴士

如果用一句话或者30秒的时间来描述你们的项目，你如何来描述？

首先不论投资人是否会问，每一个创业团队的成员应该有一致答案，"电梯演讲"是个不错的解决方式。电梯演讲分三步：第一步，构思疑问；第二步，给出结论；第三步，陈述理由。能够简明扼要、准确无误地阐述自己的想法，就是电梯演讲。

【知识拓展】

电梯演讲

　　麦肯锡公司是美国芝加哥大学商学院教授詹姆斯·麦肯锡于1926年在美国创建的，现在麦肯锡公司已经成为全球最著名的管理咨询公司。"麦肯锡30秒电梯理论"来源于麦肯锡公司一次沉痛的教训。该公司曾经为一家重要的大客户做咨询，咨询结束的时候，麦肯锡的项目负责人在电梯间里遇见了对方的董事长，该董事长问麦肯锡的项目负责人："你能不能说一下现在的结果？"该项目负责人没有准备，而且即使有准备，也无法在电梯从30层到1层的30秒内把结果说清楚。最终，麦肯锡失去了这一重要客户。从此，麦肯锡要求公司员工凡事要在最短的时间内把结果表达清楚，凡事要直奔主题、直奔结果。麦肯锡认为，一般情况下人们最多记得住一二三，记不住四五六，所以凡事要归纳在3条以内。这就是如今在商界流传甚广的"30秒电梯理论"或称"电梯演讲"。

　　（案例摘自：石岩.30秒"电梯测验"——介绍麦肯锡方法［J］.南方建筑，2002（3）：38.有删改）

（七）用心打动

　　面对面地回答问题，实际上就是项目的创始人与投资人直接进行思想沟通的过程。同时，项目争取投资人投资的过程，既是创业者推销自己能力知识的过程，又是寻找合适的投资者和合作经营者的过程，也相当于一次面试，给对方留下什么印象很重要。用自己拼搏的精神、持有的情怀、智慧的冲击唤醒投资者初心的力量，那些无数成功人士功成名就前，都有过"不经一番寒彻骨，怎得梅花扑鼻香"的奋斗岁月。

　　在创建苹果公司以前，乔布斯曾经说服当时世界头号电视游戏公司。他光着脚丫，一脸菜色，居然说服了面试他的老板诺兰·布什纳尔，因为后者本身也是一个不循规蹈矩的思想者，也善于自我激励，他喜欢乔布斯充满激情的语气，于是雇用了他。后来乔布斯也为公司设计出了当时最优秀的游戏机线路，并为后来创建苹果公司增强了信心。

（八）问答准备

　　投资人对项目可行性提出的问题，80%都是可以预料的，所以对这些问题要提前做好准备。但是，难点在于投资人对回答的进一步追问，即追根问底和挑剔上。这就考验我们的临场应变能力。另外，还有一些没有考虑到的问题，也是要现场面对的。如不要试图用偏离本公司的客观状况去包装自己公司。如果企业不具备切实可行的方案，投资人不会轻易进行投资。必须记住，投资行业人才济济，很多投资人见过无数的创业者和很多熟悉的投资项目，本身有着丰富的专业知识和商业经验，是行业的专家，他们能用那双察觉项目真相的眼睛，找出矛盾点，直击问题。

【知识拓展】

如果路演未达到预期效果，我该怎么办

把路演当作学习的机会。当我们讲了半天，最后投资方说：我并不太看好你们的项目，我们不会投资。有的人会觉得我所有的努力都浪费了，觉得特别难受、生气，甚至和投资方理论起来，可能还会发生更不愉快的事情。其实不必有这样的情绪，因为我们在每一轮的路演时都可以结识很多人，在这场路演中，人各有千秋，有的人说你的创业项目好，有的人说你的创业项目不好。其实我们应该把从他们那里收到的意见思考一遍，也可以把路演当作一种小型的田野调查，看看不同的人是怎么看待自己的项目的。

当我们本着这样的精神去融资，作为一个创业者，别人认可与否我们都能坚定自己创业的决心，别人说的优缺点我们也能借鉴思考调整。不如把它当作一场专家诊断会。所以项目不被人看好或者见了很多投资人都没有结果，是非常正常的，创业者需要保持良好的心态，把路演当作学习的机会。每一次失败，都是以后成功的基础。

任务三　用心打动投资人：准备路演材料　助力精彩路演

进行一场成功的路演，路演人需要与商业计划书及投资人之间建立联系，梳理自己的逻辑，不断优化讲稿和PPT，采用路演技巧传达更强有力的信息给投资者。通过不断的练习和磨合做到三者合一的完美呈现，成为出色传达企业信息的人。

一、路演讲稿的准备

人说话的正常语速为一分钟200字左右，如果准备10分钟的路演讲稿，那么讲稿的字数约为2000字。为了保证路演质量，避免忘词、表述混乱，在路演前路演人应先对路演内容进行梳理并记录下来，并根据路演时间准备讲稿。

（一）讲稿的原则

1.以全篇思考主线的设计为先

讲稿整篇思考主线以逻辑的结构为第一位。按照商业计划书的顺序推进整个流程，讲稿内容是展示商业计划书中的重要关键点，内容涉及做的是什么、谁来做、为什么做、为什么现在做、需要投多少钱、回报有多少等。

2.讲稿内容要为主线服务

要设计一个吸引投资人的开场，可选择打动人心的故事，要设计每个环节提炼的关键要点，要设计并运用类比数字，展示竞品分析、痛点解决、发展潜力。要利用细节帮助投资人了解复杂的内容，赢得投资者的信任。要提升讲稿内容撰写的技巧。

【知识拓展】

中央广播电视总台2019主持人大赛：不一样的新闻主播发出时代新声

中央广播电视总台2019主持人大赛于2019年10月26日晚全国首播。首轮比赛选手普遍颜值高、人文素养好，比赛节奏快，收视和口碑一路飙升。首轮决赛，不仅34城收视率破1%，而且当晚实时收视反馈持续第一，更在微博热搜榜连登12个热搜词，引发全网热议。

作为中国电视界最高规格最受瞩目的赛事，央视主持人大赛一炮打响。主持人大赛从发布报名信息，到面试复试，吸引了主持圈、高校圈和无数网友的关注，更有观众表示"这是2019最期待的节目"。

"她的声音、节奏、气场简直无可挑剔"，首场新闻类排名第一的选手邹韵凭借沉稳大气的表现得到网友的一致认可。作为拥有将近四年驻外报道经验的CGTN出镜记者，邹韵极具国际化视野。在比赛现场，她将自己置身于国际语境中，从中国话、中国茶等细节看到中国与世界的紧密联系，用自己的亲身经历呈现出一个越来越强大的中国形象，为观众带来不一样的"中国之声"。

果欣禹携手以其为原型打造的人工智能虚拟主播"小果果"同台亮相，二者配合默契，带观众开启了一场"时光博物馆"探馆之旅。这也引发了现场关于真人主播和虚拟主播关系的讨论。

除此之外，新闻类选手中，既有立志为新闻事业坚守一生的姚轶滨，用自己独特的视角讲述人生故事的王宇彤，也有从体育解说化身"非典型新闻类主持人"的赵思衡，传承华灯班掌灯人奋斗精神的张安琪。

这些有态度、有温度的新闻类选手让观众看到新一代新闻主持人的个性化表达，展示出与时代脉搏同频共振的新风貌，满足了网友的期待："我觉得时代不一样了，在融媒体时代，要看主持人怎么呈现内容、表达思想，主持人大赛真的是大脑耳朵眼睛的三重享受！"

比赛更有超强评委团坐镇，由陈临春、董卿、康辉、敬一丹、朱迅等组成的强大评委阵容，凭借严谨的比赛流程以及精良的内容制作，大获观众好评："这才是比赛，节奏不拖沓，评委专业，选手各个出口成章，所有的等待都是值得的！"

（案例摘自：央视2019年《主持人大赛》热播 选手惊喜不断 多位名嘴评委"同框"[EB/OL].（2019-11-07）［2021-01-24］.封面新闻.有删改）

✎ **小贴士**

初级融资路演时间一般是8~15分钟，前面60%~70%的时间是展示阶段，后面则是答辩环节。如果一场路演的时间是15分钟，那么其中陈述时间为10分钟，答辩提问环节为5分钟。

（二）讲稿的技巧提升

确保在规定时间内可以有效地利用路演时间突出重点，扬长避短，做到最好。下面给出8个方法：

1.先声夺人建立信任

我们需要用最短的时间获取信任，用简短的话概括创业项目的整体背景、产生来源、项目内容，清晰指出创业项目的特色，并在最短的时间内使投资方产生兴趣，其中内容包括市场的需求、增长空间、解决方案、团队优势。

在开始1分钟之内，让投资方感受到满满的诚意和真心，用人格魅力建立信任。

2.感"痛"身受的社会价值

很多路演人在阐述行业痛点和社会问题时，蜻蜓点水，虚晃一枪，并未达到很好的感同身受的效果，因为痛点和社会问题是建立起整个项目逻辑的支点，如果这个点立不住或概念模糊，非常不利于项目的逻辑建立与发展。阐述我们项目解决的社会问题，和这个项目能给社会带来的价值和意义，有助于让人们理解你在解决什么、为什么要解决它、解决的必要性，并引出我们根据这个痛点制订的相应的手段措施。

【知识拓展】

"怕上火，喝王老吉"，这句广告挖出了中国人普遍的痛——用顾客最关心的事情跟他们打招呼。

顾客最关心的是什么？

——是自己的需求和利益，尤其是未满足需求。

顾客需求在先，品牌在后，更符合顾客思维习惯。人往往都先关注自己，要从需求出发，寻求解决方案。而"怕上火"正是从顾客需求和利益点出发而得出的。先提出这一未被占领的利益点，再关联王老吉的卖点。

像需求词+解决方案词这种"需求引流型广告语基础模板"才能成为经典，才能让这句台词经久不衰。路演正是要揭示用户痛点具体在哪里，阐明这个痛点的真实性和可解决性。

（案例摘自："怕上火，喝王老吉"和"喝王老吉，防上火"一样吗？——需求引流型广告语分析［EB/OL］.（2018-11-19）［2021-01-24］.搜狐网.有删改）

3.多维度的政策解读

政策解读是一个非常重要的规避风险的环节，创业者应该多了解评估政策，多收集相应案例和知识，多统筹布局现下状况和长远愿景。这样才能在备稿解读国家的政策文字时，不生搬硬套，从政策带来的民生和经济的影响谈起，直击要点，一针见血，说明政策给项目带来的优势，向投资方展示你这个项目值得投资。

4.较强的核心竞争力

一切的商业模式、商业计划、金融路线、伟大的愿景都是建立在核心竞争力的基础上，所以我们必须对商业计划书里面的项目优势进行提炼挑选，了解自己的核心竞争力，才能在讲稿中突出自己，区别于旁人，从万千路演中脱颖而出。

我们可以从以下四点来展示核心竞争力：

（1）技术：一种实现经济价值、追求利益的必要手段。但对于项目中展现的技术，我们可能并不是这个行业使用的第一人，所以表现出自己所持有的技术的独特性、把控性、成熟性、创新性，就成了展开核心竞争力的重中之重。

（2）专利：是受法律保护的专属知识，由个人、企业单独持有或者由我方授权，所以专利的多少和专利的价值，就会成为评价行业权威的重要标准。

（3）人才领域：企业是否有技术领域的带头人或有影响力的人物参与到整体的操作系统的开发当中来，这将成为路演制胜的重要筹码。

（4）品牌：指的是影响力和美誉度，对于服务业、零售业、快消品、文化类、教育类的企业来说，显得非常重要。深入品牌企业文化，使项目产品的本身更有吸引力。

对于核心竞争力的阐述方式，尤其是科技型、技术型项目，恨不得把所有的技术原理都要讲清楚、讲明白，是不对的。要明确我们做的是路演，不是学术报告，核心能力就是我们的核武器，国家的核武器就是起震慑作用。对核心技术的最高阐述就是让投资者不知道具体原理，但是能感觉到项目本身的厉害之处。

【知识拓展】

广州禾信仪器股份有限公司董事长周振：做中国自己的质谱仪

在广州经济开发区，有一家企业——广州禾信仪器股份有限公司，16年来，一直默默从事现代科研最重要的基础工具之一的质谱仪的研发生产。带领这家企业填补我国在高精尖科技产业巨大空白甚至让国产高端科学仪器走出国门的，是公司创始人周振。在周振的人生里，只有一个人生信条：做出属于中国人自己的质谱仪器。

故事开始于1990年。当时，在厦门大学科学仪器工程专业读大三的周振，开始接触到质谱仪，但心中有一个疑问：为什么不研发中国人自己的质谱仪？

质谱仪用于观测"看不见的世界"，是现代科学研究最重要的基础工具之一。据统计，在国民经济发展中，环境、药物、食品和国家安全等60%以上的领域，都涉及使用质谱仪进行监测检测。但国内使用的质谱仪，全部依赖进口，每年进口额达上百亿元。

在厦门大学获得化学博士学位后，1998年周振赴德国吉森大学攻读物理学博士，继续向高精尖的质谱仪器研发前进。2004年他携家带口，打包了一箱资料、一箱价值10万元的零件以及10万元存款，从美国来到广州创办了中国第一家专业质谱仪器公司——禾信仪器。

质谱仪研发的难度超乎想象，这条光荣的荆棘路，周振和他的团队走了整整8年。最困难时，公司账上只剩下2万元，一度陷入困境。"一边勒紧裤腰带过日子，一边没日没夜搞研发。"周振用这句话描述创业期迈过的"坎"。直到2009年，公司的资金压力才慢慢缓和。

2010年，周振团队研发推出的在线单颗粒气溶胶质谱仪，应用于环境监测，1个小时内就能精确地捕捉到空气中PM2.5的污染源。如今，在线单颗粒气溶胶质谱仪已在100座城市应用，监测空气中的PM2.5污染源。同时，这台质谱仪在上海世博会、广州亚运会等多个盛会中进行了空气质量监测，发挥了不可替代的作用。

回望走过的16年创业路，周振"做中国人的质谱仪器"的梦想已照亮了现实。但周振心里清楚，质谱仪行业注定是一个"慢行业"。"企业这么多款产品，每研发一款的周期最快都是七年。多学科高度合成、技术门槛高、研发周期长，不能短时间快速产生利润，创业者也注定要脚踏实地、不忘初心。"周振给自己设定的目标值是"十年磨一剑"，培养更多专业人才，未来靠几代人的努力，发展自己的民族品牌，推动国内质谱仪器行业良性发展。

（案例摘自：广州禾信仪器股份有限公司董事长周振：做中国自己的质谱仪［N］.光明日报，2020-08-20（5）.有删改）

5.见微知著的经典案例

优秀的案例需要有细节，有结果，有见证。好的案例不能被一句话带过，也不要讲得冗长啰嗦，可以通过故事的形式阐述出来。用在过程中增加细节的方式增添画面感，在结尾处强调结果会作为价值见证以增强信任度。

在准备的过程中，经典案例可以从以下3个方面进行收集、筛选和使用。

（1）业务结构主要包括商业逻辑体系、业务基本流程、具体解决方案。

（2）产品形态主要包括内容网站、商业服务、实体产品线下门店等，这部分需要条理清晰、简明概要地介绍完产品。

（3）商业模式包括如何定价、需求是否稳定、需求范围、如何赢利、消费者的购买逻辑是怎么样的、当下赢利还是未来赢利、资本运作体系一系列的问题。

6.做会讲故事的路演人

故事是将思想推向世界的最有利的方式。一场精妙绝伦的路演，需要引人入胜的故事来丰富路演语言。结构紧凑、简短有力的故事更加能吸引观众，击中人心。

分享故事的3种技巧：

（1）沉浸式的故事开篇。万事开头难，路演也是如此。能够做到开口爽脆、简洁明了，应该是很多人路演时所期待的状态，路演不同于表演，最终还是要以自身的核心价值为主要内容，过于作秀会弱化核心价值的分量，所以我们应该对这种类型的路演保持审慎的态度。而沉浸式的价值故事的开场，常通过警示化的故事描述，让人们迅速了解和感知这个项目所带来的需求和感觉。

【知识拓展】

斯玛特的童心

北京的斯玛特儿童美术教育集团的创始人武志，在路演开场上台就讲了一个小故事，说有一天斯玛特一位四岁的小学员来到学校，一进门就摔倒了，因为疼痛，孩子就哭了起来。这时候老师赶紧跑过来说："小朋友，你疼不疼？"小朋友说："疼啊。"然后继续哭。老师又问："那疼痛是什么颜色的呀？疼痛是什么形状的呢？我们要不要把它画出来呢？"小朋友一听说好，就在他摔倒的那块地板上开始画疼痛，画出来的疼痛是墨绿色的，尖尖的形状，然后在这个尖尖的、刺刺的物体上画了笼子，小朋友说："把疼痛关起来，疼痛就死掉了，就不疼了。"这种只有孩子用童真才会做出充满想象力的创作，体现了四岁孩子在斯玛特学习绘画所获得的想象力、感知力和表达力。现场所有人都聚精会神地听，甚至思考美学教育的老师如何引导孩子很自然地表达对自己身体的感知，努力地把这种认知呈现出来。

斯玛特武志的开场故事，就是在路演中的沉浸式的故事开篇。不追求过分华丽，靠走心来吸引观众，引出接下来的主题。

（案例摘自：斯玛特教育集团创始人：武志［EB/OL］.（2018-09-17）［2021-01-24］.网易.有删改）

（2）拟人手法出奇制胜。在与竞争对手、项目、产品作比较时，通常建议以拟人化的手法。出奇制胜的拟人手法能带来展现自己特色的机会；也能生动活泼、诙谐幽默地击退对方，使自己脱颖而出，轻松获胜。

【知识拓展】

好人用苹果

苹果公司与微软竞争的时候，拍了一部短片，短片描述里有两个人，一个是傻呆呆的很邋遢的程序员，一个是很帅很酷、博学多才，又非同寻常的电脑玩家。很自然，剧情的发展是电脑玩家成了赢家，抱得美人归，全片没有提任何的产品，但大家一看就明白，苹果很酷，苹果很帅，成为苹果这样的人，就会有特别好的收获，表现了企业塑造的人格。这不仅仅是路演的营销方式技巧，更是企业文化重要的组成部分。

悬疑片《利刃出鞘》的导演对媒体说，iPhone经常作为产品被植入到各种电影里，但是苹果绝不允许坏人用iPhone。连线杂志也写过一篇关于好人用Mac，坏人用pc的文章。

如果知道了这个细节，通过看谁用苹果产品就可以提前猜测出谁是好人，谁是坏人。

（案例摘自：坏人不能用iPhone？《利刃出鞘》导演曝悬疑片"潜规则"［EB/OL］.（2020-02-27）［2021-01-25］.荔枝网.有删改）

（3）英雄式地展现权威团队。团队构成是一个会重视，但是又不知道怎么重视的细节，不少的路演项目在介绍团队构成时，大部分展现几张照片，念一念几个人物介绍，一掠而过，草草了事。这样无疑是在展现自己团队的权威性、市场开发能力以及部分团队文化，在吸引客户和引进投资上为自己设下了重重阻碍。在解决方案上，首先明确，团队构成是企业运营能力的重要体现，一个匹配均衡的团队是企业重要的无形资产，对于团队的核心成员，要以简明的事迹来突出他在这个团队中扮演的角色，如CFO曾在某上市公司任职多久，完成了公司的第几轮融资，取得了什么成就。让在企业征战前线阵地的英雄将士们，拥有荣耀的旗帜。

7.风险评估并驱，财报实现双赢

没有任何一个项目企业没有风险，能够在风险中找到风口，在危险中找到机会，才是风险评估分析的价值所在。备稿时，大胆面对项目所存在的风险，具体事务具体分析，勇于面对风险本身就是最大规避风险的措施价值。

不能把财务预期当作羞于表达的部分。首先改变"一上来就赚钱，大赚特赚"的观念，其次明确财报的表述应该体现一家企业的规范能力，并不是盈利能力的认识。把目的方向放在经营规范，把价值放在预期里做长线，比较清晰合理地阐述对未来几年的财务的变化预判。可以从分析盈利模式，包括如何盈利、盈利点的分布、收益预计资金使用情况出发，来预计需要的融资，对融资进行说明（包括融资金额、使用周期、股权比例），并且不要忘记阐述项目的未来前景。既要把企业当下的财务收益状况表述清楚，同时也要让别人看到企业的未来。到这里我们已经充分体现了价值，表达了诉求，展现说明了融资计划，按照逻辑，能顺其自然地让投资方体会到这是一个双赢的局面。

8.不易磨灭的收尾烙印

当我们阐述完所有的项目内容时，在讲稿的收尾之处要提升本次路演的意义和价值，在这里我们适合彰显企业的价值主张，在路演的结尾留下一个美好愿景或者企业座右铭。

二、路演PPT的设计

作为路演人，幻灯片展示其实是为了问与答，路演人更应该是一个引领者、启发者，使幻灯片传递的观念自动自发地在大众内心产生，所以一个好的路演人应该是提出对的问题的人，将幻灯片里我们要传递的观念变成答案，让听众自己去思考，而不是被路演人灌输。

（一）PPT的篇幅

初级融资路演时间一般是8~15分钟，前面60%~70%的时间是展示阶段，后面则是答辩环节。因此路演PPT篇幅要控制在7~15页。

（二）PPT的内容

下面是一份路演PPT每页应包含的内容的参考，大学生创新创业者准备路演时可以根据项目情况作出适当调整。

页码	主题	内容
1	项目名称页	主要包含企业Logo和项目名称。创业者可以用一句话把项目介绍清楚，用最大的亮点吸引投资者关注
2	痛点(需求)与时机	展示创业者发现了什么样的需求，目标用户有哪些痛点，为什么现在是进入市场的最好时机等内容。创业者在讲述该页时应尽量营造真实的应用场景，引起投资者的共鸣。例如，创业者可以提问："出门坐公交车没有零钱怎么办?"
3	解决方案页	向投资者讲述目前针对该痛点的解决方案是什么，有哪些弊病，是不是还有更好的方案等内容
4	市场规模页	向投资者讲述他们最关心的市场问题。如果是人尽皆知的市场,创业者可略讲,否则需要详细解释。此外,创业者也可以拿已成功的案例来类比自己的项目
5	产品服务展示页	进行产品或服务展示，突出其核心竞争力，把产品或服务的特色转化为投资人的利益
6	竞争优势页	详细说明自己的竞争优势，尽量用表格、图片来直观展示自己的竞争策略，或相对于竞争对手的优势
7	商业模式页	梳理业务逻辑与消费费者、合作伙伴之间的关系，说清楚具体的盈利模式
8	团队页	主要说明这是一个志同道合、互信互补、凝聚力超强的团队。同时，要突出团队核心成员的亮点,如名校高材生、名企高管、连续创业者、拥有独占资源，介绍团队成员如何帮助项目更好发展
9	融资计划页	主要说明企业将以什么方式分配股权、出让多少股权、融资数量等内容。如果路演PPT非融资型，可以忽略此页
10	结束页	强调一次项目亮点，如项目愿景，或者再次展示企业的联系方式等

图7.1　PPT内容

（三）PPT的制作技巧

建立具有冲击力，并使人印象深刻的视觉元素就是路演人制胜的必要手段。研究发现，图像记忆在数量上优于语言记忆。所以相比文字，人们往往更能记住图像。因此，将我们想传递的信息视觉化，创造能够给投资方带去情感冲击的图像，在他们的记忆深处留下印记甚至转变他们的思维，这就是冲击力。

设计具有冲击力视觉元素的PPT，需要做到以下几点：

1.图片的选择

很多时候，画面产生的巨大的瞬时冲击力不是文字可以比拟的。一幅视觉冲击力足够强劲的画面可以颠覆思想、震撼情感、影响行为。下面是三条对图片选择的建议：

（1）使用与主题相关的图片。无论是第一印象图、中间展示图，还是结尾收篇图，所有PPT的选择图片必须与整个路演主题息息相关。

（2）创造引爆思维的视觉元素。图片不能只作为故事的辅助元素，它还必须包含故事，这才能够建立联结并转换投资方思维，让他们刮目相看。选用与主题紧密相关的图片时，更要注重所选用图片是否能将展示的主题具象化。这样通过精心设计图片，向投资方传递相关信息（知识），激励他们采取行动。

✐ 小贴士

　　吉尔·博尔特·秦特博士题为"左脑中风，右脑开悟"的演讲，常年位居TED演讲的前三。她以一张自己与患有精神分裂症的弟弟的感人合影开头。这张照片不仅阐明了秦特投身大脑研究的动机，也让听众们产生了强烈的情感共鸣。

（3）创造一个大局图。大局图可以向听众传达你的要点或主题。它是用一幅图（图7.2）讲述整个故事，是可以触动思维的一个画面，一张图表、照片或插图，甚至是数字。不仅能在演示开场的时候强有力地吸引听众的注意力，还能为演示制造一个强有力的结尾。

图7.2　大局图

当我们在精心构建自己的信息网络时，应该思考"开头放怎样的图片最具有冲击力""什么样的图片最能体现这场演示带来的情绪冲击""如何将演示的战略要点以图片的方式呈现出来"。

2.视觉元素的采用

投资方不需要听一场滔滔不绝的演讲，他们更多的是希望和路演人一起思考、探讨。

这意味着你要将自己的PPT变成帮助他们思考的工具。想要做好，视觉元素的选择和采用就显得格外重要。

以下是用视觉元素帮助思考的几个方法：

（1）使用多样的视觉元素引起交流。将图片变成可以引发问题、唤起强烈情绪或扫除疑虑的手段或触发点。

图7.3　制造悬念

（2）使用视觉元素制造悬念。运用数字、文字等一系列的视觉效果的冲击去制造悬念（图7.3），以此引导听众思考：为什么会出现这条信息？这条信息代表什么？增加悬疑感的同时引发了对新的事物的探究。

（3）用视觉元素讲故事。尽量在你的故事里使用真实的人物、地点和事件的图片。甚至可以插入一个关于这个主题的小短片。

（4）紧紧围绕你的目标，使用正确的视觉元素。选择正确的视觉元素（图7.4）。思考自己使用的视觉元素是否合适、简洁明了，能否引起人们思考、交流和行动，完成连接

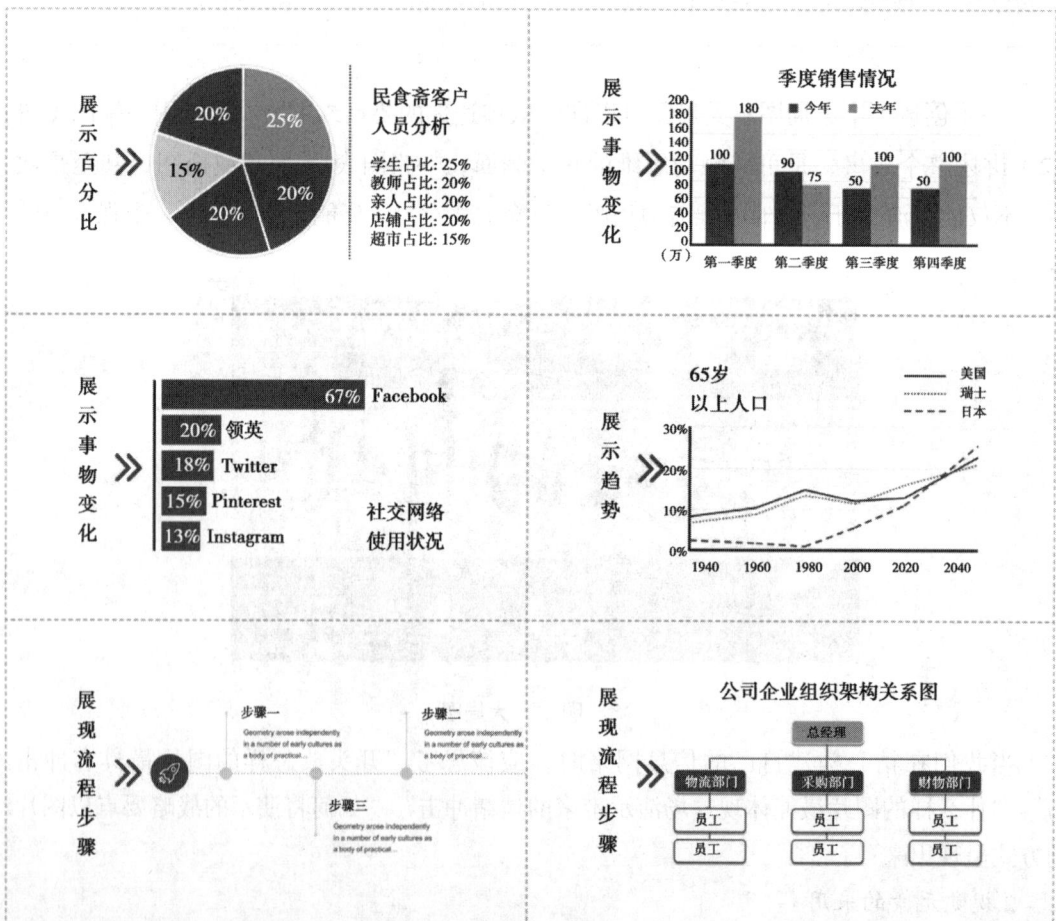

图7.4　选择正确的视觉元素

自己与听众和信息的三方关系。

3.用另外一种方式呈现Excel的内容

路演的时间是非常宝贵的，对于Excel，我们所需要强调的往往只是其中的某一两个小点。将Excel放在商业计划里，对幻灯片中含有Excel的页面重新总结提取设计，更加能够突出重点，传递信息（图7.5）。

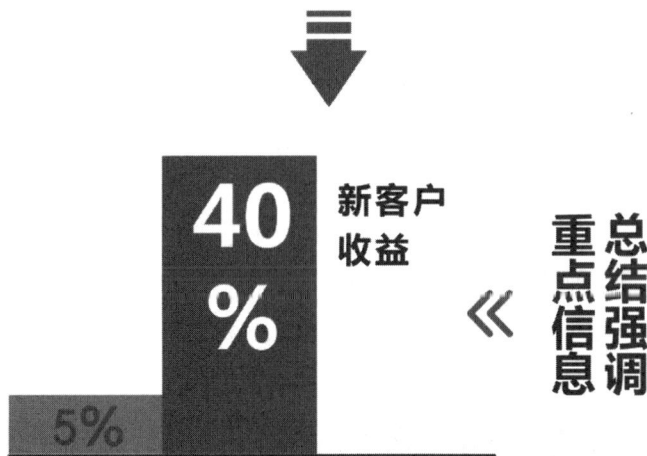

图7.5　换掉一个Excel，改用高质量图片

4.贯彻一个视觉主题

确保你的PPT自始至终都为投资方带来统一的视觉体验和独有的标题和色彩风格。设计好版面、章节、页面布局的框架，用清晰的视觉元素呈现出来，打好有条理演示基础的第一步。

5.用色彩增添趣味性

色彩能够帮助路演人吸引投资方的视线，集中注意力。明亮的色彩可以把目光集中到重要的信息上，暗淡的色彩可以代表次要的信息（图7.6）。同时，不同的颜色有不同的能量和心理暗示。

图7.6　色彩表现重要信息

考虑演示环境，在灯光较暗的情况下最好使用深色的PPT背景，如果光线充足，建议选择白底亮色。

6.用心设计字体

大多数路演人会在PPT中选择使用10号字体，以便在页面上填塞大量的文字，然后在演示过程中照本宣科。这时候投资方会直接去看PPT，因为说话速度总快不过眼睛。这使你与投资方的进程无法同步。

以下是使用字体的小窍门：

（1）尽量选择常规字体。例如：宋体、黑体、微软雅黑。这样能够在最大限度上保证电脑与电脑切换的时候不会出现字体的缺失，避免系统自动显示其他字体，达到你想要的演示效果。

（2）使用无衬线字体。英文字体分两种，一种是衬线字体，如Times New Roman字体和Garamond字体，另一种是无衬线字体，如Arial字体、Calibri字体和Helvetica字体。

衬线字体看上去更加正式，无衬线字体看上去更加现代、动感和随意，对大多数人而言，阅读简洁无复杂艺术效果的无衬线字体更加方便（图7.7）。

衬线字体	无衬线字体
Total Bozosity **(Times New Roman字体)**	**Total Bozosity** **(Arial字体)**

图7.7　无衬线字体与衬线字体的区别

这里特别注意英文的拼写和翻译，应该准确无误。

（3）大号字体。一般在标题中使用36—44号字体，正文使用32号字体。另外，在一场幻灯片中，请避免使用三种以上的字体。

（4）检查文字易读性。检查PPT演示文档的字体是否大小合适，简单好读，能否让台下观众看清，特别是最后一排观众。

7.让简洁恰到好处

请保持简洁，因为所有听众都希望你的演示尽可能简单。

（1）消除视觉混乱。每张PPT只阐述一个观点。除非为了强调重点，否则不要使用特殊炫目的效果，这样会使你的PPT变得混乱。不要使用一般的剪贴画，显得俗气的同时，也会直接降低投资方对你的印象分。

（2）保持文字最少。拒绝在PPT上长篇大论，删除大篇幅的文字，改用照片、表格、图片或其他更简洁的方式来传递这些信息（图7.8）。

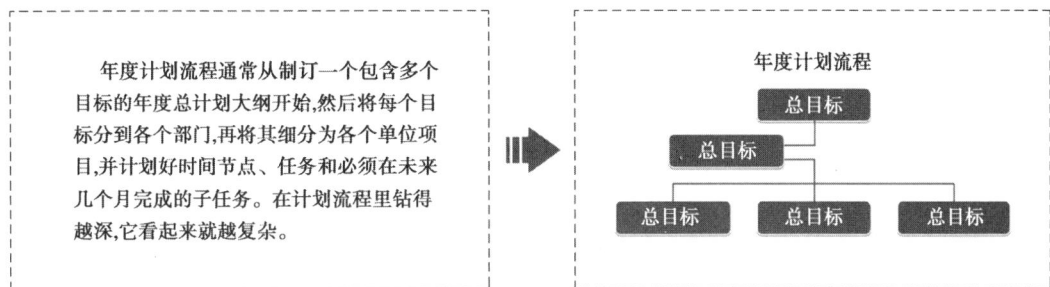

图7.8 简洁内容，字数最少

（3）有限使用动画和图片切换效果。除非真的能帮助你阐明要点，否则不要给PPT上的文字加上繁杂过多的动画效果，也不要在页面之间加上炫目的切换效果，这会影响投资方理解你想传达的信息。

三、路演人的呈现技巧

每个路演人都有不同风格，人们的大脑约在39毫秒的时间就能通过对方的肢体语言与声语调，形成对这个人的第一印象。就在路演者上台进入投资人视线的那一瞬间，投资人就会开始进行评估。我们都知道第一印象的重要性，那么如何提升路演时的印象分呢？前面我们学习了路演的讲稿和演示文件，它们最后由路演人呈现的时候还需要配合形象和语言。以下是六条建议：

（一）提升仪态好形象

路演人的衣着与仪表，会在开口之前影响投资人对其的第一印象。衣着干净整洁，保持抬头挺胸，精神饱满。路演时的着装并不一定需要西装革履，但也不要穿着牛仔裤和运动鞋与投资人交流。过于随意的衣着让人觉得你对这场路演不够重视，从一开始就会失去可信度。

检查一下自己的衣着、发型以及妆容看起来是否整洁大方。另外，上台时需要注意卸下不符合企业形象的首饰和遮挡自己的文身。想象一下投资人会穿什么样的衣服，然后尽量让自己在衣着上看起来与他们更加和谐。

不过，就算路演人穿着打扮得很精致，如果在台上弯腰驼背进行路演，也会降低气质，可以练习瑜伽运动加以调整。

✍ **小贴士**

我们可以找一面墙，让头顶、肩膀、臀部和脚跟贴近墙面，挺胸收腹，随着呼吸的加深让自己的肩膀更加靠近墙面，最后保持在一个规范的站立姿势后离开墙面，用这样的方法练习可以加强背部肌肉的力量。挺直脖子感觉后脑勺往后牵引，双脚与肩同宽，提肩向后旋打开胸腔，两手掌向外翻，双眼自然平视前方，保持呼吸，练习我们抬头的习惯。通过持续性的练习，很快就能拥有良好的体态。

（二）传递情绪的目光

自然的目光接触就像是演讲者和投资人"情绪上的握手"，被认为是自信的表现。如果目光闪烁、频繁转移视线，就会看上去特别紧张。当路演时看到台下的投资人用放光的眼睛在盯着你，这时候你会感受到他对自己的肯定。

当投资人在对路演进行提问或评论时，目光也要跟随。如果投资人的问题太长，你不好意思一直盯着对方，可以试着看投资人的头顶方向，但记住要保持微笑，身体前倾表示倾听。在"社交礼仪培训"项目中，还要学习控制目光的接触次数与时间长短。太少显得害羞、笨拙，太多则显得无礼。

（三）表情管理要练习

当路演人的情感发生变化，倾听者也就会有表情上的反馈。所以我们也能分辨投资人是否正在专心地听，情绪的感染力就像一面镜子。人与人情绪的传递体现了路演现场的感染力。当我们对路演没有激情或路演当天受到其他情绪波动影响的时候，为了避免这样的情绪让投资人察觉，路演人需要尽快调整，所以路演整体感情结构上是传导正能量的。你一定要时刻寻找机会，让自己要传递的信息与公司的任务及愿景连接起来。这在提升演示激情方面对你大有帮助，它将赋予你足够的感染力和信心。我们可以在镜子前练习表情管理。学习如何表达对听众的关心，用自己的表情和目光传递心里的感受。

（四）来回踱步不要慌

以轻快的脚步走上台，并对听众保持微笑。展示自己的自信，哪怕实际上有些紧张。扫除路演人与投资者之间的障碍，如果台上有讲台，可以站到旁边，而不是讲台后面。与观众席要保持半米的安全距离。路演者在同一个地方待太长时间，听众的注意力会下降，这时就需要移动一下重新吸引听众的目光和注意。要注意的是，有些路演人在紧张时会不自觉地摇晃身体，这只会让台下观众觉得头晕，在前期练习时如果发现这个情况要努力改正。来回踱步，这是紧张的信号，我们需要练习控制不要无意识地走动。

（五）协调四肢有技巧

很多时候我们发现，自然的交谈状态可能并不是将信息传递给观众的最佳途径。站立时将手垂直放在身体两侧，同时保持双肘稍抬不贴身，双脚打开与肩同宽。这是一种非常自然、平衡的姿势。在路演时结合讲稿及演示文件的内容用开放的手势将情绪和观点辐射出去。根据自己的位置与演示文件的方向，切换手的指向性方位，注意做手势时五指闭拢。传递数字信息时，可以伸出手指来展示。但请注意，切勿用手指指向听众。当演讲完毕，我们聆听投资人问题或点评时，可以把手放到身侧或双手相叠垂于身前。

（六）发出声音要响亮

路演时，路演人的声音会成为我们传递言语力量的媒介，吸引观众。发音需要注意以下4点：

1.音量

确保演示现场所有人都能清楚地听到你的声音。特别是拿着话筒时，要注意什么样的音量最合适。音量也根据你的情绪有大小的变化，可低沉，可高亢。善于适当停顿更能吸引听众，强调突出信息，留以思考、消化的时间。让大脑与你的信息保持紧密联系，"呃""就像""你知道""然后"出现的次数一定要斟酌。少量使用无伤大雅，大量出现则令人生厌。评委和投资方会直接预判这是因为准备得不够充分来掩护自己临时思考的方式。

2.音调

单调的声音会让人昏昏欲睡，所以声音应该有音调上的变化。灵活调节"升调降调"的起伏问题。做到可慷慨激昂，可泉水叮当，可徐徐道来。

3.语速

你的语速应该稍快于你的日常交谈。每分钟大约200字。

4.发音

咬字不清楚的稿子要反复练习，力求清晰。不一定非要做到字正腔圆的播音腔，但要检查自己发音是否够清晰，尽可能注意普通话中前后鼻音、平卷舌发音等方言习惯。避免使用拗口的方言或俗语，除非是刻意的设计。

（七）刻意练习不紧张

绝大多数人上台时都会感到紧张，这是正常现象，并非个别案例。所以我们可以通过多次预演，有效地规避这个问题。选择不同场景（如对着白墙、PPT内容、镜子、教室、路演场地）进行演练，无惧别人的目光，调整情绪，将路人当作观众，逼迫自己将心中所想表达出来，做到真正意义上的"路"演。安德斯·艾利克森在《刻意练习》中写道："最杰出的人，练习时间最长。"通过反复练习，形成出口成章的反射弧，提高心理抗压能力与临场应变能力，才能在路演中展现自己的风采，赛出风格，赛出水平。

【知识拓展】

最佳压力区

出汗、手抖、胃痉挛、脸色苍白或通红、呼吸困难、思维阻隔、膝盖发软，大多数人会出现其中的几种反应，有的人甚至会出现全部的反应。世界上许多知名演讲人，终身都在与怯场作斗争。

就算我们准备得再充分，上台前可能还是会有紧张感。怯场是一个普遍存在的问题，但每个人的怯场反应各不相同。路演时的压力感，可以带来正反两方面影响。人们可能因为压力过大而表现失常，也有些路演人的问题则在于压力感不足，过于淡定。所以不回避紧张，也要舒缓过度的紧张，寻求一个"最佳压力区"，保持微压力下的路演感。除了台下的刻意练习，在路演现场还可以通过以下方式调整状态：

1.用心理暗示给自己解压，预设本次路演需要达到的目的；

2.适当活动身体，让肌肉放松下来；

3.3~10分钟的冥想能有效安抚焦虑和紧张；

4.为了使自己镇定下来，闭上眼睛多次深呼吸；

5.预先反复练习会形成肌肉记忆，并相信演示文件的提示性。

我们一切的练习都是为了路演的成功，路演讲稿、PPT制作、路演技巧三者构建一个完整的表演，让路演的呈现力从文字语言、视觉引导力和路演人的表现力中发挥。相互间的连接和配合需要通过不断打磨才能得心应手、收放自如。那么现在我们需要的就是练习、练习、再练习。每次练习的时候都给自己录音或录视频，并且通过回看找问题。虽然返回播放自己的声音和视频时会感到很尴尬，但我们需要勇气去直面自己的不足，通过修改打磨我们的路演技巧会快速提升。

（案例来源：科丽·科歌昂，布瑞克·英格兰，朱莉·施密特.这样路演就对了［M］.易文波,译.广州：广东人民出版社，2016.）

✐小贴士

做好路演预案，提前给自己列一个检查清单（图7.9），路演当天，路演人自己进行一次逐个检查，尽量规避意外状况发生。我们一旦选择了创业，那么路演之路就会一路走下去，为了下一次路演能够做得更好。路演内容上我们可以听取投资人的点评，路演呈现力上我们可以观察观众的注意力。经过点点滴滴的积累，相信下一次路演会更好！

路演前期准备清单

对已完成的事项打勾√

出发前的准备	1.在电脑、U盘、电子邮箱中分别准备一份演示文件,做好备份工作。
	2.检查遥控器、电脑设备、投影仪转接头、备用电池等现有仪器能否顺利运行。
	3.打印好几份商业计划书、公司简章、个人名片、各类协议的纸质版本,准备好公司产品供现场体验。
	4.调节笔记本电脑的分辨率等功能,以便让它们和投影仪保持一致。
	5.学习基本的检修知识以应付简单的设备故障。比如更换投影仪灯泡,检查线路连接,设置话筒音量。
	6.了解PPT快捷方式,例如:按F5开始演示文件;幻灯片播放模式下输入序号调出特定的页数,按B显示黑色背景,按W显示白色背景。
到达现场后的准备	1.使用遥控器和扬声器,对演示的视听内容做一次测试。
	2.如果更换电脑用翻页遥控器快速控制整个PPT,查看各种效果是否失灵。
	3.站在会场的各个地方,确保每一处的听众都能清晰地看到PPT并听到声音。
	4.和现场技术人员交朋友,并记下他们的电话。
	5.避免使用激光笔(因为我们用激光笔在重点上打圈的时候摇晃得厉害)。

备注: 1.需要提前到达现场;
　　　2.避免使用激光笔(我们用激光笔在重点上打圈的时候摇晃得厉害);
　　　3.寻找展示台,布置好公司产品。

图7.9　路演前期准备

课堂活动

模拟电梯路演

活动方法: 学生与学生之间进行角色扮演,一个是说服方,一个是被说服方,推销一个物品或一件事或一个点子,也可以是推销你自己。比如你是公司的普通员工,偶然碰到你的老板。你想好好做出一番事业,酝酿了一个很不错的点子,想要把这个点子推销给自己的老板,得到老板的支持;比如你自己办了个创业公司,需要用几分钟的时间传达清楚自己的创业项目,并打动投资人进一步了解项目,促成后续的融资洽谈;比如在求职过程中,在面试、招聘会,甚至停车场、电梯间,当你一有机会与面试代表聊上几句时,用这短短几十秒展示你自己,这将决定你能否作为一个理想的工作人选。进行车轮战,A向B说,B向C说,C向D说……

活动形式: 5人一组。

活动规则: 通过模拟路演的小活动,学生设定一个场景,用30秒的时间打动被说服方。以小组为单位进行报告分享,由教师做出点评。

注意事项: 在模拟活动中,注意一定要以30秒为限,时间一过,立即停止,轮到下一位同学。

✍ 本章小结

1.从定义上阐述路演的起源、路演的创造价值和路演能够带来的创新双赢结局。从操作战略布局上审视了路演幻灯片和商业计划书的区别，认清了呈现价值、创造商业仪式感、投放精准内容的重要性。

2.在搞定投资人的方面，告诉了同学们路演的评分权重。从投资安全、投资体验、投资回报三个方面分析了投资方的心态。对于投资人提问的背后想法，给出了常见的问题库；从了解投资人、直奔主题、抛出亮点、悬疑与引导、正面回答问题、答辩时条理清楚逻辑性、路演时情感的共鸣性、对问题的准备八个方面制订了路演策略。

3.路演是面对多个投资者进行的创业项目展示，要想展示得准确、得体又令人信服，就需要在路演前进行充分的准备，从讲稿的撰写、PPT的制作、路演人的演讲技巧三个方面进行充分的准备练习。

【课后阅读】

丘吉尔：没有一种伟大是天生的

自信、终身学习、坚持梦想、攻克缺陷和坚忍的品质，使一个差生成长为一位受人拥护爱戴的伟人，其中他又流过多少别人看不见的汗水和泪水，忍受过多少威胁诋毁，咽下了多少心酸苦楚，只有丘吉尔本人知道。提到丘吉尔，你可能会想到诸如"20世纪最重要的政治领袖之一""有史以来最伟大的英国人""近百年来世界最有说服力的八大演说家之一""1953年诺贝尔文学奖得主"等。抛开这些殊荣，真实的丘吉尔是什么样子的呢？伟大是否是一种与生俱来的宿命？

天才可能是差生

丘吉尔1874年出生于英国一个贵族世家，家庭条件很优越，家族在当地享有很高的名望。但是，丘吉尔似乎没有继承那个家族的高贵血统。他从小就是班里的差生，数学成绩一度不及格，有时甚至还会交白卷。他报考桑赫斯特陆军军官学校，考了三次才考上，他的父亲觉得他太丢家族的脸。

口吃也能成为演讲家

除了成绩差的缺点之外，丘吉尔还口吃。一天，老师发现在教室角落里的丘吉尔不知道又在想什么。于是，老师很生气地问："丘吉尔，你在干什么？"可是丘吉尔似乎沉浸在自己的世界里，根本没有听到老师在叫他。老师更生气了，他走到丘吉尔的面前，气愤地拍着桌子说："如果你还不回答我的问题，我就把你赶出去。"丘吉尔惊慌地站了起来，但还是什么都没有说。老师发怒了，大喊着："你把你父亲的脸都丢光了，将来你只能做个可怜的寄生虫。""不，不，不，我，我，我要做，做个演讲，讲，讲家。"丘吉尔的话还没有说到一半，同学们就"哈哈哈"地大笑起来。放学的路上一群同学追了上来，他们围住丘吉尔嘲弄地对他喊："讲话都讲不全，还想当演讲家，做梦去吧！"丘吉尔想辩解几句，但自己就是说不出来，他开始着急，结果越着急越说不出来。同学们嘲弄够了，就一哄而散，转眼间就剩下了丘吉尔自己在空荡荡的路上。自那以后，丘吉尔在家就对着镜子大声地、一遍一遍地说话，直到最后，他能够很连贯地说一个句子甚至一大段话。后来，他还背诵了大量著名的演讲词。谁能想到，这个口吃的孩子，后来竟然成为英国历史上最伟大的首相。在第二次世界大战中，他用那富有激情的演讲鼓舞了千千万万的人，是英国军民精神的支撑。

我们绝不投降！

第二次世界大战时，丘吉尔虽临危受命，却并不被政治势力强大的张伯伦和哈利法克斯子爵看好，他们把丘吉尔推崇为首相只是应急之策，不乖乖听他们的话，丘吉尔就面临着滚蛋的命运。一边是德国闪电一般的装甲洪流迅速地吞并了欧洲诸国后，很快便到来的战争危机，一边是内阁的张伯伦和哈利法克斯坚持与纳粹"和谈"的威胁。选择听话和谈，似乎还有一线希望，而反抗就意味着把全国人民的性命放在了赌桌之上，手上的30万军队将面对数不尽的敌人，胜利的希望渺茫。面对如此巨大的压力，丘吉尔像平常一样走进地铁，和车厢里的乘客闲聊。当得知市民无论如何都不支持和谈，即使血拼到最后一刻，也不想成为德国纳粹的奴隶的意愿之后，他下定决心，回到会上，不顾张伯伦和哈利法克斯的威胁反对，发表了这段著名的演讲："我们只有一个目标，一个唯一的、不可变更的目标。我们决心要消灭希特勒，肃清纳粹制度的一切痕迹。什么也不能使我们改变这个决心，什么也不能！我们绝不谈判，我们绝不同希特勒或他的任何党羽进行谈判。我们将在陆地上同他作战，我们将在海洋上同他作战，我们将在天空中同他作战，直至借上帝之力，在地球上肃清他的阴影，并把地球上的人民从他的枷锁下解放出来。我们绝不投降！"丘吉尔用演讲鼓舞了英国民众，始终坚持救援法国并与德国作战，4年后，因为美国和苏联的介入，德国投降，第二次世界大战取得胜利。

（案例摘自：丘吉尔：没有一种伟大是天生的［EB/OL］.（2019-04-07）［2021-01-25］.360个人图书馆.有删改）

项目八
运营新创企业

【学习目标】

★ 了解企业的组织形式有哪些。

★ 掌握设立新创企业的流程。

★ 掌握新创企业管理的策略。

★ 了解大学生创办企业的注意事项。

【导学案例】

创业全凭想当然，开业9天就破产

创业时信心十足

舒正义是"陕西正氏科技发展有限公司"的创办人，2007年从西安工程大学电子信息专业毕业，找了一份不错的工作，但他却选择了辞职，想在自己的专业上有所发展。2009年年初，舒正义和同学、朋友等8人筹资7.8万元，开始创办自己的公司。2009年4月21日，这家主营域名注册、网站建设开发等项目，并拿下了一种环保防水手电陕西总代理的公司成立了。"把一件平凡的事做好就不平凡，把一件普通的事做好就不普通——这是我和我们公司的宗旨。"公司成立当天，舒正义信心十足。

9天后陷入困境

公司先后招聘了20多名员工，大多是在校大学生。经营公司和上学完全是两回事，短短几天时间，舒正义就感到了压力，当初承诺办理公司注册手续的代理公司在拿了1万元后杳无音讯，一时资金短缺，成了刚刚起步公司的绊脚石。2009年4月29日，舒正义一天没有吃饭，他拖着疲惫的身体跑学校、银行，但是没贷来款，"原因很简单，我没有房子、汽车做抵押，也没公司当担保。"

在困境中，舒正义没有跳出来，而是做出了一个决定，通知媒体，召开记者招待会让公司"破产"。其实，由于注册一直没办下来，从严格意义上来讲，舒正义的公司还未成立便告夭折。

做企业要有方法和毅力

吴霞涉足的行业与舒正义的相同，在公司创业之初，刚好遇到了2003年的非典，但她靠着坚强的毅力与公司仅有的1名员工坚持了下来，到现在公司发展得比较成功。在谈到舒正义的公司宣布破产时，吴霞说，大学生刚刚从学校毕业，一般都过于理想化了。从目前舒正义公司的情况来看，他们之前根本没有或没有认真做过市场调研，哪些客户会使用他们的产品，或许他们自己都不清楚，这样一来，推销就少了目的性，变成等人来买。"做一个企业，需要毅力，脚踏实地一步一步走下来。"吴霞称，这样的公司，资金流动并不是很大，遇到一点资金困难就宣告破产，在她看来，"真的有点太夸张。"

（案例摘自：创业全凭想当然，开业9天就破产|新媒体创业路上那些想当然的坑［EB/OL］.（2019-01-17）［2021-01-28］.星星阅读网.有删改）

思考与讨论

创业的最终成败和主导创业过程的决定因素是创业者的能力、资格、本事，这些条件只能来自实践的历练，没有这种历练，也就不具备创业所需要的最重要、最基础、最根本、最具有决定性意义的本领和能力。舒正义的失败，就是"不懂创业规律，缺少创业基础"的结果。那么，舒正义创业失败的案例，给我们什么启示呢？大学生究竟适不适合创业？如果创业的话，该怎样运营新创企业？

任务一　创业形式很重要：新创企业的组织形式有哪些

"我想创业，我应该注册一家什么类型的公司合适？""我想和同学一起创业，我们应该采取什么样的组织形式合适？"这些问题是大学生创业者在创业之初会遇到的问题。新创企业存在多种组织形式，不同的创业者和不同的创业项目适用于不同的组织形式，只有对新创企业的概念、组织形式有了深入的了解后，创业者才能做出正确的选择，找到适合自己的企业组织形式，使新创企业得以生存和发展。

一、新创企业组织形式的选择

企业指依法设立的以营利为目的，从事商品的生产经营和服务活动的独立核算经济组织。现代企业的组织形式按照财产的组织形式和所承担的法律责任不同，通常划分为不设立公司的企业和设立公司的企业。不设立公司的企业形式为个体工商户、个人独资企业、合伙企业。设立公司的企业通常称为"公司"，包括有限责任公司和股份有限公司两种。下面分别对各种组织形式进行介绍。

（一）个体工商户

个体工商户是我国特有的一种公民参与生产经营活动的形式，也是个体经济的一种法律形式。依照相关法律规定，个体工商户是指经依法核准登记、从事工商业经营的公民。严格意义上讲，个体工商户不是企业。

个体工商户有以下特点：

①个体工商户不具有法人资格，是以个人或家庭的财产对外承担债务。

②个体工商户只能经营法律、政策允许个体经营的行业。

③个体工商户可以起字号、刻印章、在银行开设账户及申请贷款、与劳动者签订劳动合同等，但个体工商户雇工人数一般不超过7人，且不得设立分支机构。

④个体工商户是一种具有中国特色的经济形式，它是在我国由计划经济向市场经济转变过程中产生的。随着我国市场经济逐步完善，尤其是《中华人民共和国个人独资企业法》颁布实施后，相当数量的个体工商户（特别是有自己的字号名称，有一定的出资，有固定的生产经营场所和生产经营条件的个体工商户）将转变为个人独资企业。

✐ 小贴士

法人是具有民事权利能力和民事行为能力，依法独立享有民事权利和承担民事义务的组织。法人制度使多数的人及一定财产成为权利义务主体，便于从事法律交易；同时法人制度也将法律的责任限定于法人的财产，避免个人的财产受到影响。

（二）个人独资企业

个人独资企业是指由一个自然人投资，财产为投资人个人所有，投资人以其个人财产对企业债务承担无限责任的经营实体。

个人独资企业有以下特点：

①个人独资企业的出资人是一个自然人。

②个人独资企业的财产归投资人个人所有。该企业财产不仅包括企业成立时投资人投入的初始资产，而且包括企业存续期间积累的资产。投资人是个人独资企业财产的唯一合法所有者。

③个人独资企业不具有法人资格，投资人以其个人财产对企业债务承担无限责任，这是个人独资企业的重要特征。也就是说，当投资人申报登记的出资不足以清偿个人独资企业经营所负的债务时，投资人就必须以其个人财产甚至是家庭财产来清偿债务。

（三）合伙企业

合伙企业是指由各合伙人订立合伙协议，共同出资、共同经营、共享收益、共担风险，并对合伙企业债务承担无限连带责任的营利性组织。

合伙企业有以下特点：

①合伙协议是合伙企业成立的基础。合伙人之间是平等的，合伙企业的利润和亏损，由合伙人依照合伙协议约定的比例分配和分担。

②合伙企业不具有法人资格。

③合伙企业的合伙人对企业债务承担无限连带责任。所谓无限连带责任，是指合伙企业财产不足以抵偿企业债务时，合伙人应以其个人甚至家庭财产清偿债务，而且债权人可以就合伙企业财产不足清偿的那部分债务，向任何一个合伙人要求全部偿还。

（四）有限责任公司

有限责任公司是指依法设立的、有独立的法人财产、以其全部财产对其债务承担有限责任的、以营利为目的的企业法人。

有限责任公司有以下特点：

①公司须依法成立，并须依照公司法规定的设立条件和设立程序才能取得法人资格。

②公司具有法人资格，公司财产独立于股东个人财产；公司责任独立于股东个人责任。公司以其全部财产对公司的债务承担责任，股东以其认缴的出资或认购的股份为限对公司承担责任。

③公司以营利为目的，公司设立的最终目的是获得利益并且将所得利益分配给股东。

（五）股份有限公司

股份有限公司是指将公司的资本折为股份所组建的公司，股东以所持有的股份为限对公司负责，享受收益或者承担债务，具有合资的特点。

股份有限公司有以下特点：

①公司的资本划分为金额相等的股份。

②股东人数较多，但不能高于200人。

③公司股份可以自由转让；股份公开，具有自由性。

④可以向社会公开发行股票筹集资金，只要购买了股票，就可以成为该公司的股东，哪怕只购买了一股；股东具有广泛性，任何人均可成为公司的股东。

⑤设立条件和解散条件均较复杂，手续烦琐。

二、选择企业组织形式需考虑的因素

大学生创业者在选择企业组织形式时，要多咨询、多比较、多考虑。组织形式多种多样，有的组织形式对别人来说是一种优势，但对自己来说就是劣势。创业者要从自身的实际情况出发，选择适合自己的组织形式，争取以最小的投资获取最大的收益。

企业组织形式各有利弊，我们不能简单地说某种形式最好或最差，但总体而言，选择企业组织形式应当考虑以下因素：①资本和信用的需求程度；②投资者的责任；③开办程序的繁简与费用；④拟创办企业的规模；⑤企业的控制和管理方式；⑥组织正式化程度与运营成本；⑦利润和亏损的承担方式；⑧税负；⑨企业的行业性质；⑩法律的限制。

在市场经济条件下，企业是法律上和经济上独立的经济实体。任何一个企业都要依法建立。创业者在创建一个企业时，都面临企业的法律形态选择问题。企业的组织形式，也称为企业的法律形态，成立新创企业只能选择法律规定的企业组织形式，不能随心所欲塑造任意的企业形态。如何选择一种合理合法的企业组织形式是一个复杂的问题，如果创业者最初选择的企业组织形式不再适合企业的发展，也可以在企业经营过程中适时变更企业的组织形式。

【知识拓展】

新《公司法》开始施行

拿出一元钱，便可轻松创办一个属于自己的公司。这样的"妄想"从2014年3月1日起，就已成真。3月1日新修订的《中华人民共和国公司法》（简称"公司法"）正式实施，注册资本实缴登记制度改革也将随《公司法》的修订和国务院《注册资本登记制度改革方案》的出台，同期正式执行。

根据原《公司法》规定，有限责任公司的最低注册资本为3万元，股份有限公司的最低注册资本为500万元。而根据新修订的《公司法》，一元钱也可以创办公司。另外，首期出资额取消了20%的限制，改为由股东自主约定，也就是说，零首付也可以创办公司。新《公司法》还取消了货币出资30%的限制，改为由股东自主约定，从理论上说，没有现金也可以创办公司。同时，公司注册时可以自主约定出资方式和货币出资比例，高科技、文化创意、现代服务业等创新型企业可以灵活出资，提高知识产权、实物、土地使用权等财产形式的出资比例，克服货币资金不足的困难。

任务二　创业流程早知道：设立新创企业的流程是什么

新设立的企业，首先得给它一个明确的法律地位，如同办理户口。根据我国法律规定，新创企业必须到工商行政管理部门办理登记手续，领取营业执照。如果从事特定行业的经营活动，还须事先取得相关主管部门颁发的经营许可证（如卫生、环保、特种行业许可证等）。

营业执照是企业主依照法定程序申请的、规定企业经营范围等内容的书面凭证。企业只有领取了营业执照，拥有了正式户口般的合法身份，才可以开展各项法定的经营业务。企业设立后，还需要进行税务登记，需要会计人员做财务，其中涉及税法和财务知识，创业者需要了解企业的税项。

注册公司是开始创业的第一步，一般来说，公司注册的流程包括企业核名、提交材料、领取执照、刻章。完成公司注册后，企业想要正式开始经营，还需要完成办理银行开户、税务报到、申请税控和发票、社保开户等事项。

随着"五证合一"改革的推行，现在开设企业的流程简化了许多。新创企业设立流程从工商注册到正式运营简化为办理"五证合一"、刻章、银行开户、税务登记。

一、"五证合一"工商注册

2016年6月30日，国务院办公厅发布了《关于加快推进"五证合一、一照一码"登记制度改革的通知》（国办发〔2016〕53号），从2016年10月1日起在全国正式实施"五证合一、一照一码"登记制度。

"五证合一"指工商局的营业执照、质监局的组织机构代码证、税务局的税务登记证、社保局的社会保险登记证、统计局的统计登记证，合并为一个加载有统一社会信用代码的工商营业执照，实现"一照一码"的最终目的。其中，"一照"指"五证"合为一张营业执照；"一码"指营业执照上加载的工商局直接核发的统一社会信用代码，如图8.1所示。

随着"五证合一"制度的推行，新创企业的工商注册变得简单。对于被整合的证照，企业无须再办理，只需到工商部门办理"一照一码"营业执照即可。与以前的办证流程相比，"五证合一"减少了企业在不同部门来回奔走审核资料的烦琐，为企业节省了大量的时间和精力。"五证合一"的办理流程也相对简单，下面进行详细介绍。

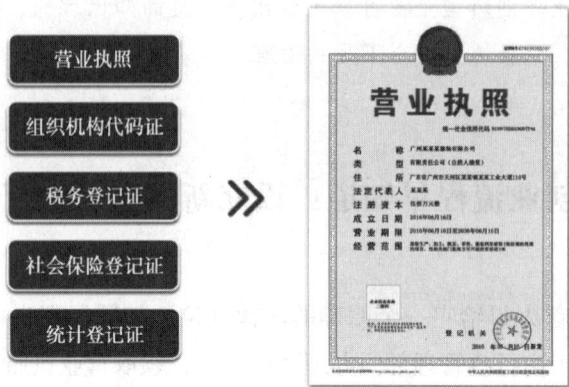

图8.1 "五证合一"的营业执照

（一）"五证合一"办证材料

新创企业要想顺利地完成"五证合一"的办理流程，需要准备以下几种资料：

①法定代表人身份证原件，全体股东身份证复印件。

②各股东间股权分配情况。

③"企业名称预先核准通知书"原件。

④工商部门审核通过的公司经营范围资料。

⑤企业住所的租赁合同（租期一年以上）一式二份及相关产权证明（非住宅）。

⑥如果企业为生产型企业，还要有公安局消防科的消防验收许可证。

（二）企业名称预先核准

首先，需要进行企业核名操作，核名时首先要选择企业的形式，企业形式包括有限责任公司、股份有限公司、合伙企业、个人独资企业等。

公司名称一般由四部分组成：行政区划、字号、行业（非必填项）、组织形式。如重庆（行政区划）+零距离（字号）+信息技术（行业）+有限责任公司（组织形式）。

要取一个市场上没有出现过的公司名，一般来说很难一个名字就能通过，一般至少需要准备四个或者十几个名字供工商局备选，且一旦工商局选中就无法再变更（当然，如果对工商局选中的备选名字不满意，可以重新提交验名申请），因此为节约时间，建议团队一起商量多取一些名字供工商局备选。

完成公司命名的准备工作后，到工商局领取"企业名称预先核准申请书"，在其中填写准备申请的公司名称、注册资本、公司主体类型、住所地、投资人等信息，由工商局上网检索是否有重名，如果没有重名，便会核发"企业名称预先核准通知书"。

✐ 小贴士 ——————————————

在进行企业名称核准后，如果办理注册申请的申请人没有厂房或办公室，则需完成租房环节。办理租房手续要签订房屋租赁合同，签订合同后应到税务局办理印花税缴纳手续。

（三）提交材料

可选择线上和线下两种方式进行资料提交，线下提交前可提前在工商网上进行预约，需5个工作日左右（多数城市不需要提前预约）。申请人可以通过互联网登记系统填写联合申请书，大大节省了现场办理需要花费的时间成本，需要准备相关材料提交商事登记部门，由商事登记部门统一受理，真正实现"一表申请""一门受理"。所需时间：3~5个工作日。

（四）部门审核

市场监管登记窗口在承诺时间（内资2个工作日，外资3个工作日）内完成营业执照审批手续后，将申请资料和营业执照信息传至平台。质监窗口收到平台推送申请资料和营业执照信息后，要在0.5个工作日内办理组织机构代码登记手续，并将组织机构代码发送至平台。

国税、地税、统计和人力社保等部门窗口收到平台推送的申请资料、营业执照和组织机构代码信息后，要在0.5个工作日内分别办理税务登记证、统计登记证和社会保险登记证相关手续，并分别将税务登记证号、统计登记证号、社会保险登记证号发送至平台。

（五）现场领证

经商事登记部门审核通过后，商事主体申请人即可携带准予设立登记通知书、本人身份证原件，到工商局领取营业执照，即营业执照、组织机构代码证、税务登记证、社会保险登记证和统计登记证，"五证同发"（其实就一张证件）。所需时间：3~5个工作日。

🖉 小贴士

对个体工商户则从2016年10月1日起推行"两证整合"，将由工商部门向个体工商户核发加载18位数字"统一社会信用代码"的营业执照，该营业执照具有工商部门颁发的原营业执照和税务机关税务登记证的功能，税务部门不再发放税务登记证。个体工商户办证的资料包括从业人员证明、经营场地证明、家庭经营的家庭人员的关系证明，食品、餐饮、特种养殖、烟酒等行业还需要提供健康证和许可证。

二、印章刻制与管理

印章具有法律效力，其刻制、补办、挂失等都有专门的规范。新成立的企业申请刻制企业相应的印章时，须持营业执照复印件、法定代表人和经办人身份证复印件各一份，以及由企业出具的刻章证明、法人代表授权委托书到公安局指定的机构进行刻章。

（一）公章类型

一般来说，企业常用的具有法律效力的印章包括公章、合同专用章、法人章、财务专用章、发票专用章5种类型。

1.公章

公章代表企业的最高效力。它对内对外都代表了企业法人的意志，使用公章可以代表企业对外签订合同、收发信函、开具企业证明。

2.合同专用章

合同专用章在企业对外签订合同时使用，相关合同的签订在企业经营签约范围内必须盖上合同专用章才能最后生效，因此它代表着企业需承受由此产生的权利和义务，一般情况下，公章可以代表合同专用章使用。

3.法人章

法人章指企业法人的个人用章，它对外具备一定的法律效力，可以用来签订合同出示委托书文件等。

4.财务专用章

财务专用章的用途比较专业化，一般供企业会计核算和银行结算业务使用。

5.发票专用章

发票专用章指企业在经营活动中开具发票时需加盖的印章。当然，在发票专用章缺少时，可以用财务专用章代替，反之不可以。

（二）公章遗失

公章代表了企业的效力，一旦出现遗失、被盗等情况会产生巨大的法律风险，影响公司的经营。凡是企业遭遇公章遗失或被盗的，应该立即采取相应措施控制风险，减少损失，具体流程如下：

1.报案

公章遗失，企业应该主动报案，法人需持身份证原件及复印件、工商营业执照副本原件及复印件到丢失地点所辖的派出所报案，领取报案证明。

2.登报声明

公司可遣人持报案证明原件及复印件、工商营业执照副本原件及复印件在市级以上每日公开发行的报纸（如法制晚报、市级晚报等）上做登报声明，声明公章作废。报纸会在第二天刊登声明。

3.补办公章

自登报起公示3天后，法人需持整张挂失报纸，工商营业执照副本原件、复印件，法人身份证原件及复印件（身份证需正反面复印），法定代表人拟写并签名的丢失公章说明材料（需详细写明公章丢失的原因时间地点、报案的时间地点、登报声明的时间和登报所在的版面），到公安局治安科办理新刻印章备案。

4.刻章

原公章作废，新刻公章大概3~7个工作日完成。

三、开立企业银行账户

创办企业就必然需要通过银行进行资金周转和结算，这就不可避免地要和银行打交道，因此，创业者有必要了解银行开户、销户等手续的相关知识和办理流程。

（一）银行账户的种类

按照我国现行的现金管理和结算制度，每个企业都要在银行开立结算账户（即结算户），用来办理存款、取款和转账结算。银行存款结算账户分为以下四种。

1.基本存款账户

基本存款账户是企业的主要存款账户，主要用于办理日常转账结算和现金收付，以及存款企业的工资、奖金等现金的支取。该账户的开立需报当地人民银行审批并核发开户许可证，开户许可证正本由存款单位留存，副本交开户行留存。一个企业只能在一家商业银行的一个营业机构开立一个基本存款账户。

2.一般存款账户

一般存款账户是企业在开立基本存款账户之外的银行开立的账户。该账户只能办理转账结算和现金的缴存，不能办理现金的支取业务。

3.临时存款账户

临时存款账户是企业的外来临时机构或个体工商户因临时开展经营活动需要开立的账户。该账户可办理转账结算及符合国家现金管理规定的现金业务。

4.专用存款账户

专用存款账户是企业因基本建设、更新改造或办理信托、政策性房地产开发、信用卡等特定用途开立的账户。该账户支取现金时，必须报当地人民银行审批。

（二）银行开户手续的办理

在办理银行开户手续时，需要填写开户申请书并提供有关证明文件。开立不同的账户，所需材料也不同，具体材料如下：

1.基本存款账户

当地工商行政管理机关核发的企业法人执照或营业执照正本。

2.一般存款账户

基本存款账户的开户人同意其独立核算单位开户的证明。

3.临时存款账户

当地工商行政管理机关核发的临时执照。

4.专用存款账户

有关部门批准的文件。

（三）银行销户手续的办理

开户人可以根据需要撤销在银行开立的存款账户。开户人撤销存款账户时，应与银行核对账户余额，经银行审查同意后，办理销户手续。销户时，企业应交回剩余的重要空白凭证和开户许可证副本。办理银行销户手续时应遵循以下规定：

1.一般存款账户

一般存款账户余额不得超过企业在开户银行的借款余额，超过部分开户行将通知开户单位5日内将款项划转至基本存款账户，逾期未划转的，银行将主动代为划转。一般存款账户借款清偿后要办理销户。

2.临时存款账户

临时存款账户的使用期限不得超过一年，超过一年的将予以销户。

3.改变账户名称

开户人改变账户名称的应先撤销原账户，再开立新账户。

4.非活跃账户

开户行对一年内未发生收付活动的单位账户，将对开户人发出销户通知，开户人应当自收到通知之日起30日内（以邮戳日为准）到开户行办理销户手续，逾期不办理将视为自愿销户。

四、办理税务登记

新创企业领取由工商行政管理部门核发的加载法人和其他组织统一社会信用代码的营业执照（即"五证合一"营业执照）后，虽然无须再次进行税务登记，办理税务登记证，但仍需要前往税务机关办理相应的后续事项，才能进行正常缴税。

首先，新办企业纳税人需要办理国地税一户通，国地税一户通实际上是企业、银行与税务机关三方签订的扣款协议，用于企业网上申报税扣款。办理方法比较简单，到税务机关的办公点（行政服务中心地方税务局登记窗口、各属地主管税务机关）取得"委托银行划缴税（费）款三方协议书"（一式三份），加盖本企业公章后，到银行开设缴税（费）专用账号（一般就是企业的基本存款账户），银行在协议书上盖章并退回两联。纳税人将银行盖章的协议书送到主管税务机关办理划缴税（费）登记手续。

其次，需特别注意的是，新创企业在办完首次税业务后，在之后的经营中要特别注意按时、按期、持续申报税费，以免因延误纳税而影响企业的正常经营。

【知识拓展】

各项税收的缴纳时间不同，增值税、消费税的纳税期限分别为1日、3日、5日、10日、15日或者1个月；企业所得税按年计算，分月或分季预缴。企业应在月份或季度终了后10日内申报并预缴税款，年度终了后45日内申报，5个月内汇算清缴。有疑问的创业者可拨打12366纳税服务热线或登录国家税务总局12366纳税服务平台进行咨询。

任务三　创业管理不可少：如何有效管理新创企业

新创企业具有一定的特殊性，它不同于现有企业在激烈的市场竞争中已经建立了一定的竞争优势，包括品牌、服务、渠道等。因此，为了促进企业管理水平的提高，增强企业的竞争力和发展力，创业者应该分析新创企业的特殊性、学习基本的管理原则以及管理策略，并能够运用这些管理知识和方法来解决企业管理中的实际问题。

一、新创企业管理的特殊性

新创企业的管理方法及策略存在一定的特殊性，不能一味照搬成熟企业的方法，创业者有必要对新创企业的特殊性进行了解。

（一）新创企业具有高成长性和高风险性

新创企业区别于成熟企业的重要特点之一，就在于成熟企业已经进入常规发展阶段，不再具有高成长性，而新创企业则处于超常规发展阶段，极具成长潜力。新创企业通常经营机制灵活，同时在产品、技术或业务的某些方面具有一定的独特性和领先性，对区域市场和细分行业的竞争能够保持良好的适应和应对状态，因而成长性较好。但与高成长性相对应的是，新创企业的成长具有很大的不确定性和高风险性。由于技术环境的变化、商业模式的变革、竞争对手的打压、内部管理的瓶颈等，新创企业的业绩波动也高于成熟企业，呈现出"易变""不稳定""高死亡率""充满风险"等特点。也就是说，新创企业的成长呈现出非线性的特征，可能爆发式增长，也可能突然衰退，甚至彻底失败。

（二）新创企业管理要以生存为首要目标

新创企业在创立初期的首要任务是在市场竞争中生存下来，让消费者认识和接受自己的产品或服务。在这个阶段，生存是第一位的，一切要围绕生存而运作，应避免一切危及生存的做法。要尽快找到客户，把自己的产品或服务卖出去，只有这样新创企业才能在市场找到立足点，才有生存的基础。

（三）新创企业管理具有灵活性和创新性

活力是创新之源，是企业快速发展的核心动力。与大企业相比，新创企业的突出优势就在于高层管理者更贴近客户，更容易感受到市场发生的变化，能够比大企业更迅速地作出反应，能够用小企业的反应速度来抗击大企业的规模经济。新创企业如果机制灵活，就会以目标为导向，淡化分工，强化协作，老板与员工形成一体，如此，企业的反应速度很快，非常灵活，充满活力。与此同时，新创企业管理通常也需要有较强的创新性。因为新创企业会面临许多新问题，这些问题很多是管理者之前没有遇到过的，在书本和前人的经验中也找不到答案，只有敢于创新、善于创新，才能有效地解决这些问题。

二、新创企业的管理原则

新入行的企业，只有打破原有竞争格局才能够扭转不利局面。在核心竞争能力尚未形成的时候，新创企业应该采用以下管理原则与对手周旋，争取生存机会，然后不断积累，加强自身的实力。

（一）"生存为先"原则

企业在创业初期的首要任务就是在市场中生存下来，让消费者认识和接受自己的产品。也就是说创业之初，企业最根本的目标就是生存，企业的一切活动都应围绕生存来进行，一切危及企业生存的做法都应避免。"生存为先"原则要求创业者把满足顾客的需求放在第一位，要求把盈利作为公司管理绩效的唯一考核指标。企业应有明确的生存理念，指导员工要时刻心系企业的生存安危，不断奋斗，确保企业基业稳固而持续发展。

（二）"现金为王"原则

现金流对于企业而言，如同血液对于人一样重要。资金链断裂，往往会使刚刚成立的企业遭遇挫折甚至破产。"现金为王"原则要求：第一，创业者要周期性地评估企业的财务能力，要对当前现金流的状况做到心中有数；第二，创业者一定要节约用钱，要有"有多少钱、办多少事"的观念，每一分钱都应该用在最需要的地方，要千方百计增收节支、加速资金周转、把握好发展节奏；第三，采用"早收账，迟付款"的方法来实现正现金流。

（三）"分工协作"原则

初创期的企业，虽然形成了初步的分工，建立了一套组织结构，在现实中，平时大家各司其职，但在遇到紧急情况和重要任务时，往往需要大家齐心协力、团结一致去应对最紧要的事情。也就是说，初创企业的人员职责分工相对大企业而言更模糊，企业员工之间处于一种"既分工，又协作"的状态。

（四）"事必躬亲"原则

初创期的企业由于人手少、资源缺乏，一切都处于萌芽阶段，所以创业者必须亲自去做很多事情，如直接向客户推销产品、参与商业谈判、处理财务报表、制订薪酬计划、从事广告宣传。这个阶段的创业者切忌把自己当成"大老板"而目空一切、眼高手低，要有事必躬亲的精神，这样创业者才能对企业经营过程中的每个细节做到心中有数，使企业平安成长，并越做越大。

三、新创企业面临的挑战

现有的新创企业的数量很多，但能够实现成长的企业却并不多，其中实现快速成长的企业则更少，其原因在于新创企业的成长会遇到各种限制和障碍，会面临各种发展陷阱和挑战。

（一）内部管理复杂性的增强

新创企业的快速成长体现为市场的快速扩张、顾客数量的规模化增加、职工人数的大幅增长等，会吸引各种组织（包括竞争对手、潜在投资者、管制机构、新闻媒体等）的注意力，同时也需要获取更多的资源以支撑成长，这就使得企业内部的管理工作会在短时期内快速增加。尽管创业者开始在组织内部设立职能部门和管理组织，制订各种必要的规章制度和流程，试图强化职责分工和协调配合，逐步进行管理授权和分权，然而由于企业规模的急剧扩张、创业团队管理技能的不足、缺少有管理经验的员工、部门分工不够科学合理等，企业内部管理往往显得杂乱无序，问题常常容易演变为危机。创业者需要花费大量的时间用于"救火"，部门间的协调配合和"救火式"的管理方式融合在一起，增加了企业整体管理的复杂性。

（二）外部环境不确定性的增加

企业的快速成长吸引了众多竞争对手进入，改变了行业的竞争状况，让新创企业市场环境变得更加不确定。行业内的大企业开始注意新创企业所在的细分市场，凭借资金、技术、品牌和成熟的销售网络等种种优势，向成长中的中小企业发起挑战或进行打压。行业内众多"跟风"创业的小企业则"搭便车"，对产品既不进行创新，也不进行广告投入，只是一味地模仿，利用低成本、低价格和地域性优势抢占市场。众多竞争对手的加入，使得消费者有了更多的选择，竞争变得越来越激烈，"蓝海"逐渐变为"红海"，产品价格可能迅速降低。这就迫使新创企业不得不加大产品创新力度，调整市场战略，进行地域扩张，进入新的细分市场，或开始尝试多元化等。但这些情况无一例外增加了企业活动所面临的不确定性，使其经营环境变得更加复杂。

（三）制度措施不健全

创业初期，企业要不断面对意外出现的各种问题，如顾客投诉、供货商令人不满、银行不愿贷款、工人磨洋工等。由于没有先例、规章或经验可以借鉴，企业就产生了行动导向和机会驱动的情况，也意味着给规章制度和企业政策所留的空间很小。此时的企业正在试验、探寻成功的含义。一旦把成功的内涵搞清楚了，企业就会通过制定规章制度和政策来保证今后能取得同样的成功。这一阶段制定规章制度和政策有可能扼杀满足顾客需求的机会。但缺乏规章和政策，为了获取现金而过于灵活、采取权宜之计，又会使企业养成"坏习惯"，而且，习惯成自然，这种习惯会持续到未来，阻碍企业的发展。

（四）人力资源和资金的约束

新创企业的成长还面临极大的资源约束，尤其是人力资源和财务资源的缺口较大。伴随着业务快速发展，新创企业迫切需要吸引大批人才加入，虽然新创企业良好的创业氛围和广阔的发展前景也能打动一部分人，企业也有充分的用人自主权，但总体而言，由于新创企业发展的不确定和高风险性、能够提供的薪酬难有竞争力、管理不够规范、办公环境较差、企业的社会声望不高等，多数新创企业对优秀人才的吸引力不足，导致较大的人力资源缺口。同样，为了支撑企业快速成长，新创企业需要不断增加固定资产投资，招聘更多员工，建立销售网络和强化营销推广等，需要的资金投入成本增长。同时日常管理运营费用也大幅增加。然而，在创立初期和成长期，多数新创企业的自由现金流入不足，而且不够稳定，无法满足企业快速成长的需要，出现较大的资金缺口。

低估对现金和经营资金的需要是初创企业中较为普遍的现象，这源于创业者典型的热情心态。对于确定所要承担的义务而言，热情可起到一定作用，不可或缺，而资金需要的客观情况却与这种富有幻想的热情不相容。这种倾向实际上就是把成功的目标定得很高，而低估了对资金的需求。创业者应该逐渐重视企业的现金流量、贷款结构和融资成本等，要有符合实际的经营计划，而且要以"周"为单位来监控现金流量。记账的重点是现金流量，权责发生制会计虽有利于纳税和盈利分析，但对于及时监控企业生存却不见得有利。严格监控应收账目周转率和存贷周转率也是防止经营资金不必要增加的基本手段。

四、新创企业成长管理策略

新创企业通常缺乏制订计划的能力，也没有大量数据资料作为决策的参考依据。因此，小企业往往没有像大公司一样的长远计划。但小企业经营者为了提高企业生命力，可能更加关注市场变化，更加贴近顾客，更加注重短期的快速反应能力和适应外部动荡不定的商业环境。由此看来，小企业并不是规模小的大企业，所以不能简单地把大企业成功的管理经验应用于小企业。

企业成长是一个动态的过程，是通过创新、变革和强化管理等手段整合资源，并促使资源增值进而追求持续发展的过程，创业管理者除了需要为成长做好准备外，还需要结合新创企业的管理特性，遵循企业成长规律，抓住成长管理的重点。

（一）创业初期企业价值观的树立

企业的愿景、使命和核心价值观是引领企业发展的灵魂，虽然无形，但却渗透在企业发展的方方面面。企业愿景，又称企业宗旨，是指企业长期发展的方向、目标、目的和自我设定的社会责任与义务等，其描述了企业在未来社会里是什么样子。企业使命是指企业在社会经济发展中所应担当的角色和责任，是指企业的根本性质和存在的理由。企业核心价值观是指在企业生产经营活动过程中逐渐形成的，由组织成员共同遵守和分享的同一价值观念、价值判断和行为准则。

对于新创企业而言，企业价值观一般是创业团队，尤其是创业领导人自身价值取向的体现，这种价值取向直接而又深远地影响着企业成长和发展。有共同愿景、明确使命和核心价值观的企业，在成长过程中如果遇到挫折，创业团队能够团结一致，患难与共，求新求变。相反，没有愿景、使命和核心价值观的企业，遭受挫折打击时就会涣散、消沉，直至分崩离析。因此，在新创企业成长过程中，创业者必须适时提出一套能够凝聚人心的愿景、使命和核心价值观，从而在成长中凝心聚力，创造强大的组织力量。

（二）创业初期的营销管理

创业初期，销售是最重要的任务。创业初期的销售有时甚至是不赚钱的，为了吸引顾客从消费其他人的产品和服务转移到消费自己的产品和服务上，有时候赔钱的买卖也要做。对于新创企业来说，要想迅速地获得客户、开辟市场，就需要采取各种营销手段。但是新创企业的资金、知名度和营销手段都较为薄弱，因此尤其需要施行科学的营销管理。加强营销管理工作的措施如下：

1.提高认识，完善营销管理过程

新创企业要加强对员工营销管理知识的宣传和培训，全体员工了解营销管理对企业和自身发展的重要性，才能保证营销管理的顺利实施。同时要完善市场分析、市场定位、营销计划和营销行动的整个营销管理过程。

2.建立完整的销售管理体系

完整的销售管理体系包括结果管理、销售管理和客户管理3个方面。结果管理是指注重营销过程中的业绩评价，关注产品的销售量和销售所得的收入，以便对营销管理工作进行优化；销售管理是指合理地分解销售过程，对每一个销售的环节分别进行严格的把控；客户管理是指通过各种手段留住客户，建立稳定的客户群。

3.善用营销管理工具

使用营销报表、述职报告、营销看板和营销沙盘等，创业者可以实现对营销工作的全方位分析、管理、控制、协调、监督、指导和提升，这有利于达成销售目标，有利于提高营销人员的工作技能，有利于获得对营销工作的更大掌控力。

4.构建核心品牌

在营销管理中，品牌的管理是重中之重，新创企业在品牌培养方面没有基础，所以不能被动地等待品牌积累和演化，而应该通过包装和营销，尽快构建和推广核心品牌。

（三）创业初期的人力资源管理

人才是支持企业成长的关键要素，是企业的核心资产。从根本上说，企业的成长是基于人力资源的成长，企业的发展是基于人力资源的发展，快速成长企业的一个共同特点，就是有强有力的人力资源管理。因此，企业持续竞争力的根源，是其良好的人力资源管理机制。新创企业通常规模较小，因而在人力资源管理上大可不必像大企业那样面面俱到，而是应该根据自身特点，充分发挥自身的优势。新创企业的人力资源管理措施具体如下：

1.制定科学的管理标准

管理标准是履行管理职能时必须遵循的权责标准、程序标准、法律标准、制度标准以及实施标准，起到约束和引导员工行为的作用。新创企业要站在管理法治化、科学化的高度来认识管理标准的重要性，建立并贯彻执行明确而具体的管理标准。

2.提供广阔的成长空间

员工的成长机会和成长空间包括：①晋升空间；②学习与培训机会；③持续的工作指导和工作支持；④工作内容丰富化；⑤管理技能的发展和提升等。不同的员工关注和需要的成长机会是有差异的，因人而异。

3.实施经营成果分享计划

新创企业的薪酬水平，很难比得上大企业。更为不利的是，新创企业有失败、被兼并和被收购的危险，稳定性和安定感较差。事实上，新创企业的员工总是承担着公司的一部分经营风险，一旦企业倒闭，他们的生活也就没有了保障，所以只有让员工分享企业的成功才是公平的办法。因此，一些优秀的新创企业实施利润分享计划，通过员工持股、股票期权、虚拟股份制等方式让员工参与经营成果分享。

4.营造良好的工作环境

良好的工作环境不仅包括提供开展工作所需的各种必备资源，如办公空间、办公设备，更重要的是良好的人文环境，如和谐的同事关系，顺畅的沟通渠道、沟通氛围，积极向上的企业文化。

✍ **小贴士**

　　企业管理方法中有一种具有普适性的管理方法PDCA循环。该方法由美国统计学家戴明提出，该理论认为管理的过程就是计划（Plan，P）、执行（Do，D）、检查（Check，C）、处理（Act，A）的循环过程（即PDCA）。其中P（计划）指根据企业目标，制订计划；D（执行）指按照计划，制订措施，组织执行；C（检查）指对照目标，检查效果，发现问题；A（处理）指总结经验，对成功的经验予以肯定并纳入标准，把遗留的和新产生的问题转入下一循环，然后制订新的目标，继续循环解决问题。问题随着PDCA循环的转动不断得到解决，企业的经营管理水平也不断提高。

（四）创业初期的其他职能管理

初创企业的系统相对集权，有可能使子系统之间严重失衡，缺乏计划和控制系统下的灵活性甚至是随机性，没有实施专业化管理的土壤，如果各个部门之间协调不好，工作效率将会降低。在计划方面，创业初期的企业更多注重对市场机会的开发、把握，根据现有可以利用的市场机会确定经营方向，以实现远景目标战略（1~3年）；在领导方面，创业者通过与所有能互相合作和提供帮助的人们进行大量沟通交流，并通过有力的激励和鼓舞，率领创业伙伴朝着某个共同方向前进；在控制方面，初创期企业应尽量减少计划执行中的偏差，确保主要绩效指标的实现。

总之，关于创业初期的职能管理，新创企业没有规范化的管理方式，只有经过大量的实践后，才能结合企业的实际情况，形成符合含自身特点的管理风格。用人来定制度，然后用制度来管理人。企业秩序的实现主要靠人员的主动性和自觉性，即以"人治"为主。

【知识拓展】

新创企业的人力资源管理

杭州YT科技有限公司（以下简称"YT公司"）成立于2014年6月，是一家致力于移动互联网教育的科技公司。2016年6月，公司完成数千万的A轮融资，成了新生代互联网公司的翘楚。

YT公司的成功离不开先进的管理体系。在人才招聘与配置工作方面，YT公司注重简化流程，关注核心要素。作为初创型公司，YT公司基于自身需求和节约成本两大考虑，将招聘流程简化为简历筛选、多维面试两大过程，并重点关注人才的专业素质和价值观两大核心要素。首先由部门负责人负责专业知识领域的面试；其次由公司CEO负责应聘人员价值观面试，考核应聘者的抗压能力、团队协作能力，以及是否对自己的未来有规划，是否能为公司提供长远的价值等；最后由人力资源部门与应聘者确认薪酬福利等内容。

YT公司用绩效考核作为基本的激励手段，将绩效考核指标共分为了5大部分，分别是任务达成60%、执行力15%、职业素养和团队协作15%、员工行为规范10%。自评分数占30%，上级主管评价占70%，以此综合评判员工的工作情况。同时，YT公司在创业之初就建立了完善的薪酬福利制度，使员工的薪酬与个人贡献、个人能力提升速度以及个人所承担的责任挂钩，根据考核结果，实现动态工资调整。此外，公司岗位薪资工资实行"一岗一薪""一岗多薪"，给予有能力者更多的发展空间，建立能者多劳、多劳多得的薪资制度。

YT公司通过创新的、符合自身需求的人力资源管理手段，营造了良好的工作环境与氛围，取得了创业的成功。

启示：①新创公司无须完全遵循传统企业的管理经营模式，应根据自身发展需求在组织构架、人才招聘等方面做适度的精简工作，减少一切不必要的中间环节，以保障公司在日常管理、沟通、人才招聘等方面的高效运作。②人才招聘应成为企业的日常性工作。企业人才紧缺时所进行的临时性招聘，招聘质量往往不佳。因此，企业应该在不缺人的时候，时刻物色合适的人才，保持良好的接触，从而提高招聘的质量。③作为新创企业，应合理利用办公协作软件，提高沟通效率，减少运营成本。

（案例摘自：孟佳凡，邵爱英.赋能，互联网创业公司管理模式案例分析——以杭州YT科技有限公司为例［J］.经营管理者，2016（34）：212-213.有删改）

任务四　创业秘籍要记牢：大学生创办企业注意事项有哪些

大学生由于缺乏创业的经验与经历，在创办企业的时候存在盲目跟风、定位不准等问题。因此，大学生在创业之前应该了解创办企业的一些注意事项，包括如何选择合适的办公地点、熟悉新创企业的法律责任、申请知识产权保护、聘请代理会计、了解商业保险等，为企业的顺利创办打下坚实的基础。

一、选择合适的办公地点

办公地点可以租赁商业地产或者入驻免费孵化器，这是办理工商营业执照的前提条件。如果租赁商业地产，还需要注意在办公环境、办公设备、通信网络、员工交通、员工就餐、公司业务各个方面的综合成本。影响选址的主要因素包括市场因素、商圈因素、交通因素、物业因素、所区因素、个人因素、价格因素。

二、熟悉新创企业的法律责任

企业的法律责任是指企业作为具备独立法人资格的主体在法律上所承担的民事、行政或刑事责任。

（一）民事法律责任

民事法律责任，主要指签订合同、履行合同的过程中的相关法律责任。第一，公司聘用员工，劳动合同的签订、履行中存在法律风险；第二，公司的生产经营要签订各种合同，购销合同、租赁合同、担保合同、借款合同、服务合同、加工承揽合同等。要重视合同的管理，将公司经营中的过程规范化、细致化，从合同的签订到合同的履行都要把控风险、防范风险。

根据《中华人民共和国公司法》的规定，民事法律责任具体有以下几种情况：清算责任、依法纳税的责任、确保公司注册资金资本维持不变的责任、股东依公司章程约定足额缴纳出资的责任、依法签订劳动合同及为员工购买养老保险的责任、对债权债务依法承担无限或有限的责任。如公司构成犯罪的，依《中华人民共和国刑法》规定承担相应的刑事责任。

（二）行政法律责任

行政法律责任，主要指接受工商、税务、环保等机构管理，缴纳税费，进行年审等。

1.税务方面

合理合规纳税，绝不偷税、漏税，原因很简单，在税务上留下漏洞，会对未来发展造成诸多不确定的风险。税务是一门专业的知识，创始人一定要注重财务、税务的学习，一个不懂财务、税务的创始人充其量只是一介莽夫，小打小闹可以，一旦公司获得融资快速发展，短板立马就显现了。最基本的财务三张报表背后的逻辑、意义，以及基本的财务、税务常识，创始人要能明白。

2.社保方面

从公司运行的角度而言，应当积极缴纳社保。第一，《中华人民共和国劳动法》规定，只要建立劳动关系，用人单位和劳动者本人就应该参加社会保险，公司成员不缴纳社保就是违法的，且不签订劳动合同也是违法行为，需要更多的赔付。第二，抛开社保对医疗、生育、退休的收益不谈，这也是各方争议所在，各地在落户、贷款等方面，对社保缴纳期限都有明确的规定。例如，员工打算买房子，打算利用公积金贷款（利息比商业贷款低），但由于没有缴纳公积金或者缴纳时间较短，受到不必要的影响。

（三）刑事法律责任

刑事法律责任，主要指因逃税漏税、单位贿赂、重大责任事故等要追究的刑事法律责任。刑事风险是后果比较严重的风险，会对企业的法定代表人、实际经营人、主要负责人产生包括人身自由在内的风险。非法集资、合同诈骗、逃税漏税、虚开增值税发票、制造出售假冒伪劣产品、制造出售假冒注册商标商品等都是法律严令禁止的行为，切勿自作聪明，因小失大。要重视环保，重视消防，重视安全质量控制，这些一旦出事就是大事，关系到公司的生死存亡。

三、申请知识产权保护

新创企业要加强自身知识产权的保护，知识产权的保护关乎企业的利益和发展。如果新创企业有专有技术，可以申请专利保护，也可以申请版权、软件著作权、商标权、原产地名称等知识产权保护。

✐ 小贴士

创业者需要具备知识产权保护意识，建立商号、专利、商标、版权、域名、商业秘密等各方面的保护制度，及时进行相关权利的申请、注册，对外签订授权协议时应特别注意条款的设定，如被侵权则及时通过行政复议和民事诉讼的方式保护自身权益，并注重本公司相关支持文件的整理在档及针对相关方的调查取证。

四、聘请代理会计

新创企业由于资金有限、人力资源不足，可以采取财务外包的做法，等公司规模做大再请专职会计。此外，创业者也需要学习一些现代财务基本知识，便于理解会计报表，合理控制公司现金流支出。

五、了解商业保险

经营一家企业总会有风险，各类企业的风险有差异，并非所有企业风险都要投保。例如，产品需求下降这种企业最基本的风险损失，就只能由企业自己承担；而有些风险损失则可以通过办保险来减少或降低，如机器、存货、车辆被盗窃、资产发生火灾或意外等。企业的保险险种通常包括以下内容：

（一）资产保险

如机器、库存货物、车辆、厂房的防盗险，水险和火险，商品运输险，特别是进出口商品的这类险种。

（二）人身保险

业主本人和员工的商业医疗保险、人身事故保险、人寿保险等。创业者要根据自己企业的实际情况来决定是否投保或投保哪些险种，不要过度信赖保险公司的推荐。

【知识拓展】

李总国：做自己最擅长的事

在天道跆拳道馆，孩子们在教练的带领下，排队形、稍息、立正，扎马步、冲拳、前踢、侧踢、弹跳……虽然很多学生是第一次接触跆拳道，但一个个动作都做得认真、有板有眼。

在一旁做指导的李总国说，"学跆拳道可以锻炼身体，培养孩子吃苦坚韧的精神。跆拳道课程注重礼仪教育，在学习的过程中，学员们相互谅解，懂得尊师重道，提升人格品质等。暑期里报名学习跆拳道的学员非常多，其中许多都是学生。"

李总国来自农村家庭，坚韧、独立的他深知家中的艰难。从他考上大学的那一刻起，他就告诉自己：必须独立完成学业。于是，从进入青海民族大学第一年起就开始做兼职挣生活费。但是志存高远的他意识到做兼职不是长久之计，要想改变命运，供养几个弟弟上大学，必须自己开创一番事业，于是他萌发了创业的念头。

在对自己进行冷静、客观的分析之后，他清楚地认识到：自己的长处是跆拳道，但是那时的他除了缺乏创业资金之外，还缺乏教学、管理、社会经验等更多的准备。为了积累经验，大一时他就在学校创办了跆拳道社团，并利用周末的时间在西宁各大跆拳道馆免费打工，学习创办跆拳道馆的方法与经验。周一至周五再将积累的理论、经验用于自己的社团管理和运行上。就这样，他用了整整两年的时间积累了足够的经验，做好了充分的准备。大二的暑假，在同伴的支持与帮助下，注册成立"天道跆拳道馆"。

细节决定成败，性格成就命运。李总国严谨的生活态度和登高望远的性格注定他成为一名成功的大学生创业者。从道馆教练的选拔和培训，到教练的每一次授课，每一个动作的教授，再到学生和家长的每一个期望和要求，哪怕是免费授课，他也一丝不苟，做到最好。凭借科学有序的管理和优质的教学质量，他的团队逐步得到了家长、学生及社会的肯定和认可。目前，天道跆拳道馆拥有教练员39人，其中，黑带三段1人，黑带二段1人，黑带一段37人，国家二级裁判9人，分馆9家，年培训人员4000多人次，利润超100万元，在青海省跆拳道行业中位居前列，同时也在全省及西北区的各项比赛中取得优异成绩。

有目标有理想的人，总能掌握自己前行的方向。在创业的过程中，李总国始终铭记自己作为一名学生的天职，在做好创业工作的同时，他奋发图强、刻苦学习，获得了外语和工商管理双学士学位。与此同时，他的跆拳道馆也蒸蒸日上。

通过团队的努力，他们还成立了大学生创业专项基金，只要有具体方案并认证可行，他们将为广大有创业梦想的大学生提供小额创业基金，这项基金已开始运作了。截至目前，李总国的团队为11级数学院的一位学生提供基金创办了一家冷饮店，为11级文学院一位学生提供基金创办了一家午托中心等，梦想之光已经开始闪闪发亮。

李总国告诉想创业的大学生，"把自己最擅长的事做好，把最简单的事做好；不要老想着挑战这个，挑战那个，踏踏实实地做事，这样才能有所收获。"

（案例摘自：李总国：做自己最擅长的事——青海大学生自主创业系列报道［EB/OL］.2019-01-17［2021-01-28］.中国教育在线.有删改）

✎ 课堂活动

创新创业展报

活动方法： 全班同学分组完成一期关于创新创业的展报，同学们需要相互配合、合理分工，贡献自己的力量，展报的最终呈现效果体现全班同学的创新能力、组织能力、合作能力、管理能力。

活动形式： 分组活动，5~8人为宜。

活动场地及道具： 活动场地为教室，道具为展板、展布、各色笔、颜料、图片、别针、胶水等。

活动规则： 全班开展会议，确定展报的主题、规模、分工等，然后相互合作，完成展报的整体制作。要求展报的主要内容为本书中的知识以及前面所有课堂活动的经历；要求每一位同学都要参与到展报的设计、制作工作中。

注意事项：

1.每组可以推选出一位组织者或领导者，有利于快速完成讨论；

2.教师在该活动中不用提供任何帮助，但可以对展报进行评价；

3.整个活动应该限时完成。

⊘ 本章小结

1.创办新企业时，可供选择的法律组织形式有五种：个体工商户、个人独资企业、合伙企业、有限责任公司、股份有限公司。创业者需要充分了解自己的实际需要，才能选择最合适的企业组织形式。

2.公司注册的流程包括企业核名、提交材料、领取执照、刻章。完成公司注册后，企业想要正式开始经营，还需要办理银行开户、税务报到、申请税控和发票、社保开户等事项。随着"五证合一"改革的推行，现在开设企业的流程简化了许多。新创企业设立流程从工商注册到正式运营简化为办理"五证合一"、刻章、银行开户、税务登记。

3.对于新创企业而言，创业者应该分析新创企业的特殊性，学习基本的管理原则以及管理策略，并能够运用这些管理知识和方法来解决企业管理中的实际问题。

4.大学生在创业之前应该了解创办企业的一些注意事项，包括如何选择合适的办公地点、熟悉新创企业的法律责任、申请知识产权保护、聘请代理会计、了解商业保险等，为企业的顺利创办打下坚实的基础。

【课后阅读】

案例一：谈出来的销售业绩

钟情银饰，开始创业

2007年9月，顾蕾考入东华大学开始学习工商管理专业的课程。快毕业的时候，时任东华大学大学生就业指导中心主任的李主任介绍了校内珠宝设计方向的优秀学生设计资源，这吸引了她的注意力。2009年，顺应国家为促进大学生创业、创业带动就业而颁布的众多优惠政策，顾蕾评估了自身的各项条件，带着对银饰的喜爱，于2009年9月开始了创业之路。

顾蕾将自己的品牌宣传语定为"古精灵的手工艺"，并将这一品牌文化努力融入店面装修、商品陈列、宣传图片、部分产品故事中。在进行定价时，顾蕾将产品的整体定价设在略微低于同等产品的市场价格。

选择渠道，遭受挫折

在选择产品的销售渠道时，顾蕾第一个想到的是在百货购物中心开设实体店。百货购物中心的实体店基本就是店铺与专柜两种模式。顾蕾想让店铺的品牌形象好，陈列形象好，让顾客认为该店有实力、产品质量有保证，通俗地说，她想让产品卖得上好价格及提高顾客信任度，使顾客消费金额更高。虽然开设店铺的成本高，装修费用高、租金高、管理费高，但顾蕾还是毫不犹豫地决定以开设店铺的形式销售自己的产品。

就这样，艾迩莐银饰的第一家实体店铺开张了。但一年之后，这家店铺就难以为继了。时至今日，顾蕾也觉得这家店铺本身的品牌形象和产品组合没有任何问题，而最大的错误就是选址。

W广场是一家全国连锁的商业地产企业，旗下购物中心遍布全国各地，它们在上海最成功的一家购物中心，就是艾迩莐第一家店铺进驻的购物中心。但再火的购物中心也有冷门的位置。当时，商场方将二楼的一片近2000平方米的区域进行改造后，分割成近20个店铺进行品牌招商，顾蕾的企业作为一个新品牌进驻该购物中心。但开业以后，艾迩莐即遭受重创，店铺每天门前客流不超过30人次，周末客流也不过只有50~80人次。有客流才有销售，有销售才能生存，面对开业后连续三个月营业额只有几千元，最高1万多元的情况，顾蕾一度陷入绝境。

寻找对策，协商沟通

店铺位置显然是最致命的问题，艾迩莐的周边不乏一些知名大品牌，在这个位置，他们也一样销售低迷。店铺仅靠每日30~50人次的客流是无以为继的，要从根本上解决这个问题，必须在位置上动脑筋。

顾蕾自2010年6月起就积极与购物中心进行沟通协商，希望通过降低租金、加大免费广告力度来进行调整。9月，这一商讨也取得了进展。购物中心明确表示降租是不可能的，但对于处在冷门的位置，还肯留下配合购物中心的商家，购物中心将给予一定的支持。9月中旬，购物中心在一楼较低租金处给顾蕾提供了一个4平方米的促销点位，作为引导顾客至二楼店铺的宣传平台。有了该平台，顾蕾可以截获一楼很多对银饰感兴趣的顾客到店铺内慢慢选购。

凭借着这个促销点位，当年9—12月，顾蕾的店铺月均业绩保持在5万多元，尽管对于一个店铺来说这仍是较差的业绩，但是店铺却可以生存下去了。那些没有跟购物中心积极协调的品牌店铺在这期间就已经关门了。

正当顾蕾为店铺的转危为安而欣慰的时候，新的麻烦又来了，购物中心提供的一楼促销点位即将收回，店铺则要一次性和购物中心签订两年的租约。面对高昂的房租和低迷的销售，顾蕾面临的抉择是要么撤店，要么等死。

经过团队内部协商评估，顾蕾和她的团队成员一致认为产品是有市场的，店铺已经在短短10个月内积累了对品牌认同的近200个会员，因此应该继续留在这个购物中心里经营。于是顾蕾再次和购物中心进行协商，并成功地与购物中心达成协议，将二楼店铺转为一楼专柜。

从二楼店铺到一楼专柜，客流上来了，尽管专柜的销售业绩会比店铺差，但由于租金减少了很多，店员也减少了2个，通过计算平衡后，顾蕾每月仍有着稳定的营业业绩。这一专柜可以服务很多老会员，也可以吸纳新会员，成为公司总部运营的一个坚强后盾。

（案例摘自：邓文达，罗旭，刘寒春.大学生创新创业［M］.北京：人民邮电出版社，2019.有删改）

思考与讨论

1.顾蕾发现是销售地点的选择失误导致企业销售不振后，她最终解决这个问题的方法和思路能带给你什么启发？

2.创业的征途上充满了不确定性，作为创业者，我们需要具备哪些素质？

案例二：创业前应做好法律储备

兴致勃勃，规划创业

小杨是沈阳某高校四年级学生，读的是物流专业。他了解到针对大学生群体的城际包车业务前景不错，便决定与几个想创业的同学启动"假期大学生客运包车"项目进行创业尝试，并选择了沈阳到大连这条线。小杨和同伴在沈阳十几所高校做宣传，有500多名大学生乘客表示愿意乘坐他们组织的包车去大连。

为此，他到大连委托一位朋友张某办理租车事务，还请当地高校的法律老师帮助审查包车协议。2010年4月20日，小杨与在大连从事客运的于某签协议租下7辆客车，按照约定，7辆车要在4月30日12时从大连发车，而400名预付部分车费（35元/人）的大学生乘客于当日16时30分在苏家屯高速入口和三台子高速入口处各自集合候车。

突发意外，创业失败

4月30日16时许，大学生乘客们陆续到齐了。然而，到约定时间了，大家并没看到车的影子。这一等就是4个小时。据了解，大连发车晚了，有的车还被扣。等待期间，一些着急的学生要求退还预付票款，一些情绪激动的学生与小杨他们发生撕扯，还有学生觉得受骗了，拨打了"110"报警。有一些准备到大连玩的学生已订下特价酒店并网上支付了房费。他们向小杨提出数百元不等的索赔。而"五一"过后，还有学生专门到小杨所在的学校讨说法，这让正处在写毕业论文关键时期的小杨难以招架。小杨说，他们确实给很多乘客制造了麻烦，但他和同学们一样，也是受害者，为这事赔进去近两万元钱。

小杨认为，大连方面的于某应负主要责任，因其违背了协议中"按时接学生"的规定。小杨曾到大连协调解决此事，希望拿回部分款项，但于某不但不给，还说"压根没跟小杨签过协议"。原来那份协议书上面并没有小杨的名字，在甲方包车方一栏里写的是"张某"，也就是说，这份协议是小杨在大连那位张姓朋友跟人家签的。

经验教训，引人深思

虽然小杨事先找人请教法律方面的问题，但却选择了一种"最不法律"的做法：大连包车公司的车辆有没有保险、有没有从事客运的资质等，这些事情，小杨事前均未了解。小杨表示，已经没有钱和时间来通过法律途径解决这件事，而且由于协议并不是自己签的，张某能否配合自己把大连车主于某告上法庭还是未知数。

交通部门工作人员表示，如果学校或学生在假期统一组织包车，客运票价没超出市场价，租赁的又是有营运证的合格车辆，这种行为是可以的。运营管理部门只负责查处车辆是否有营运证，至于学生个人组织的租车行为是否合理，要由其他部门进行界定。该工作人员还表示，城际包车车辆需要持有客运线路书，否则会受到"异地营运"的处罚。

有律师认为，小杨创业经历暴露出的问题发人深省。客运行业有严格的准入制度和行业管理制度，大学生缺乏专业知识和行业经验，往往会深陷泥潭。大学生还缺乏应对突发状况和规避风险的能力。更重要的是，签订协议的不是小杨本人，维权很难。

（案例摘自：大学生创业先做"法律储备"［EB/OL］.（2010-07-01）［2021-01-28］.星星阅读网.有删改）

思考与讨论：

1.小杨事先已经请当地高校的法律老师帮助审查包车协议，为什么还是发生了法律纠纷？

2.通过小杨的创业经历，我们能够得到什么启示？

项目九
把控创业风险

【学习目标】

★ 了解创业风险，树立风险意识。

★ 了解初创企业风险的分类。

★ 掌握管控风险的对策。

【导学案例】

分贝网的昙花一现

2002年，刚毕业不久的郑立在网上结识了"香香"。2003年6月，郑立拉来了王豫华、吴佳俊、辜陶三个儿时的玩伴，用自己给别人制作宠物网站挣到的2000元成立了163888华人第一音乐社区网站，寓意一路上发发发，并开发了K8录歌软件，香香成了该网站第一个"网络签约歌手"。随后163888逐渐成了中国首屈一指的网络歌手聚集地。香香、杨臣刚等网络歌手在网站成功推出，《老鼠爱大米》等一系列的网络歌曲，风靡一时，名声大噪。注册用户达到1200万。号称"华人第一音乐社区"的163888在2004年10月获得IDG的200万美元投资。2006年又获得阿尔卡特VC的600万美元投资。2007年6月，网站改名分贝网，但是分贝网的经营理念并没有根本地改变，慢慢地，依靠卖空间和收取会员费的盈利模式难以维持公司运营，广告成了分贝网的主要收入来源。2009年，郑立涉嫌经营色情视频聊天业务被捕。公司始终处于亏损状态，两轮融资共800万美元打了水漂。新的投资却始终没有到位，公司最后倒闭。

（案例摘自：（《老鼠爱大米》幕后操作网站80后CEO涉黄被捕［EB/OL］.（2010-01-04）［2021-01-26］.搜狐网.有删改）

思考
与讨论

当前，我国大学生创新创业逐年上升，但在全球化竞争日益激烈的情况下，受主观以及客观的一些因素影响，大学生创新创业的成功率较低。据调查，75%的高校毕业生渴望自主创业，但最终真正创业者仅占1.94%。针对大学生创业问题，国家也出台了一些优惠政策鼓励大学生自主创业。回顾分贝网的案例，分贝网为什么失败？能给我们哪些启发？我们在创业过程中如何做才能规避风险？

任务一　直面创业风险：定义风险　勇于面对

创业已成为21世纪经济社会发展的动力源。近年来，我国的创业环境在不断改善优化，政府也在不断加大对创业的支持力度，全民自主创业意愿不断提升，特别是大学生，风华正茂，激情高昂，已经成为我国创业的主力大军。但是，种种因素导致创业失败率居高不下。所以创业者必须学习创业风险管理，认知风险存在于企业发展的各个阶段，才能在问题来临之际乘风破浪，顺利航行。

一、创业风险的概论

创业风险是指企业在创业过程中存在的各种风险，指创业环境的不稳定性，创业机会与创业活动的复杂性，创业者、创业团队与创业投资者的能力和实力的局限性所导致的创业活动结果的不确定性。

在创业过程中，风险是不可避免的。市场开放、法规解禁、产品迭代、技术和商业模式创新、知识产权保护等，对创业者和企业均可能增加预期结果的波动程度，产生连带经营等风险。国内有数据显示，我国创业企业的失败率为80%，企业平均寿命不足3年，而大学生创业失败率更高达95%。本章主要围绕创业期在1~3年的大学生创新创业项目所常见的风险问题展开。

【知识拓展】

硅谷的初创企业

在硅谷的定义中，创新企业（或初创企业）指的是那些由自然投资人创建的公司，而非那些使用既有公司营业收入进行投资组建的公司，这些公司都通过使用技术手段做一些普通的在职人员不会做的颠覆性工作。初创企业通常以创办人为核心，不存在关于市场可能性和客户购买行为的假设。无论一家初创企业的主营业务是什么，都要尽可能地超前于自己的竞争对手。

以上只是关于"什么是初创企业"的通用性描述，但最近这个词的含义开始出现了一些变化。20世纪90年代末，曾有一波互联网初创企业白手起家，短短几个月就做到上十亿的营业额。谷歌就是那个时期成立的企业，只用了两年的时间就做到十亿的营业额。同一时期以差不多速度成长起来的企业还有易贝、雅虎、亚马逊等。

但奇怪的是，这些已经成长为互联网巨头的企业虽然员工人数都达到了四位数以上，营业收入和利润堪称巨大甚至可以说惊人，但仍然继续以"初创企业"自居。所谓"初创企业"已经不再是对有着宏大目标和美好前景的小企业的一种美称，而变成了"具有创新精神的企业"。每个人都希望出人头地，当大家都还在通过风险基金对实业进行投资时，美国的大型企业开始通过抽资脱离的方式，资助初创企业。

很多公司想一直保留他们"初创企业"的标签，因为它能给企业带来很多的荣誉，而这些荣誉也更多的是被当作市场营销的手段来用。就好像是在对外宣称"我们还没有大公司存在的毛病"。

（案例摘自：硅谷的初创企业［EB/OL］.（2015-12-24）［2021-01-26］.搜狐网.有删改）

二、创业风险的特点

创业风险种类繁多，交织贯穿整个创业过程。而这些风险主要具有以下几个特点：

（一）客观存在性

创业风险的客观性，首先表现在它的存在是不以人的意志为转移的。风险是由客观存在的自然现象和社会现象所引起的，无论是自然界中的洪涝、雷击、地震、海啸等自然灾害，还是社会领域的战争、车祸、破产等，都是客观存在的，是无法回避和消除的。客观性要求我们采取正确的态度承认和正视创业风险，并积极对待。当然，客观性并不否认创业风险的存在也有主观的一面。

（二）不确定性

创业的过程往往是将创业者的某一个"奇思妙想"或创新技术变为现实的产品或服务的过程。在这一过程中，创业者面对很多的不确定因素，例如，可能遭受到已有市场竞争对手的排斥、打压；进入新市场面临着需求的不确定、预判不准确，新技术难以转化为生产力等。这些不断变化且难以预知的不确定因素，造成了创业风险的不确定性。

（三）损益双重性

自然灾害和意外事故等带来的风险只会产生损失，而创业活动中的风险则是和潜在的收益共生的。在创业活动中，对创业者来说，风险和利益必然是同时存在的，即风险是利益的代价，利益是风险的报酬。

（四）创业风险的相关性

创业风险的相关性是指创业者面临的风险与其创业行为及决策是紧密相连的。同风险事件对不同的创业者会产生不同的风险，同一创业者由于其决策或采取的策略不同会面临不同的风险结果。

（五）创业风险的可变性

创业风险的可变性是指当创业的内部与外部条件发生变化时必然会引起的创业风险变化。创业风险的可变性包括创业过程中风险性质的变化、风险后果的变化以及出现新的创业风险这三个方面。

（六）创业风险的可测性与测不准性

创业风险的可测性是指创业风险是可测量的，即可通过定性或定量的方法对其进行估计。创业风险的测不准性是指创业风险的实际结果常常会出现偏离误差范围的状况，它一般由于创业投资的测不准、创业产品周期的测不准与创业产品市场的测不准等造成的。

【知识拓展】

一家倒闭口罩厂的起死回生，现实魔幻！

很多人的命运是在2020年改变的，万芳的"小为"口罩公司于2020年1月16日正式宣布解散时，她一个人负债210万元，库房里还堆积着近17万份卖不出去的口罩。她做梦也不会想到，4天后，这些口罩将会被人疯狂抢购。对万芳来说，创业4年以来，这是她经历过的最魔幻的时刻。

无比漫长的至暗时刻

湖南人万芳，33岁开始北漂，在医疗行业工作。2016年，她觉得自己的口罩生意一定能做得下去，因为她卖的不是普通口罩，而是她和北京化工大学英蓝实验室共同研发、可水洗多次的高科技口罩，定价在几十元到上百元之间。

她本以为投个几十万元就可以了，结果丢了500多万元进去，市场上却连半个水花也没激起来，几乎所有人第一眼看它，都会问：这一只口罩，凭什么卖这么贵？事实上，口罩在生产前就花了10年时间研制，使用特殊材质，防雾霾也防菌。但因为每只成本高，无法批量生产。

2017年，中国纺织品商业协会有过统计，民用口罩企业近千家，竞争惨烈，一只口罩赚不到五厘钱。到了2018年年底的时候，万芳公司账上基本没钱了，她用尽了所有方式做推广，但公司没一分钱赢利。2019年最后一天，万芳下决心关闭公司。到1月16日公司关门的那一天，所有人都拿了补偿，只有万芳欠了投资老板210万元。

大家都走了，万芳最后的事情就是要把库存的这17万套口罩处理掉。就在她为口罩的去处担忧时，一场突然爆发的疫情，让她和许多人的命运轨迹，开始了快速改变。

1月20日，北京、广东两地出现确诊病例。当晚，钟南山在央视连线采访中第一个喊出："目前资料显示，它（新型冠状病毒）是肯定有人传人的。"在此之前，国内口罩日产量约2000万只，这个数字放到巨大的人口基数里，像一滴水淌进了汪洋。从那天下午开始，一直持续到晚上12点，这股汇集的"潮水"带着焦灼情绪涌向了万芳的店铺。京东店铺的订单声音不停地响起，电脑上的数据一直在变，平均每6秒钟内进了106单！截至21日早上，一共9700单，店铺卖了54000只，比4年卖得还多。

时间不等人，万芳拉着家人和在北京的员工开始打包，从20到21日，连续48个小时没睡觉，最后连垫资的大老板都来了，46个人分散在1000多平方米的办公室，热火朝天地打包货物。4年里，这是碰壁无数次的万芳和她的厂，第一次被这么急切地需要着。

困境之中的绝地求生

紧锣密鼓的武汉市封城消息又传到万芳耳边。对于万芳来说，这已经不再是一笔生意了。她决心要干下去，这一次不只为了自己公司，还要为武汉抗疫尽一份绵薄之力。令人没想到的是，当她扑进紧张的"战疫"中，一场危机已经孕育。疫情的紧张形势，不停地购买口罩成了许多人焦灼情绪的发泄口。

当时，大家对"可洗""多次重复利用""新型纳米材料"这样的字眼并不了解。最早一批生产可多次"水洗"的口罩，因为"高价"，成为无数人情绪炮轰的对象。

漫天的谩骂里，店铺收获到最多的评价是"发国难财"。然而她有口难辩，"四年前我的口罩就卖这个价格。"除了辱骂，还有人乘机讹诈。一个客户的货物货还在路上，投诉就来了。"他指责口罩就是布艺口罩，不是N95，要求店铺做三倍赔偿。"万芳这下怒了，她让对方尽管去找工商，去投诉，但投诉完她会立马起诉，"我绝对不助长这种行为。"

接下来万芳带着团队开始打电话，不停解释："口罩经过KN95的检测、新国标的检测，和3M一样能起到95%的过滤性……"从早上7:00开始一直到夜里，团队人嗓子都嘶哑了，"一个客户平均处理要花40分钟到一个半小时，说话说得头都晕了。"最后，京东店铺里四五百条投诉，处理率是百分百。但对万芳而言，能收到200万元的货款，心里已经很高兴了。下半年她准备用这笔钱，再重新干下去。

复兴奋发的一片光明

如今，小为公司的员工和大多人一样，等待着2020年迎来复工，她们活过来了。小为公司接到了通知，他们的纳米口罩被关注起来了，如果递交的材料通过，他们将获得注资单位全力支持。万芳和她的实验室团队还想干下去，准备投入生产，将公司楼改造成集生产、研发为一体的口罩厂。他们想做一只属于中国自己真正高端的医用口罩，相信在不久的将来他们会实现这个理想。

（案例摘自：一家倒闭口罩厂的起死回生，现实魔幻！［EB/OL］.（2020-03-01）［2021-01-26］.全景网.有删改）

任务二　细分创业风险：分门别类　了解风险

大学生创业过程中面临的风险主要包括自身因素及社会环境方面的影响。具体来说，主要包括以下几类。

一、意识风险

眼高手低、纸上谈兵是大学生最常见的创业风险。这种风险无形却有强大的毁灭力。大学生由于长期待在校园里，缺少对社会的了解以及工作经验，其创业想法往往因激情而起，易于把创业问题过于简单化、理想化。对风险预估不足，认为自己学历高、成绩好，只要创业就能成功。还有些大学生过分夸大创业困难，高估创业压力，低估自己实力，没有勇气面对创业。另外，有的大学生心理承受能力和自我调节能力较差，创业受挫后易产生强烈的消极情绪，不能正确认识自己的创业优势，因此限定自我，错失良机，严重妨碍了创业的成功。

二、项目风险

创业项目选择风险是指在创业初期选择创业项目不当，导致企业无法盈利而难以生存的风险。大多数大学生前期没有对市场调研和绩效的分析，缺乏对自己能力和资源的调查研究，模仿跟风，对企业形态选择盲目，从而影响创业成功。

三、资金风险

资金风险是指因资金不能适时供应而导致创业失败的可能性。资金风险在创业初期会一直伴随在创业者的左右。如果创业者不能及时解决这个问题，非常容易创业失败。特别是大学生，没有资金的来源，人际交往单一，更无资金积累，创业资金多是靠父母、亲戚的帮助。融资渠道单一、资金数额较小等融资局限为后期的企业发展埋下了隐患。企业创办起来后，考虑是否有足够的资金支持企业的日常运作。如果连续几个月入不敷出或者其他原因导致企业的现金流断裂，这些都会给企业带来极大的威胁。很多的企业会在创办初期因资金紧缺而严重影响业务拓展，流失人才，甚至错失商机，最终破产。

四、法律风险

大学生由于社会经验不丰富，法律观念不强，维权意识淡薄，有可能陷入法律的陷阱，这会对企业的发展造成致命性的打击。例如，合伙制企业投资者要承担无限连带责任，如果企业对他人的人身安全造成损害或对财产造成损失，企业不但要以自身财产赔偿对方损失，在企业财产不足以赔偿对方损失时，投资合伙人还要以个人财产赔偿对方损失。所以大学生创业在选择企业模式的问题上一定要慎重考虑。再有，大学生创业者在与客户签订合同时，不注意审查对方的主体资格，不调查、了解对方的信用、履行合同和偿还债务的能力等情况，往往会落入合同无效、钱财两空的局面。自身的权利受到侵犯时，首先想到的是托人情、找关系，私下解决，而不是运用法律武器维护自己的合法权益。

五、市场风险

市场风险是指导致创业者或创业企业损失的可能性是由市场情况的不确定性决定的。

（一）市场需求量

当产品的市场需求量较小或者产品在短期内不能被市场所接受，那么产品的市场价值就无法实现，投资就不能取得回报，造成创业夭折。

（二）市场接受需要时间

一个全新的产品，打开市场需要一定的时间和过程。很多初创企业缺乏雄厚财力的支持宣传，产品为市场所接受的时间就会更长，不可避免地就会出现产品销售不畅、前期投入难以收回的问题，从而给初创企业资金周转带来极大困难。

（三）市场价格

产品价格超出了市场的承受范围，就很难被市场接受。产品的商业化、产业化就无法实现，投资也无法收回。而当某种新产品逐渐被市场接受和吸纳时，其高利润会吸引众多的竞争者，可能造成供大于求的局面，导致价格下降，影响投资回报。

（四）市场战略

好的产品，如果没有好的市场战略规划，在价格定位、用户选择、上市时机、市场区域规划上出现错误，就为产品市场的开拓埋下隐患，造成困难，甚至使创业功亏一篑。

六、管理风险

创业失败者基本上都是在管理方面出现了问题，包括决策随意、信息不通、理念不清、患得患失、用人不当、忽视创新、急功近利、盲目跟风、意志薄弱等。一些大学生创业者虽然专业出类拔萃，但知识单一，理财、营销、沟通、管理方面的能力普遍不足，这会加大管理上的风险。

七、技术风险

技术风险是指在企业技术创新过程中，技术因素导致创业失败的可能性。

（一）技术成功的不确定性

一个产品从研究开发到实现产品化、产业化的过程中，任何一个环节的技术障碍，都可能导致产品研发前功尽弃。当创业资金即将耗尽，却还未研究出合格的产品，企业将面临极大的风险。

（二）技术前景、技术寿命的不确定性

如果产品技术不能在技术寿命内实现产业化或在技术创新上实现产业化，就不能回收资本取得利润，势必会造成创业的夭折。

（三）技术效果的不确定性

生产开发出的合格产品达不到创业前的预期效果，也会造成很大的损失，甚至创业夭折。

八、人才风险

人才风险主要是指专业技术人员流动所造成的损失。创业企业在诞生或成长过程中最主要的力量来源一般是创业团队，一个优秀的创业团队能使企业迅速地发展起来，每个成员对应不同的部门，各司其职，将企业的优势发挥到最大。与此同时，人才风险也就蕴含其中，团队的力量越大，风险也就可能越大。这就是事物的两面性。一旦创业团队的核心成员与另一成员在某些问题上产生分歧、不能达到统一时，极有可能会对企业造成不好的影响，从而推迟项目的发展进程。事实上，保持团队合作的一致性，是非常困难的。特别是与股权、利益相关联时，很多初创时很好的伙伴也会闹得不欢而散。

另外，研发、生产或经营性企业需要面向市场，大量的高素质专业人才是这类企业成长的重要基础。专业人才及业务骨干流失也应当是创业者时刻防范的问题。

九、政策风险

在"大众创业、万众创新"的大背景下，国家鼓励大学生休学进行创业，各学校对在校学生创业也有一些扶持政策。一方面，学生创业者可以充分利用这些支持措施，如可以免费入驻大学生创业园，申请一定的支持资金。这是政策对于大学生创业有利的一面。另一方面，学生社会经验不足，也需要注意可能面临的一些政策风险，比如国家在产业政策方面的调整，互联网经营许可，涉及金融管理、环境保护方面的法规。

任务三　防范创业风险：制订对策　管控风险

虽然创业路上诸多风险，但这只是我们成功路上的绊脚石。机遇和挑战并存，这个时候正需要我们大学生创业者沉下心来冷静分析，勇于面对，克服困难，走向成功。

大学生创业过程中遇到的风险可以从以下方面加以管控。

一、调整心态，做好准备

大学生创业时要对自己的个性特征、专业能力有充分的了解，选择符合自己个人爱好的项目进行创业。对于你所创业的项目，你应该具有专业的学术知识和清晰的体系框架，运用创造性的思维方式，能作出正确的创业决策。还要在创业前积累一些有关市场开拓、企业运营的经验，通过实习打工、参加创业培训、接受专业指导来积累创业的相关知识，提高成功率。

大学生创业者还应该具备锻炼受到挫折后调整心态的自我调节能力。放下心理包袱，主动寻找失利的原因，不要过于自责、自卑或钻牛角尖，坦然面对，灵活处理，保持昂扬的斗志和必胜的决心，直至创业成功。

二、审时度势，量力而行

没有一条成功的路不是充满艰辛坎坷、布满荆棘。创业者们应该找到适合的切入点，选择合适的时间、正确的项目和紧凑的规模来进行。因为大多数创业者都资金有限，经验不足，所以选择起点低、启动资金少的项目进行创业会是一个不错的选择。

另外，大学生创业要选择一种适合自己的企业法律形态。创业者选择个体工商户、合伙制企业的形态模式时，虽没有最低注册资本的要求，但创业者或投资人要对企业承担无限连带责任，企业如果经营不善欠下债务，股东要对企业的债务承担继续偿还的责任，公司如果资不抵债宣告破产，对公司不能清偿的债务，股东仅以其出资额承担法律责任，对超出部分不承担法律责任。

同时，有些人为因素可能会导致合伙人之间、股东之间因经营理念、利益分割而产生矛盾，甚至因性格原因发生冲突。因此，创业者在组建团队时，也应选择志同道合、善于沟通、以企业利益为重的合作者。

三、利用政策，打下基础

支持大学生创业，已经成为各级政府的重要议程内容。近年来，相关部门陆续出台了许多优惠政策，鼓励和支持大学生创业。大学生创业者一定要充分了解这些优惠政策和政策的实时更新，并将其充分运用到自己的创业中，在享受各类税收优惠补贴的同时，也能更好地跟着风潮进入市场，占得一席之地。

四、寻找机会，多项融资

虽然大学生创业融资渠道相对较少，但社会相关各方仍能为大学生创业提供资金，政府也为大学生创业提供贴息贷款。有经营项目，能够提供有稳定收入的行政、事业单位的正式职工作为担保人，大学生创业者可以申请最高额度为10万元、期限为3年的政府贴息贷款，还有中国大学生创业基金、中国青年创业就业基金、中国大学生西部创业基金、"挑战杯大学生创业大赛"等，都可以帮大学生解决部分创业资金的短缺。大学生通过参加创业大赛，锻炼自己，得到创业基金的同时，也能引入风险投资，吸引风险投资者的目光，得到风险投资者的青睐，从而获得创业资金。

五、凝聚团队，合作共赢

创业的成功不是通过个人的努力取得的，一个人的能力是有限的。一定要放弃单打独斗、孤军奋战的个人英雄主义创业思想，树立团队合作双赢的理念。将行家里手集聚一堂，建立一个有能力、有理想，技术创新与经管互补，市场战略与政策平齐的优秀团队，从而在市场竞争中取得胜利，推动企业发展，实现双赢。

六、重法淡情，稳步发展

市场经济是法治经济，企业的诞生和发展必须在法律的框架下进行。要把一个企业做大做好做强，就要依法办事，淡化人情，让法律成为成功的基石，具体来说，创业之初选择企业形态要慎重，合伙制企业一定要制订合伙章程，明确合伙人之间的权利、义务，以及盈利或亏损的分配方式，最好找专业法律人士审查把关：企业形态最好选择有限责任公司，分清公司责任和个人责任，降低个人风险；企业运营应严格遵守法律规定，安分守己，合法经营，切不可为小利而做违法乱纪之事；依法为企业员工缴纳社会保险，降低企业风险；出现纠纷最好通过法律途径解决，依法维护企业的合法权益。

总之，大学生创业已成为时代的选择，随着当代大学生自身身心发展的日趋成熟，知识体系结构框架更加完善，风险管控能力提升，创业遇到的风险会随之减少。

大学生创业的发展必将进入一个新阶段。

【知识拓展】

创业者们，合同上的文字陷阱，你避得开吗？

创业所需要的不仅仅是有新意的项目、有活力的团队、有眼光的投资人，创业还需要有基本的法律常识。在创业过程和其他经济交往中，一旦落入合同陷阱，不仅会耗费你大量时间，贻误许多工作，还很难挽回经济损失。因此，对于合同纠纷，也要遵循"预防为主"的原则。

1.不搞口头合同。不搞"口头协议"或"君子协定"式的口头合同。凡经济交往，要立字为据，正式签订书面合同。

2.要搞清对方真面目，认真考察其资信状况。不与任何"皮包公司"或"空壳企业"打交道，也不与那些徒有虚名、没有履约实力的企业订合同。

3.要注意合同主体清晰无误，避免主体错位。

4.要注意合同内容不能与我国现行法律抵触，有违法内容的合同自始至终是无效合同。所以，不要等到打官司的时候才想到律师，在签合同之前就要进行必要的法律咨询。

5.对于合同内容的审核，不能马虎了事，要认真、严格、规范，不用含糊不清、模棱两可的语言。

（案例摘自：创业者们，合同上的文字陷阱，你避得开吗？［EB/OL］.（2020-08-03）［2021-01-26］.腾讯网.有删改）

📝 课堂活动

"风险"辩论赛

活动方法：分小组活动，进行题为"创业路上风险四伏，风险会让大学生的创业路失败吗？"的辩论赛。

活动形式：分组活动，每小组4人，分别担任一辩、二辩、三辩、四辩。

活动场地及道具：场地为教室，需要桌椅若干。

活动规则：各小组抽签选择正、反方，10分钟准备，准备完毕后小组之间两两进行辩论。由教师担任裁判。

活动目的：掌握风险的种类及其应对方法。

注意事项：

1.应该遵守各辩手的职责。

2.注意遵守辩论规则。

3.在辩论时，其他同学不得喧哗、起哄等。

🖋 本章小结

1.理解创业风险的定义，创业风险具有客观存在性、不确定性、损益双重性、创业风险的相关性、创业风险的可变性、创业风险的可测性与测不准性七大特征。

2.细分了解意识风险、项目风险、资金风险、法律风险、市场风险、管理风险、技术风险、人才风险、政策风险9个风险类型。

3.企业在面临创业风险时，需要做到管控调整心态、审时度势、利用政策、寻找机会、凝聚团队、重法淡情6个方面。

【课后阅读】

五谷道场:曾是国内首个非油炸方便面厂商，为何两度停产后销声匿迹?

五谷道场的故事永远离不开它的创始人——王中旺。1996年，王中旺加入河北华龙食品公司，这也是他方便面生涯的开始。但他并不甘愿只为他人作嫁衣，干脆在华龙总部旁边成立了中旺食品，建立起一条中国最小的3万包小型速食面生产线。

上升时代

中旺食品的迅猛发展引来行业老大康师傅的侧目，后者主动找上门寻求合作。一心想要和华龙竞争的王中旺认为机会来了，迅速和康师傅达成合作，成立了三太子食品有限公司，剑指华龙，并喊出"挑战者三太子"的口号，火药味十足。

二者没合作多久，王中旺便暴露出更大的野心，他提出要做中高端市场，进军大城市，这等同于和康师傅正面交手。双方僵持不下，最后，王中旺用三个生产基地和"一碗香"商标买回了康师傅手中30%的股份，从而获得绝对控股权。

事实上，在和康师傅合作之前，王中旺就曾远赴日本进行了考察，发现非油炸方便面大有潜力。尽管康师傅的退出让中旺食品损失了"一碗香"，可是，这也给了王中旺力推非油炸方便面的决心。

为了迅速推出非油炸方便面，王中旺请来任立操刀营销策划。任立在华龙担任过行政和人力资源总监，还负责过营销。

巅峰时代

2005年4月，卫生部下发文件质疑薯条等油炸食品中含有致癌物质。市场嗅觉灵敏的任立立马抓住时机，将方便面取名为"五谷道场"，策划了"拒绝油炸，还我健康"的广告，并选择在央视播出。广告轰炸的同时，五谷道场在市场上也开始大显身手，问世前三个月，就在各个城市的高档社区、写字楼、学校和车站码头等地进行大规模地推活动。它正式面向市场的时候，加上广告效应，第一个月便取得了600万元的销售业绩。

紧接着，五谷道场开始在全国12个城市集中上市，并迅速在全国建立起38家分公司，办事处也达80多家。

2006年上半年，方便面行业遭遇"滑铁卢"，与2005年同期相比，销量下滑了81亿包。五谷道场却一路高歌猛进，创造奇迹。

失败历程

为了进一步扩大产能，五谷道场投入近18亿元资金在全国扩建了38条生产线；广告宣传也花费了1.7亿元。王中旺把中旺集团的未来全部押注在了五谷道场身上，"只计成功，不计成本"。

然而，在决策上，任立和王中旺出现了分歧。任立认为"兵无常形，水无常势"，非常之时当用非常之手段，现阶段应该把重心放在五谷道场的产品研发上。王中旺却一心要将之前的营销策略进行到底。

两人意见不合，也导致了王中旺的不满和猜忌。他先后免去五谷道场常务副总裁、企划总监等人的职位，最后，任立也无奈离去。

沉醉于野心中的王中旺并没有意识到，外表强大的五谷道场早已危机四伏。

2007年年初，五谷道场陷入资金困境中。一条非油炸方便面的生产线要2000多万元的投入，而油炸方便面的生产线只需要几百万元；生产非油炸方便面的面粉也要比油炸方便面每吨贵1000元。而为了争夺市场，五谷道场的定价却始终徘徊在成本价边缘。也许，王中旺从来都没有算过这笔账——五谷道场的毛利润甚至都不能保证支付供货商的货款。

收购历程

从2007年下半年开始，关于五谷道场断货、拖欠经销商和供应商货款以及拖欠工资的负面消息接连传出。至2008年，五谷道场负债总额高达6亿元，不得不全面停产。王中旺再也无法背负如此沉重的压力，他终于心平气和地坐下来与收购者进行谈判。

经过近一年的谈判，五谷道场收购一案终于尘埃落定。2009年3月，五谷道场彻底被中粮集团收入麾下。王中旺也退出了五谷道场，他就像天际的流星，在短暂辉煌后便寂寂无声，化为中国方便面市场的一阵过眼云烟。

停产历程

世人一度以为中粮是五谷道场的"救世主"。但在被中粮接手的七年间，五谷道场始终不见起色，一直处于亏损状态，2015年跌入最低谷，营收仅有1.26亿元，负债高达9.27亿元。至此，五谷道场再度全面停产。

谋事不足、人和难觅、天时不具，或许正是五谷道场衰落的症结所在。

首先，"非油炸"是一步险棋，既然走了价值需求的路线，就意味着它的健康内涵绝不仅仅只是工艺，更重要的是要培养消费者的观念，并深度切入认知层面。

其次，人心所向，是人和之大利。先是王中旺一意孤行，导致任立离去，后来虽有中粮的"偏爱"，却无能为力。

最后，方便面的黄金时代已经过去，即便是占据市场第一的康师傅，也面临着业绩连续三年下滑的困局，五谷道场要在小众市场中反转又谈何容易。

当今，全球经济发展快，经济环境瞬息万变，明智的战略决策与精准执行力至关重要。只有快速把握新的市场机遇，驱动业务增长，不断创新，同时有效规避风险，才能实现基业长青并创造更多价值。

（案例摘自：五谷道场：曾是国内首个非油炸方便面，为何两度停产后销声匿迹?

[EB/OL]．（2017-02-07）[2021-01-26]．360个人图书馆．有删改）

参考文献
REFERENCES

［1］ 李伟.创新创业教程［M］.2版.北京：清华大学出版社，2019.

［2］ 黄藤.大学生创新创业教程［M］.北京：人民邮电出版社，2018.

［3］ 兰小毅，苏兵.创新创业学［M］.北京：清华大学出版社，2019.

［4］ 姚波，吉家文.大学生创新创业基础（项目式）［M］.北京：人民邮电出版社，2020.

［5］ 周苏，褚赟.创新创业：思维、方法与能力［M］.北京：清华大学出版社，2020.

［6］ 胡飞雪.创新思维训练与方法［M］.北京：机械工业出版社，2009.

［7］ 杨京智.大学生创新创业基础（大赛案例版）［M］.北京：人民邮电出版社，2020.

［8］ 丁旭，莫晔.创新创业教程［M］.2版.北京：清华大学出版社，2019.

［9］ 郑懿，熊晓曦.大学生创新创业基础（微课版）［M］.北京：人民邮电出版社，2020.

［10］ 张雅伦，张丽丽.大学生创新创业基础教程［M］.北京:北京理工大学出版社，2018.

［11］ 吴敏，李劲峰.大学生创新创业基础教程［M］.合肥:中国科学技术大学出版社，2018.

［12］ 姜文龙.大学生创新创业基础教程［M］.北京:高等教育出版社，2019.

［13］ 张志，乔辉.大学生创新创业入门教程［M］.北京：人民邮电出版社，2016.

［14］ 胡金林，金文豪.大学生创业理论与实训［M］.武汉：武汉大学出版社，2019.

［15］ 张伟，段辉琴，姜素兰.大学生创业实务训练教程［M］.北京：中国政法大学出版社，
     2017.

［16］ 黄远征，陈劲，张有明.创新与创业基础教程［M］.北京：清华大学出版社，2017.

［17］ 孙洪义.创新创业基础［M］.北京：机械工业出版社，2016.

［18］ 叶敏，谭润志，杨荣.大学生创新创业教育［M］.上海：上海交通大学出版社，2016.

［19］ 刘红宁，王素珍.创新创业通论［M］.北京：高等教育出版社，2012.

［20］ 阳飞扬.从零开始学创业大全集［M］.北京：中国华侨出版社，2011.

［21］ 戴维·罗斯.创业清单［M］.桂曙光，魏亦萌，等，译.北京：中国人民大学出版社，
     2017.

［22］ 余胜海.不折腾：大众创业成功法则［M］.北京：电子工业出版社，2018.

［23］郑翔洲，吕宝利，陈扬.新商业模式创新设计［M］.北京：电子工业出版社，2015.

［24］科丽·科歌昂，布瑞克·英格兰，朱莉·施密特.这样路演就对了［M］.易文波，译.广州:广东人民出版社，2016.

［25］马强.路演中国［M］.北京：中国财富出版社,2016.

［26］刘延,高万里.大学生创新创业基础［M］.武汉:华中科技大学出版社,2020.

［27］邓文达,罗旭,刘寒春.大学生创新创业（微课版）［M］.2版.北京:人民邮电出版社,2019.

［28］张香兰,程培岩,史成安,等.大学生创新创业基础［M］.北京:清华大学出版社,2018.

［29］刘亚娟.创业风险管理［M］.北京:中国劳动社会保障出版社，2011.